中华人民共和国行业推荐性标准

公路隧道设计细则

Guidelines for Design of Highway Tunnel

JTG/T D70—2010

主编单位：中交第二公路勘察设计研究院有限公司
批准部门：中华人民共和国交通运输部
实施日期：2010 年 07 月 01 日

人民交通出版社

图书在版编目（CIP）数据

公路隧道设计细则：JTG/T D70-2010 / 中交第二公路勘察设计研究院有限公司主编. --北京：人民交通出版社，2010.6
ISBN 978-7-114-08478-2

Ⅰ. ①公… Ⅱ. ①中… Ⅲ. ①公路隧道－隧道工程－设计－细则－中国 Ⅳ. ①U459.2

中国版本图书馆CIP数据核字（2010）第109038号

中华人民共和国行业推荐性标准
公路隧道设计细则
JTG/T D70—2010
中交第二公路勘察设计研究院有限公司　主编
人民交通出版社出版发行
（100011　北京市朝阳区安定门外外馆斜街3号）
各地新华书店经销
北京市密东印刷有限公司印刷
开本：880×1230　1/16　印张：17.25　字数：380千
2010年6月　第1版
2024年5月　第9次印刷
定价：66.00元
ISBN 978-7-114-08478-2

中华人民共和国交通运输部

公　　告

2010 年第 15 号

关于公布《公路隧道设计细则》
（JTG/T D70—2010）的公告

现公布《公路隧道设计细则》（JTG/T D70—2010），自 2010 年 7 月 1 日起施行，作为公路工程行业推荐性标准，在公路行业自愿采用。

该细则的管理权和解释权归交通运输部，日常解释和管理工作由主编单位中交第二公路勘察设计研究院有限公司负责。请各有关单位在实践中注意总结经验，及时将发现的问题和修改意见函告中交第二公路勘察设计研究院有限公司，以便修订时研用。

特此公告。

中华人民共和国交通运输部
二〇一〇年五月十九日

主题词：公路　公布　细则　公告

交通运输部办公厅　　　　　　　　　　　　　　　　2010 年 5 月 28 日印发

前 言

为配合《公路隧道设计规范》(JTG D70—2004)的实施,进一步提高公路隧道设计质量,交通部于2003年下达了《公路隧道设计细则》的编制任务,由中交第二公路勘察设计研究院为主编单位,中交第一公路勘察设计研究院等6家单位为参编单位,负责该细则的编制工作。

编制过程中,编制组对全国已建和在建的公路隧道进行了广泛的技术调研,参考了公路隧道相关科研成果,充分吸收了国内外公路隧道工程建设经验,并辅以必要的计算分析和研究工作,采纳了经实践证明行之有效的新理论、新方法、新材料和新工艺。本细则以可靠的技术依据和较为成熟的经验为基础,符合我国公路隧道建设的实际情况。

《公路隧道设计细则》(JTG/T D70—2010)(简称本细则)共分为二十一章,分别为:总则,术语、符号,隧道控制要素,隧道总体设计,隧道建筑限界与净空断面,隧道围岩分级及其物理力学参数,隧道建筑材料及其物理力学参数,隧道围岩压力计算,隧道支护的地层—结构计算方法,隧道支护的荷载—结构计算方法,隧道洞门与洞口构造物设计,明洞设计,隧道衬砌设计,特殊地质隧道设计,隧道抗震设计,隧道辅助施工措施设计,隧道施工过程中的动态设计,隧道防水及排水系统设计,隧道内路基与路面设计,隧道通风构造物及施工辅助通道设计,隧道内附属构造物设计。

本细则是《公路隧道设计规范》(JTG D70—2004)的细化与补充,为行业推荐性标准,在公路工程行业内自愿采用。

请有关单位或个人在使用本细则的过程中将发现的问题函告中交第二公路勘察设计研究院有限公司(地址:武汉经济技术开发区创业路18号;邮编:430056;电话:027-84214162;E-mail:CCSHISDS@126.com),以便下次修订时研用。

主 编 单 位:中交第二公路勘察设计研究院有限公司
参 编 单 位:中交第一公路勘察设计研究院有限公司
　　　　　　四川省交通厅公路规划勘察设计研究院
　　　　　　云南省交通规划设计研究院
　　　　　　福建省交通规划设计院
　　　　　　山西省交通规划勘察设计院
　　　　　　同济大学
主要起草人:廖朝华　郭小红　王华牢　李玉文　李志厚　杨林德　陈晓钜
　　　　　　聂承凯　柯小华　李海清　梁　巍　仇玉良　程　勇　乔春江
　　　　　　褚以惇　曹校勇　唐　颖　袁光宇　田元进　张　涛　李　昕
　　　　　　王万平　杨旦锋　张武祥　杨彦民　丁文其　王　联　林国进
　　　　　　陈贵红　陈树汪　林志良　何以群　姜　杰　韩常领　缪园冰

目　录

1　总则 …………………………………………………………………………………… 1
2　术语、符号 …………………………………………………………………………… 4
　2.1　术语 ……………………………………………………………………………… 4
　2.2　符号 ……………………………………………………………………………… 9
3　隧道控制要素 ………………………………………………………………………… 15
4　隧道总体设计 ………………………………………………………………………… 18
　4.1　一般规定 ………………………………………………………………………… 18
　4.2　隧道位置的选择 ………………………………………………………………… 19
　4.3　隧道线形设计 …………………………………………………………………… 24
　4.4　隧道设置形式的选择 …………………………………………………………… 27
5　隧道建筑限界与净空断面 …………………………………………………………… 29
　5.1　各级公路隧道建筑限界 ………………………………………………………… 29
　5.2　隧道净空断面 …………………………………………………………………… 31
6　隧道围岩分级及其物理力学参数 …………………………………………………… 35
　6.1　一般规定 ………………………………………………………………………… 35
　6.2　围岩分级指标 …………………………………………………………………… 36
　6.3　围岩分级方法 …………………………………………………………………… 40
　6.4　围岩物理力学参数 ……………………………………………………………… 45
7　隧道建筑材料及其物理力学参数 …………………………………………………… 48
　7.1　一般规定 ………………………………………………………………………… 48
　7.2　石材和砌体 ……………………………………………………………………… 50
　7.3　混凝土和钢材 …………………………………………………………………… 53
　7.4　防水材料 ………………………………………………………………………… 57
　7.5　注浆材料 ………………………………………………………………………… 59
　7.6　其他隧道常用材料 ……………………………………………………………… 61
8　隧道围岩压力计算 …………………………………………………………………… 64
　8.1　一般规定 ………………………………………………………………………… 64
　8.2　单洞隧道的围岩松散压力 ……………………………………………………… 64
　8.3　连拱隧道围岩松散压力 ………………………………………………………… 69
　8.4　小净距隧道围岩松散压力 ……………………………………………………… 74
　8.5　深埋隧道围岩的形变压力 ……………………………………………………… 78

9 隧道支护的地层—结构计算方法 ... 81
9.1 一般规定 ... 81
9.2 隧道施工开挖过程的模拟 ... 82
9.3 地层—结构法计算 ... 84
9.4 隧道稳定性的判别 ... 85

10 隧道支护的荷载—结构计算方法 ... 88
10.1 一般规定 ... 88
10.2 荷载的分类、计算与组合 ... 89
10.3 隧道支护结构的内力计算 ... 95
10.4 隧道支护结构的验算 ... 100

11 隧道洞门与洞口构造物设计 ... 114
11.1 一般规定 ... 114
11.2 洞门设计 ... 114
11.3 洞门墙计算 ... 118
11.4 洞口景观设计 ... 120
11.5 洞口构造物设计 ... 121

12 明洞设计 ... 123
12.1 一般规定 ... 123
12.2 明洞设计 ... 124
12.3 明洞结构计算 ... 126

13 隧道衬砌设计 ... 132
13.1 一般规定 ... 132
13.2 整体式衬砌设计 ... 132
13.3 喷锚衬砌 ... 134
13.4 单洞隧道复合式衬砌 ... 140
13.5 小净距隧道复合式衬砌 ... 144
13.6 连拱隧道复合式衬砌 ... 147
13.7 抗水压复合式衬砌 ... 149
13.8 支护结构的耐久性设计 ... 152
13.9 支护结构耐久性设计的构造规定 ... 158

14 特殊地质隧道设计 ... 161
14.1 滑坡地层隧道设计 ... 161
14.2 岩溶地层隧道设计 ... 163
14.3 瓦斯隧道设计 ... 165
14.4 采空区隧道设计 ... 167
14.5 高地应力地区隧道设计 ... 168
14.6 膨胀性围岩隧道设计 ... 172

14.7　黄土地区隧道设计 …………………………………………………………… 173
14.8　多年冻土地区隧道设计 ………………………………………………………… 175
14.9　放射性地层隧道设计 …………………………………………………………… 177

15　隧道抗震设计 ……………………………………………………………………… 179
15.1　一般规定 ………………………………………………………………………… 179
15.2　衬砌抗震设计 …………………………………………………………………… 181
15.3　明洞及棚洞的抗震设计 ………………………………………………………… 185
15.4　洞门抗震设计 …………………………………………………………………… 187

16　隧道辅助施工措施设计 …………………………………………………………… 192
16.1　一般规定 ………………………………………………………………………… 192
16.2　超前支护措施设计 ……………………………………………………………… 193
16.3　临时封闭措施设计 ……………………………………………………………… 198
16.4　地表加固措施设计 ……………………………………………………………… 199
16.5　排水措施设计 …………………………………………………………………… 201
16.6　超前帷幕注浆设计 ……………………………………………………………… 202
16.7　隧道注浆设计 …………………………………………………………………… 205

17　隧道施工过程中的动态设计 ……………………………………………………… 208
17.1　一般规定 ………………………………………………………………………… 208
17.2　隧道施工开挖方法设计 ………………………………………………………… 209
17.3　超前地质预报设计 ……………………………………………………………… 217
17.4　施工中监控量测 ………………………………………………………………… 220
17.5　信息反馈修正设计 ……………………………………………………………… 225

18　隧道防水及排水系统设计 ………………………………………………………… 229
18.1　一般规定 ………………………………………………………………………… 229
18.2　防水系统设计 …………………………………………………………………… 229
18.3　排水系统设计 …………………………………………………………………… 231
18.4　寒冷和严寒地区排水设计 ……………………………………………………… 235

19　隧道内路基与路面设计 …………………………………………………………… 237
19.1　一般规定 ………………………………………………………………………… 237
19.2　路基 ……………………………………………………………………………… 237
19.3　路面组成及类型 ………………………………………………………………… 237
19.4　结构组合设计 …………………………………………………………………… 238
19.5　接缝和面层配筋设计 …………………………………………………………… 241

20　隧道通风构造物及施工辅助通道设计 …………………………………………… 244
20.1　一般规定 ………………………………………………………………………… 244
20.2　竖井 ……………………………………………………………………………… 244
20.3　斜井 ……………………………………………………………………………… 250

20.4	联络风道与送排风口	253
20.5	风机房与通风塔	255
20.6	施工辅助通道	256

21 隧道内附属构造物设计 ………………………………………………… 258
   21.1 车行横通道 ……………………………………………………………… 258
   21.2 人行横通道 ……………………………………………………………… 259
   21.3 主要设备洞室 …………………………………………………………… 259
   21.4 电缆管沟及桥架 ………………………………………………………… 260
   21.5 隧道内防护与装饰 ……………………………………………………… 261

本细则用词说明 …………………………………………………………………… 263

1 总则

1.0.1 为了帮助隧道工程技术人员更好地使用现行公路隧道相关设计规范,提供相应的技术支持,进一步提高公路隧道设计技术与设计质量,制定本细则。

1.0.2 本细则适用于采用钻爆法施工的各级山岭公路隧道。对于采用盾构法或沉管法施工的公路隧道,其平纵设计标准、建筑限界及结构设计原则等可参照执行。

1.0.3 公路隧道应根据公路等级和功能,结合隧道所处区域的地形、地质、施工、运营、管理等条件,拟订多个设计方案,进行技术、经济和环境保护等要素的比较与综合设计,充分发挥隧道的功能。隧道设计应达到以下目标:
1 保证隧道结构达到相应的设计基准期,符合耐久性要求。
2 保证施工及运营过程中的安全,为使用者提供相对舒适的使用环境。
3 减少对自然环境的破坏,注意节约能源,保持自然景观和人文景观相协调。

1.0.4 隧道平、纵线位应根据公路等级与隧道的功能来确定。宜选择地层稳定、利于环境保护、利于防灾救援和管理养护等设施布设的地段通过,宜尽量减少洞口两端接线工程量。

在拟订路线设计方案过程中,应充分考虑隧道和深挖路堑等不同方案给生态环境带来的影响,特殊条件下应进行专题分析论证。对生态环境脆弱地带,或因施工可能造成生态环境难以恢复的地段,应优先选择对环境影响较小的方案,并制订环境恢复措施。

1.0.5 隧道洞门、支护衬砌、附属风道、风井、预留洞室及防排水构造物等主体结构必须按永久性建筑进行设计,应达到规定的强度、稳定性和耐久性;建成的隧道应能适应长期运营的需要,便于维修作业。
1 应重视洞门整体稳定、洞口防洪、洞门抗震以及防冻等问题,保证洞门达到相应的设计标准。隧道洞门应综合考虑地形条件与地质条件、自然环境与人文环境,尽量与周边环境相协调,减少对自然环境的扰动与破坏。
2 应优先采用复合式衬砌,地质条件较好的低等级公路隧道可采用喷锚支护。隧道洞口及埋置深度较浅地段可采用明挖法修建,地形偏斜地段可采用偏压明洞方案或棚洞方案。
3 对于处于软弱围岩条件下的双车道、三车道及连拱隧道等特殊隧道结构,在设计过程中应结合支护参数给出合理可行的施工开挖方法,保证隧道施工过程中的安全。

1.0.6 隧道支护衬砌设计应注意体现动态设计与信息化施工。

1 在隧道设计过程中均应制订监控量测方案,在隧道施工过程中应进行监控量测。

2 地质条件复杂的隧道应制订超前地质预报方案。隧道长度大于或等于1 000m时,应进行超前地质预报工作;地质条件复杂的隧道长度小于1 000m时,宜进行超前地质预报工作。

3 地质条件或衬砌结构特别复杂的隧道、周边环境对隧道变形破坏较为敏感的隧道,宜设置衬砌结构健康监测系统,并且在运营过程中对衬砌结构的工作状态进行实时监控。隧道衬砌结构健康监测主要针对Ⅳ~Ⅵ级围岩地段、浅埋偏压地段、高地应力软岩大变形地段、特殊地质地段以及特殊支护结构地段。

1.0.7 公路隧道应进行专门的防排水设计,洞内、洞口与洞外应形成完整的防排水系统。隧道衬砌及路面的防排水设计应遵照"防、排、截、堵相结合,因地制宜,综合治理"的原则,对地表水和地下水进行妥善处理。当隧道排水可能对附近生态环境产生较大影响时,宜以堵为主。防排水方案应方便施工和便于维修维护,保证防排水系统长期有效。

1.0.8 公路隧道路基、路面的结构层次和组成材料应根据公路等级、隧道长度、交通等级、当地环境条件和材料供应等因素综合选定,应保证路面具有足够的强度、反光度、平整度、耐久性、抗滑性能、防火性能以及可维修性。

1 公路隧道路基、路面应进行防排水设计,并考虑维修方便。

2 长大隧道路面材料应考虑对隧道照明效果的影响以及因火灾引发的次生灾害。

1.0.9 隧道支护衬砌、防排水、路面等主体结构与通风、照明、供配电、消防、交通监控等运营管理设施之间的设计应相互协调,形成合理的综合设计。在隧道设计过程中,应充分重视运营管理设施的预留预埋、沟管的需求与接地系统等设计,应特别注意大型设备洞室及通风附属洞室与主体结构的关系,设计中应遵循"方便施工,方便使用"的原则,相互之间不应出现干扰。

1.0.10 隧道抗震设计应达到"小震不坏,中震可修,大震不垮"的目标。在抗震设防烈度大于或等于Ⅶ度的高烈度地震区,隧道宜选择抗震有利地带通过,规避地震危险地带及抗震不利地带。

1.0.11 隧道通过浅埋、偏压、软弱围岩、断层破碎带、岩溶、大面积淋水或涌水等不良地形与地质地段时,应采用适当的辅助施工措施,如超前支护、超前排水、超前注浆等,保证施工过程中的安全。隧道辅助施工措施应根据地形地质条件、隧道跨度、施工场地条件及施工技术水平等因素综合选择。

1.0.12 隧道设计应贯彻国家有关技术经济政策,积极慎重地推广新技术、新材料、新设备、新工艺;对采用新技术、新材料、新工艺和特殊设备的隧道工程,应在设计中制订施工作业人员和运营管理人员的安全保护措施,预防生产安全事故。

1.0.13 隧道设计必须执行国家有关国土管理、环境保护、水土保持等法规的规定,应节约用地,尽量利用荒山荒地,保护农田、水利设施和水资源,制订土地整理措施,造地还田;设计施工方案宜保护原有植被,妥善处理隧道弃渣、废水、废气,制订降低或消除噪声措施。

1.0.14 公路隧道设计除应符合本细则外,尚应遵守现行国家法律、法规,符合国家、行业现行标准、规范的规定。

2 术语、符号

2.1 术语

2.1.1 公路隧道 highway tunnel
供汽车和行人通行的隧道,分为汽车专用隧道和人车共用隧道。

2.1.2 山岭隧道 mountain tunnel
贯穿山岭或丘陵台地的隧道。

2.1.3 水下隧道 underwater tunnel
贯穿江河或海峡的隧道。

2.1.4 钻爆隧道 drilling and blasting tunnel
用人工或机械钻孔、装药,采用控制爆破方式开挖的一种隧道建设方法。

2.1.5 盾构隧道 shield tunnel
用全断面掘进机械开挖的一种隧道建设方法。开挖岩体的机械一般称为 TBM,开挖土体的机械一般称为盾构。

2.1.6 沉管隧道 immersed tube tunnel
将隧道结构分段预制,然后沉埋至设计位置的一种隧道建设方法。

2.1.7 隧道建筑限界 tunnel construction clearance
为保证隧道内车辆行驶、人员通行、检修和各种设备不受损害所要求的最小空间。

2.1.8 隧道净空断面 tunnel cross-section
路面之上隧道衬砌内轮廓线所包含的空间的横断面。

2.1.9 偏压隧道 tunnel under unsymmetrical pressure
支护结构两侧的岩土压力相差较大或不对称荷载作用的隧道。

2.1.10 浅埋隧道　shallow tunnel

作用在支护结构之上的土压力受隧道埋置深度、地形条件及地表环境影响的隧道。

2.1.11 深埋隧道　deep tunnel

作用在支护结构之上的土压力与隧道埋置深度、地形条件及地表环境基本无关的隧道。

2.1.12 软弱围岩　soft rock

作用在支护结构之上的土压力较大,受地下水渗流及施工开挖方法影响,且岩体质量较差的围岩,一般指Ⅳ级及其以下的围岩。

2.1.13 隧道群　tunnel group

隧道与隧道洞门之间的距离较近,在勘察测量、平纵设计、通风设计及照明设计等方面必须考虑相互之间影响的多座隧道的总称。

2.1.14 紧急停车带　emergency parking strip

隧道内供故障车辆检修或等待救援的停车区域。

2.1.15 车行横洞　adit for vehicle passing

紧急情况下供救援车辆或人员出入的通道。

2.1.16 人行横洞　adit for people passing

紧急情况下供人员逃生或救援人员出入的通道。

2.1.17 分离式隧道　separated tunnel

并行双洞之间的距离较大,在隧道设计施工中不必考虑双洞相互影响的隧道设置形式。

2.1.18 小净距隧道　neighborhood tunnel

并行双洞之间的距离较小,在隧道设计施工中必须考虑双洞相互影响的隧道设置形式。

2.1.19 连拱隧道　multi-arch tunnel

并行双洞之间无中夹岩柱,两洞结构共用中隔墙的隧道设置形式。

2.1.20 分岔隧道　branch tunnel

并行双洞由分离式隧道或小净距隧道逐渐过渡到连拱或全幅路基隧道的隧道设置

形式。

2.1.21 整体式衬砌　monolithic lining
隧道开挖后直接用模筑混凝土或砌体修建衬砌的隧道支护形式。

2.1.22 喷锚支护　shotcrete and rockbolts supporting
隧道开挖后用喷射混凝土、锚杆、钢筋网或钢拱架支护，不设二次衬砌的隧道支护形式。

2.1.23 复合式衬砌　composite lining
由喷锚初期支护和模筑混凝土二次支护构成的隧道支护形式。

2.1.24 明洞　open-cut tunnel
在隧道口部或路堑地段，用明挖法修建隧道结构，然后进行覆盖的隧道。

2.1.25 棚洞　hangar tunnel
在地形陡峻地段，为防御塌方、落石、积雪等而修建的棚式建筑物。

2.1.26 斜井　inclined shaft
为改善运营通风或施工条件，以一定倾角连通地面与下部洞室的通道。

2.1.27 竖井　vertical shaft
为改善运营通风或施工条件，垂直连通地面与下部洞室的通道。

2.1.28 围岩分级　rock classification
根据岩体完整程度和岩石强度等指标，按施工开挖后的稳定性对围岩进行的分级。

2.1.29 围岩基本质量指标　rock basic quality index
以围岩的岩石坚硬程度及完整程度为基本参数确定的岩体质量指标。

2.1.30 围岩修正质量指标　rock modified quality index
根据地下水、主要结构面及地应力等因素，对围岩基本质量指标进行修正后的岩体质量指标。

2.1.31 围岩压力　rock pressure
隧道开挖后，因围岩变形或松散等原因产生的作用于支护或衬砌结构上的压力。

2.1.32 松散压力 loosening pressure
因围岩松动而作用在支护或衬砌结构上的压力。

2.1.33 形变压力 deformed pressure
因围岩收敛变形而作用在支护或衬砌结构上的压力。

2.1.34 初始应力 initial stress
天然状态下存在于岩体或土体介质内部的应力，可分为自重应力和构造应力。

2.1.35 开挖效应 excavation effect
隧道开挖后沿隧道周边受到与初始应力大小相等、方向相反的不平衡力，在不平衡力作用下围岩所产生的附加应力场与位移场的现象。

2.1.36 承载拱 load-bearing arch
在喷锚支护作用下，隧道周边形成的具有一定稳定洞室作用效应的总称。

2.1.37 承载能力 bearing capacity
隧道支护结构抵抗洞室周边荷载的能力。

2.1.38 端墙式洞门 end-wall tunnel portal
在洞口修筑垂直于隧道轴线的挡土墙以稳定洞门后土体的洞门结构形式。

2.1.39 翼墙式洞门 wing-wall tunnel portal
在洞门端墙外沿路基两侧修建挡土墙，与端墙共同稳定洞口边坡及仰坡的洞门结构形式。

2.1.40 明洞式洞门 open-cut tunnel portal
不设置洞口挡土墙，将明洞结构适当外延的一种洞门结构形式，如削竹式洞门、倒削竹式洞门、喇叭式洞门等。

2.1.41 高地应力 high geostress
当隧道通过区域中的地应力达到一定程度，硬岩地层可能引起隧道施工过程中的岩爆，软弱围岩可能引起隧道施工过程中的大变形，与围岩的抗压强度相关的围岩力学状态。

2.1.42 超前支护 pre-supporting
在开挖面前方进行预支护后，再进行开挖而采用的支护类型。

2.1.43 超前帷幕注浆　advanced curtain grouting

对隧道前方一定范围的土体进行全面加固,在开挖区域周边形成隔水帷幕,以防止地下水的渗流给隧道施工带来较大风险的一种辅助施工措施。

2.1.44 井点降水　dewatering

在需要降低地下水位的区域施作渗水井至预定的深度,通过抽水泵把井内水强制排除的方法。

2.1.45 注浆　grouting

用机械设备将预定的液体材料强行压入地层内,用以加固地层或减少地下水渗流的不利影响。

2.1.46 预设计　pre-design

在现阶段隧道设计中,按照设计规范规定,依据施工之前的地质调查、钻探及物探等资料,采取工程类比方法,通过一定的力学分析而做出的施工图设计。

2.1.47 动态设计　dynamic design

在隧道施工过程中,根据地质条件变化情况及时调整开挖方法或支护参数的一种处置方法。

2.1.48 超前地质预报　advanced geological forecast

在分析既有地质资料的基础上,采用物探、钻探等手段,对开挖面前方的地质条件进行探测、分析与评价的活动。

2.1.49 监控量测　monitoring measurement

为保障隧道施工安全与优化支护参数,在隧道内或地表,对地层及支护结构的变形与应力进行量测、分析与评价的活动。

2.1.50 隧道防水　tunnel waterproof

为保障隧道运营安全、设备正常使用、结构耐久性及美观而采取的防止地下水向洞内渗流的措施,一般可分为衬砌防水系统与路面防水系统。

2.1.51 隧道排水　tunnel drainage

将隧道内或衬砌背后积水排出洞外的措施,一般可分为衬砌排水系统、路面排水系统及路基排水系统。

2.1.52 通风构造物　ventilation structure

为满足隧道通风需要而设置的地下或地面的构造物,如风机房、联络风道、通风井及通风塔等。

2.1.53 施工辅助通道　construction subsidiary channel

为满足隧道施工需要而设置的通道,如施工斜井、施工竖井、施工横通道及平行导坑等。

2.2 符号

2.2.1 建筑限界

H——建筑限界高度
W——行车道宽度
L_L——左侧侧向宽度
L_R——右侧侧向宽度
C——余宽
J——检修道宽度
R——人行道宽度
H——检修道或人行道高度
E_L——建筑限界左顶角宽度
E_R——建筑限界右顶角宽度
Y——保证视距的侧向宽度
S——保证视距
R——行车道中心的平曲线半径

2.2.2 围岩分级

$I_{S(50)}$——岩石点荷载强度指数
R_c——岩石单轴饱和抗压强度
v_{pm}——岩体的弹性纵波速度
v_{pr}——岩石的弹性纵波速度
J_v——岩体体积节理数
BQ——围岩基本质量指标
$[BQ]$——围岩基本质量指标修正值

2.2.3 荷载计算

q——垂直围岩压力
e——水平围岩压力
λ——侧压力系数

B_t——隧道开挖跨度

H_t——隧道开挖高度

γ——围岩重度

φ_c——围岩计算摩擦角

φ_0——围岩内摩擦角

c——围岩黏聚力

f_{kp}——普氏围岩坚固系数

θ——两侧土体破裂面摩擦角

α——地面坡坡角

P_0——地层初始地应力

2.2.4 结构计算

H——构件计算截面的设计厚度

B——构件计算截面的设计宽度

γ——结构材料重度的标准值

δ_l——构件温度变化引起的变形值

α——构件材料的线膨胀系数或季节性融冻区冻结后的体积膨胀系数

P_b——衬砌所受冻胀力

n——围岩完整度系数

β——季节性融冻区岩土体内的含冰率

H_f——季节性融冻区厚度

K_d——弹性抗力系数

δ——结构变形量

D_g——系统锚杆形成的承载拱厚度

N_z——采用综合安全系数计算时截面上的最大轴力

Q_z——采用综合安全系数计算时截面上的最大剪力

M_z——采用综合安全系数计算时截面的最大弯矩

N_F——采用分项系数计算时截面上的最大轴力

Q_F——采用分项系数计算时截面上的最大剪力

M_F——采用分项系数计算时截面的最大弯矩

2.2.5 强度校核

K——综合安全系数

K_{sj}——承载拱抗剪综合安全系数

K_{qy}——砌体抗压综合安全系数

γ_0——构件工作条件系数

γ_1——结构附加安全系数

γ_f——作用在结构之上的荷载分项系数

γ_d——结构材料和岩土的分项系数

e_0——计算截面的偏心距

γ_{sy}——承载拱岩体的极限抗压强度的分项系数

γ_{sj}——承载拱岩体的极限抗剪强度的分项系数

R_{sy}——承载拱岩体的极限抗压强度

R'_{sy}——修正后岩体极限抗压强度

R_m——锚杆设计抗拔力

γ_{qj}——砌体材料的极限抗剪强度分项系数

γ_{qy}——砌体材料的极限抗压强度分项系数

R_{qy}^j——砌体材料的极限抗压强度

ϕ——构件的纵向弯曲系数

α——轴向力的偏心影响系数

μ——砌块之间的摩擦系数标准值

γ_{hy}——混凝土极限抗压强度分项系数

γ_{hl}——混凝土抗拉极限强度分项系数

γ_{hj}——混凝土极限抗剪强度分项系数

R_{hy}^j——混凝土极限抗压强度

R_{hl}^j——混凝土抗拉极限强度

E_h、E_g——喷射混凝土及钢拱架的弹性模量

A_h——喷射混凝土计算截面面积

R_{hy}——混凝土抗压强度标准值

R_g、R'_g——纵向受拉及受压钢筋抗压强度标准值

A_g——纵向受拉钢筋截面面积或钢拱架计算截面面积

A'_g——纵向受压钢筋截面面积

b——矩形截面宽或 T 形截面腹板宽

x——混凝土受压区高度

h_0——截面有效高度

σ_g——小偏心受压构件中受拉钢筋的应力

e、e'——纵向力作用点至受拉及受压钢筋合力点之间的距离

a'_g——受压钢筋合力点至受压区边缘的距离

a_g——受拉钢筋合力点至受拉区边缘的距离

ξ_{jg}——钢筋混凝土大、小偏心构件受压区高度界限系数

E_h——混凝土的弹性模量

I_h——混凝土截面惯性矩

2.2.6 洞门设计

K_0——倾覆稳定系数

K_c——滑动稳定系数

M_y——垂直力对墙趾的稳定力矩

M_0——水平力对墙趾的倾覆力矩

N——作用于基底上的垂直力

E——墙后主动土压力

f——基底摩擦系数

e——水平基底偏心距

e'——倾斜基底偏心距

B——水平基底宽度

B'——倾斜基底宽度

σ_{max}——基底最大压应力

σ_{min}——基底最小压应力

2.2.7 明洞设计

q_i——明洞结构上计算点的回填土石垂直压力

e_i——计算点 i 的侧压力

α——设计填土面坡度角

ρ——侧压力作用方向与水平线的夹角

n——开挖边坡坡率

m——回填土石面坡率

μ——回填土石与开挖边坡面间的摩擦系数

γ_2——墙背回填土石重度

φ_2——墙背回填土石计算摩擦角

e_H——车辆荷载、人群荷载引起的水平压力

P_V——车辆荷载、人群荷载引起的垂直压力

2.2.8 衬砌设计

N_t——锚杆轴向拉力设计值

L_a——锚固段长度

D——锚固体直径

q_r——水泥结石体与岩石孔壁间的黏结强度

q_s——水泥结石体与钢绞线或钢筋的黏结强度

β——外水压折减系数

β_0——考虑渗水孔水量的水压折减系数

Q——隧道建成后渗水孔设计流量

2.2.9 抗震设计

E_{ih}——作用于隧道衬砌上任一质点的自重水平地震力

E_{iv}——作用于隧道衬砌上任一质点的自重竖向地震力

K_h——水平地震系数

K_v——竖向地震系数

C_i——重要性修正系数

C_z——综合影响系数

G_{is}——隧道衬砌计算点的结构重力

θ——地震角

φ_1、φ_2——地震时修正后的内、外侧围岩计算摩擦角

Δe_{1i}、Δe_{2i}——内、外侧衬砌上任意点的侧向地震荷载增量

q_{he}——拱部松散土压力荷载引起的水平地震荷载

q_{ve}——拱部松散土压力荷载引起的竖向地震荷载

λ——侧边土体在非地震条件下的侧压力系数

λ'——侧边土体在地震条件下的侧压力系数

E_{ihw}——第 i 截面以上墙身重心处的水平地震荷载

ψ_{iw}——水平地震荷载沿墙高的分布系数

K_{psp}——地震被动土压力系数

2.2.10 辅助施工措施设计

Q——浆液总用量

P_0——设计注浆压力

V——注浆对象的体积

r——浆液扩散半径

n——围岩的孔隙率

K——围岩的渗透系数

η——围岩的裂隙率

β——浆液在围岩内的有效充填系数

E——注浆形成帷幕的厚度

H——止浆墙的厚度

$[\sigma]$——注浆固结后土体的容许抗压强度

$[\tau]$——岩体的容许抗剪强度

ν_w——水的黏度

ν_g——浆液的黏度

2.2.11 防排水设计

Q_c——沟或管的泄水能力

v——沟或管内水的平均流速
A——过水断面面积
n——沟壁或管壁的粗糙系数
R——水力半径
ρ——过水断面湿周
I——水力坡度

3 隧道控制要素

3.0.1 公路隧道按其长度可分为四级,见表3.0.1。

表3.0.1 公路隧道按长度分级

隧道等级	隧道长度 L(m)	特 点
特长隧道	$L > 3\,000$	平纵指标对通风方案影响显著
长隧道	$1\,000 < L \leq 3\,000$	需设置水消防及进行机械通风
中隧道	$500 < L \leq 1\,000$	不需设置水消防
短隧道	$L \leq 500$	隧道平纵指标可适当放宽

注:(1)隧道长度为隧道两端洞门桩号之差,当为并行双洞时以较长隧道为准。
(2)当隧道长度小于100m时,隧道平纵指标不受隧道规范约束,可不采用电光照明;当隧道长度大于6 000m时,隧道运营管理系统一般需特殊考虑。因此这两类隧道在设计过程中应引起特别重视。

3.0.2 公路隧道按其开挖跨度可分为四类,见表3.0.2。

表3.0.2 公路隧道按开挖跨度分类

分 类	开挖跨度 B(m)	描 述
小跨度隧道	$B < 9$	(1)单车道公路隧道; (2)服务隧道; (3)人行横洞及车行横洞
中跨度隧道	$9 \leq B < 14$	(1)双车道公路隧道; (2)单车道公路隧道的错车带
大跨度隧道	$14 \leq B < 18$	(1)三车道公路隧道; (2)双车道公路隧道的紧急停车带
特大跨度隧道	$B \geq 18$	(1)四车道公路隧道(单洞); (2)连拱隧道

3.0.3 当并行双洞公路隧道中夹岩柱的宽度大于表3.0.3的规定时,在设计施工过程中可不考虑两洞室之间相互影响。

表3.0.3 不考虑两洞室之间相互影响的双洞最小净距

围岩级别	Ⅰ	Ⅱ	Ⅲ	Ⅳ	Ⅴ	Ⅵ
最小净距(m)	$1.0B$	$1.5B$	$2.0B$	$2.5B$	$3.5B$	$4.0B$

注:表中 B 代表隧道开挖跨度。

3.0.4 公路隧道根据其横断面布置形式可划分为五类,按表 3.0.4 的规定确定。

表 3.0.4 公路隧道按横断面布置形式分类

分 类	特 点
双向行车单洞隧道	一般指仅设置一个独立洞室的二、三、四级公路隧道
单向行车双洞分离式隧道	高速公路或一级公路隧道左右洞间距大于表 3.0.3 的规定时,设计施工基本可忽略相互之间的影响
小净距隧道	双洞隧道的左右洞间距小于表 3.0.3 的规定时,设计施工应考虑相互之间的影响
连拱隧道	双洞隧道的内侧结构设置为整体的隧道
分岔隧道	由于特殊条件限制,高等级公路隧道由四车道大拱或连拱逐渐过渡为上下行分离双洞的一种隧道设置形式

3.0.5 根据各级公路隧道破坏后的影响程度,其支护结构可分为三个安全等级,按表 3.0.5 的规定确定。

表 3.0.5 公路隧道支护结构的安全等级

安全等级	破坏后果	隧道类型
一级	结构破坏后影响很严重	(1)高速公路隧道与一级公路隧道; (2)连拱隧道; (3)三车道及其以上跨度的公路隧道; (4)特长公路隧道; (5)地下风机房
二级	结构破坏后影响一般	(1)双车道的二级公路隧道; (2)双车道的三级公路隧道; (3)四级公路上 $L>1\,000\text{m}$ 的隧道; (4)斜井、竖井及联络风道等通风构造物
三级	结构破坏后影响不严重	(1)四级公路上 $L\leq 1\,000\text{m}$ 的中短隧道; (2)斜井、竖井及平行导坑等施工辅助通道

注:对于安全等级为二、三级的公路隧道,也可根据工程重要程度提高其安全等级。

3.0.6 各级公路隧道的主体结构,如洞门、支护衬砌、附属风道、风井、预留洞室及防排水构造物等,应达到表 3.0.6 所示的设计基准期。

表 3.0.6 公路隧道结构设计基准期

类别	设计基准期(年)	结构类型
1	100	特别重要的结构物或构件,如二级及其以上公路隧道的支护结构及洞门等
2	50	普通建筑物或构件,如三级及四级公路隧道的支护结构及洞门等
3	25	易于替换和修复的构件,如隧道内边水沟及电缆沟等

注:隧道路面结构设计基准期应根据现行公路路面设计规范确定。

3.0.7 环境对公路隧道结构的腐蚀作用,应根据其严重程度按表 3.0.7 分为 6 级。

表 3.0.7 环境作用等级

级 别	腐蚀程度	级 别	腐蚀程度
A	可忽略	D	严重
B	轻度	E	很严重
C	中度	F	极端严重

3.0.8 各级公路隧道及其附属构筑物的防水等级,应符合表 3.0.8 的规定。

表 3.0.8 公路隧道及其附属构筑物的防水等级

防水等级	标 准	适 用 范 围
一级	不容许渗水,结构表面无湿迹	地下风机房及大型电器设备洞室
二级	不容许渗水,结构表面有少量、偶见的湿迹	(1)高速公路隧道; (2)一级公路隧道; (3)二级、三级公路上的长及特长隧道; (4)四级公路上的特长隧道; (5)设备洞室
三级	有少量漏水点,不得有线流和漏泥沙,每昼夜漏水量 <0.5 L/m²	(1)二级、三级公路上的中短隧道; (2)四级公路上的长、中、短隧道; (3)通风竖井或斜井; (4)人行横洞及车行横洞
四级	有漏水点,不得有线流和漏泥沙,每昼夜漏水量 <2L/m²	(1)施工辅助坑道; (2)紧急疏散通道

注:公路隧道路面应达到二级防水标准。

3.0.9 各级公路隧道的设计洪水频率应符合表 3.0.9 的规定。

表 3.0.9 公路隧道的设计洪水频率

隧道类别	公路等级			
	高速公路、一级公路	二级公路	三级公路	四级公路
特长隧道	1/100	1/100	1/50	1/50
长隧道	1/100	1/50	1/50	1/25
中、短隧道	1/100	1/50	1/25	1/25

4 隧道总体设计

4.1 一般规定

4.1.1 在公路隧道勘察设计过程中,应根据公路等级、隧道长度及交通量大小等控制因素合理确定隧道勘察设计标准与工作内容,有效地控制其设计质量。

4.1.2 隧道设计应综合考虑公路的总体功能、土地资源利用、对生态环境的影响、可持续发展等方面的要求,树立全寿命周期成本的设计新理念,保证隧道主体结构稳定可靠,避免运营期间病害的发生。

4.1.3 隧道总体设计应符合以下原则:

1 应重视公路总体设计。隧道内外平、纵线形应协调,符合行车安全与行车舒适的要求;隧道断面布置形式应根据所处地质条件、周边环境等合理确定,符合经济性与施工安全的要求;隧道施工方法与施工组织应适应隧道特点与地质条件,符合环境保护的要求。

2 应重视地质条件比选。根据隧道特点、区域地质条件及相应设计阶段的要求,制订地质勘察方案,充分利用地质遥感资料和附近其他工程的地质资料进行隧道方案比选。当地质条件复杂时,特长隧道应控制路线走向,以避开不良地质地段;中、短隧道可服从路线走向。

3 应重视中短隧道与路堑方案的比选。评价深路堑与隧道方案对路线平纵面设计的影响。在方案比选过程中,除应考虑工程造价外,还应考虑土地使用费、防治水土流失费、弃渣场设置费和提高工程可靠度的费用(高边坡的处治费用)等。应结合生态环境保护、道路景观等要素进行定性或定量的分析论证。

4 应加强山区公路隧道施工方案的交通组织设计。在山区公路桥隧集中、施工组织困难的特殊地段,隧道的布设应考虑隧道施工方案和施工期间对交通组织的影响。

5 应加强山区公路隧道与洞外结构物的协调。山区公路控制性重点工程较多,出现桥隧相接、隧道和互通式立交紧邻等情况时,特别是特大跨径桥梁结构形式和施工方法的选择及交通组织(如隧道内交通分、合流)等影响到隧道结构形式的选择时,应扩展隧道方案的研究范围,对洞外构造物与隧道方案进行整体综合比选。

4.1.4 在对隧道附近地形、地貌、地质、气象、社会人文和环境等进行深入调查的基础上,应对隧道轴线方案的走向、平纵线形、隧道设置形式及洞口位置等方面进行综合比选。

  1 中、短隧道方案宜服从路线布设的要求。根据地形条件,宜对连拱隧道与小净距隧道方案进行比较;对于中心挖深大于30m的路堑宜进行路、隧方案比较;对短隧道群宜进行整体式路基连拱隧道方案与分离式路基小净距隧道方案的比选。

  2 特长、长隧道在符合路线总体走向的前提下,应由隧道控制局部线位。对各可行的方案,以建设条件、建设规模、施工条件和运营管理技术难度和成本等为比选因素进行系统的论证和比较。

  3 应综合考虑不同隧址方案对公路总体施工方案、施工安排和施工工期及工程投资的影响。

  4 对于技术复杂的特长隧道,应加深隧道地质勘察及工程方案分析研究,解决建设过程中的重大技术问题,必要时应增加技术设计阶段。

4.1.5 高速公路和具干线功能的一级公路隧道的通风、防灾等与交通量有关的土建工程设施,应以隧道的设计通行能力作为校核标准。当隧道远期设计交通量小于其设计通行能力的一半时,可采用道路的远期设计交通量控制设计。

  1 经充分论证后,可根据交通组成及交通量增长情况等因素,按一次设计、分期实施的原则进行设计。

  2 斜井、竖井、风机房等通风土建工程不宜分期实施;当必须分期实施时,应以利于后期改建为原则,做好近期工程与远期工程的合理衔接规划与设计。

  3 应加强与隧道运营管理设施设计人员的沟通与协调,重视隧道内预留洞室与预埋件设计。

4.1.6 在隧道设计过程中,应通过优化隧道前后路线平纵线形,达到填挖土石方量基本平衡,减少隧道弃渣数量。隧道弃渣宜作为建筑材料或路基填料加以利用;当无法利用时,应运至指定弃渣场堆置。弃渣场宜选择不侵占耕地、河道、沟谷的荒坡地、凹地。应防止雨水冲刷弃渣造成水土流失,完善弃渣场的防护与排水设计。

4.2 隧道位置的选择

4.2.1 隧道位置选择应符合以下总体原则:

  1 隧道位置应根据路线总体规划、交通运输条件及周边环境和地形变化条件确定,设置在对环境影响小、利于隧道施工场地布置和隧道出渣、利于设置防灾救援系统和管理养护等设施的路段。

  2 隧道位置应选择在岩性好、结构稳定的地层中。当条件限制无法绕避不良地质区时,隧道应尽量缩短其通过长度,并采取可靠的工程处理措施。

  3 应严格执行《中华人民共和国水法》、《中华人民共和国土地管理法》、《中华人民共和国森林法》《中华人民共和国环境保护法》等现行国家法律、法规中对公路工程建设的相应规定。隧道修建应不占或少占基本农田。

4 应结合隧道接线端的构造物布设情况,进行两端接线工程的衔接设计,保证隧道内外线形顺畅、协调一致。

5 隧道洞口位置、辅助通道和运营通风设施的设置应为隧道位置选定的重要因素。

4.2.2 越岭隧道的位置选择应符合以下原则:

1 应以路线纵断面为主,结合地质条件、越岭路线高程和垭口两侧道路展线的需要,综合选择最合理的隧道位置。

2 应根据地形及工程地质情况,从缩短道路里程、提高线形指标、避让严重不良地质、减轻或消除高山严重积雪和结冰对公路的不良影响及结合施工条件与施工工期等方面,对越岭隧道方案和越岭展线方案进行详细的技术、经济比较。

3 宜以路线顺直、隧道长度最短的垭口作为越岭隧道方案比选的基础,并分析比较各方案的工程地质和水文地质情况,隧道不应从严重不良地质地带通过。

4 应分析不同隧道设计高程对工程建设规模的影响:

1)公路等级越高,路线平纵面指标越高,隧道高程越低,隧道越长,工程造价相对越高。

2)应尽可能把隧道放置于较好的地层中。

3)隧道高程的设置应保证施工和行车安全,并应设置在常年冰冻线和常年积雪线以下。

4)应考虑隧道长度对运营管养费用的影响:隧道越长,通风、照明费用越高。

5)低等级公路上的隧道应考虑社会远期发展及公路改扩建的需要:在不过多增加工程造价的情况下,宜降低隧道设计高程,提高隧道进出口线形标准。

4.2.3 沿河、傍山隧道的位置选择应符合以下原则:

1 应注意山体的整体稳定性,避开严重的滑坡、崩塌、错落、岩堆等不良地质。

2 隧道位置宜向山体侧内移,增加隧道覆盖层厚度,并应避免受河流冲刷。各类围岩地质情况下,隧道拱肩最小覆盖层厚度不得小于表4.2.3的数值。

3 沿河、傍山隧道,应综合考虑地形、地质、造价、施工、运营效益及安全等条件,对沿河绕行短隧道群方案、裁弯取直的长隧道方案、分离式路基半路半隧方案进行全面综合比较。在相似条件下,宜优先选择长隧道方案。

4 隧道洞顶覆盖层薄而难以用钻爆法修建隧道的地段,受塌方、落石、泥石流或雪害等威胁的洞口地段,公路、铁路、沟渠等必须通过隧道上方又不宜做暗洞或立交桥的地段,宜设置明洞或棚洞。

5 傍山路线的高陡边坡半路堑地段,当路基边坡处治较困难时,宜将路线内移,采用隧道或明洞方案。滑坡地段不宜修建明洞。

表 4.2.3　隧道拱肩最小覆盖层厚度（m）

围岩级别	最小覆盖层厚度 t				图　式
	1∶1	1∶1.5	1∶2.0	1∶2.5	
Ⅲ	5	5			
Ⅳ（石质）	8	6	6		
Ⅳ（土质）	15	12	9	9	
Ⅴ	27	24	21	18	

注：(1) 表中 t 为隧道外侧拱肩至地面的地层最小厚度。
　　(2) 表列数值应扣除表面腐殖覆盖层厚度。
　　(3) 表列数值适用于双车道隧道。
　　(4) Ⅵ级围岩的 t 值应通过分析计算后确定。

4.2.4　隧道位置应避免通过断层、崩塌、滑坡、流沙、溶洞、陷穴及偏压显著、地下水丰富等地质不良地段；当绕避有困难时，应采取工程治理措施。

　　1　当隧道穿过水平或缓倾角岩层时，应防止在薄岩层施工时顶部产生掉块现象，宜选择坚硬不透水厚岩层作为顶板。

　　2　当隧道穿过陡倾角岩层时，宜垂直于岩层的走向穿过；当必须平行或小角度穿越时，隧道应布置于岩性较好的单一岩层中，避免穿过软弱夹层和不同岩层接触地带。

　　3　当隧道通过褶皱构造时，应将隧道位置调整至翼部，避免将隧道置于向斜或背斜的轴部。

　　4　当隧道穿过断裂及其接触带时，应使隧道轴线以大角度通过，避开严重的破碎地段。

　　5　当隧道穿过地下水发育地段时，宜选择在地形有利、地下水少、岩性较好、透水性弱的地层中通过。

4.2.5　当隧道必须穿越不良地质地带时，其位置的选择应符合以下原则：

　　1　当隧道穿过滑坡、错落体时，应使洞身埋置在错落体或滑动面以下一定厚度的稳固地层中。

　　2　当隧道穿过严重不稳或有严重崩塌的陡坡时，洞身应往里靠，将隧道置于稳固地层中。

　　3　当隧道穿过不稳定的岩堆时，洞身应内移置于基岩中，并留有足够的安全厚度。

　　4　当隧道穿过泥石流沟床下部时，应使洞身置于基岩中或稳定的地层内，并保证拱顶以上有一定的安全覆盖厚度。如采用明洞方案，明洞基础应置于基岩或牢固可靠的地基上,明洞洞顶回填应考虑河床下切和上涨以及相互转化的不利情况,并保证不小于0.5m的安全覆盖厚度。

5 当隧道通过岩溶地区时,宜选择在难溶岩地段和地下水不发育地带,避免穿越岩溶严重发育的地下溶蚀大厅、溶洞群及地质构造破碎带等地段,宜避开易溶岩与难溶岩的接触带。

4.2.6 水库地区隧道应选择在稳定的基岩或坍岸范围以外的稳固地层内通过,避开受水库充水及消水影响易于发生滑塌病害的松散、破碎地带,应注意库水的长期浸泡造成库壁坍塌对隧道稳定的不利影响。隧道洞口设计高程应高出水库计算洪水位(含浪高和壅水高)不小于0.5m。

4.2.7 各级公路隧道洞口设计高程应符合表3.0.9的规定。当隧道区观测洪水频率高于表3.0.9中所列洪水频率标准值时,应按观测洪水频率设计,但当观测到的洪水频率在高速公路、一级公路超过1/300,二级公路超过1/100,三、四级公路超过1/50时,则应分别采用1/300、1/100、1/50的频率设计。

城市过江(过海)隧道应保证隧道防洪、防涝的可靠性,当洞口高程达不到表3.0.9中所要求标准时,应在洞口周围一定范围内修建防洪堤或防淹门,洞口排水泵房应具有排洪所需的抽水能力。隧道排水系统的设计洪水频率不应低于1/100,对特别重要的隧道可提高到1/300。

4.2.8 隧道洞口位置的确定应遵循"早进洞、晚出洞"的原则,注意边坡及仰坡的稳定。

1 隧道洞口位置的选择应与周围自然环境相协调,宜绕避居民点;当不能避开时,应评估施工爆破、噪声、水质污染等对居民及环境的危害,制订降噪、控制污染等环境保护措施。

2 隧道洞口位置的选择应与隧道前后构造物协调。在桥隧紧接的情况下,应综合考虑洞口与桥跨布局、结构处理的整体性,避免桥隧工程施工相互干扰。

3 当洞口开挖不可避免时,应确保隧道洞口边坡及仰坡的稳定。洞口边坡、仰坡的设计控制高度可采用表4.2.8的规定。

表4.2.8 洞口边坡、仰坡的设计控制高度

围岩级别	边坡、仰坡坡率	控制高度(m)
	贴壁	15
Ⅱ	1:0.3	20
	1:0.5	25
Ⅲ	1:0.5	20
	1:0.75	25

续上表

围岩级别	边坡、仰坡坡率	控制高度(m)
Ⅳ	1:0.75	15
	1:1	18
	1:1.25	20
Ⅴ	1:1.25	15
	1:1.5	18

注：(1) 洞口边坡、仰坡高度为路面设计高程至边坡、仰坡顶的高度。
　　(2) 对于Ⅱ级及其以上围岩,若边坡、仰坡安全能够得到保证,其边坡高度要求可适当放宽;对于Ⅴ级及其以下的围岩,设计时应尽可能降低控制高度。
　　(3) 本表主要针对双车道隧道,其他隧道可参照执行。

4.2.9 地形条件决定隧道洞口的位置时,应符合以下原则:

　　1 隧道洞口的中线宜与地形等高线接近垂直。条件困难时,宜以大角度斜交进洞,避免与等高线平行进洞。

　　1) 在松软地层中,不宜采用斜交洞口。

　　2) 抗震设防烈度为Ⅶ度时,斜交洞门需经抗震验算方可采用。抗震设防烈度大于Ⅶ度的地区,隧道洞门不宜采用斜交洞门。

　　3) 当围岩为Ⅲ级及其以上质量较好的围岩时,可采用斜交进洞,但其洞门端墙与路线中线交角不应小于45°。

　　4) 低等级公路隧道,当洞口岩石坚硬完整、不易风化时,可随天然地势进洞。

　　5) 岩层破碎、整体性差、斜交角度小的地段,宜延长隧道,修建明洞式洞口。

　　2 位于悬岩陡壁下的洞口,不宜切削原山坡。当坡面及岩顶稳定,无落石或坍塌可能时,可贴壁进洞。应避免在不稳定的悬岩陡壁下进洞,宜延伸洞口接长明洞,其长度宜延伸到坍落可能影响的范围以外3~5m,或采取其他保证运营安全的措施。

　　3 在漫坡地段选择洞口位置时,应根据洞外路基填挖方情况、排水条件和有利快速施工等因素,结合少占农田、填方利用等要求,综合分析确定。当隧道位于城市、风景区附近时,应减少拉槽进洞,宜适当延长隧道长度。

　　4 沟谷和山凹处,往往是地表水和地下水的汇集之处,地质构造大多较为软弱破碎。当路线沿沟谷、山凹行进时,洞口位置应避开沟谷和山凹的中心,尽量在凸出的山坡附近进洞。当沟底高程较高或上跨其他构造物时,应对地表径流作妥善处置,并加强洞口段的防水和排水措施。

　　5 傍山隧道洞口靠山侧边坡较高时,应防范塌方和落石等病害发生,隧道宜提早进洞或加接明洞(或棚洞)。对洞外路堑和洞口浅埋段的自然坡体的稳定性,要认真调查、分析论证,必要时可采取相应的加固措施。

4.2.10 地质条件决定隧道洞口的位置时,应符合以下原则:

1 隧道洞口应选择在山坡稳定、地质条件较好处，不应设置在偏压很大及严重不良地质地段，应避开排水困难的沟谷低洼处。

2 层面不稳定的岩层，开挖后易引起顺层滑动或坍塌的地段，宜提早进洞；否则，应采取有效的防止地质病害的工程措施。

3 当隧道避开堆积层进洞有困难时，不宜采用清方的办法缩短洞口，应维护山体的稳定和洞口施工的安全，采取接长明洞或采用洞口大管棚及洞口地表注浆加固等工程措施。

4 黄土地区隧道，洞口不应设在冲沟、陷穴附近，以免引起洞口坡面产生冲蚀、泥流或塌陷等病害。在无地下水、密实、稳定的老黄土地层中，除洞外有填方要求可适当挖深进洞外，不宜深挖进洞。

5 严寒地区（包括多年冻土和积雪地区）的隧道洞口，应避开易产生热融滑坍、冰锥、冰丘、第四纪覆盖层及地下水发育的不良地质地段。

6 地震区的隧道洞口，宜选择在抗震有利的地貌、地质地段处，不应设在受震后易于产生崩塌、滑坡、错落等不良地质处。

7 当洞口为软岩或软硬岩互层时，应防范开挖后在自然风化和地下水作用下，软岩风化掉块，危及洞口安全。在这类地层中选定隧道洞口位置时，应降低边仰坡高度，减少风化暴露面，对坡面宜作适当防护。

8 根据隧道洞口地形、地质条件及排水等要求，需要修建明洞（或棚洞）接长时，洞口应设在山坡无病害的地方，不宜设在滑坡、岩堆、泥石流等地段内。

4.3 隧道线形设计

4.3.1 隧道平面线形应综合考虑地形地质条件、洞口接线、隧道通风、车辆运行安全和施工条件等因素，并与隧道自身建设条件及连接区间的公路整体线形协调一致而选定。当采用曲线隧道时，不宜采用设超高的平曲线，且不应采用需加宽断面的平曲线。隧道不设超高的圆曲线最小半径应符合表4.3.1-1的规定。受特殊条件限制，隧道平面线形需采用设超高的平曲线时，其超高值应按表4.3.1-2的规定进行停车视距与会车视距验算，以保证驾驶员在紧急情况下有充分的时间迅速停车，避免交通事故。

表4.3.1-1 不设超高的圆曲线最小半径（m）

路拱坡度(%) \ 设计速度(km/h)	120	100	80	60	40	30	20
≤2.0	5 500	4 000	2 500	1 500	600	350	150
>2.0	7 500	5 250	3 350	1 900	800	450	200

表4.3.1-2 公路停车视距与会车视距

公路等级	高速公路、一级公路				二、三、四级公路				
设计速度(km/h)	120	100	80	60	80	60	40	30	20
停车视距(m)	210	160	110	75	110	75	40	30	20
会车视距(m)	—	—	—	—	220	150	80	60	40

1 特长隧道宜采用直线型。高速公路、一级公路上的长、中隧道以及各级公路上的短隧道的平面线形应服从路线布设的需要,并且宜采用直线或较大半径的曲线。中短隧道,其平面线形宜同洞外路线线形,不应在隧道内出现过大的超高。单向行车的小半径平曲线隧道,应按行车速度进行停车视距验算;双向行车的小半径平曲线隧道,应按行车速度进行会车视距验算,必要时应对隧道进行加宽处理。

2 应保证高等级公路隧道内车辆行车安全和行车舒适性。当隧道设计速度大于或等于80km/h时,隧道内平曲线最小半径不宜小于8倍行车速度;当隧道设计速度小于80km/h时,隧道内平曲线最小半径不宜小于10倍行车速度。

3 隧道内应避免出现车辆合流、分流、交织等现象。特殊情况下,如隧道洞口分散设置,但需在隧道内进行车流分、合流时,应根据车辆合流、分流的运行速度对停车视距进行验算,并进行行车安全的专题论证。

4.3.2 隧道平面线形宜采用直线或较大半径的曲线;并保持线形的均衡过渡。隧道内不宜采用S形曲线,受地形地质条件限制确需设置S形曲线时,S形曲线两圆曲线半径之比不宜过大,以 $R_1/R_2 \leq 2$ 为宜(R_1 为大圆曲线半径,R_2 为小圆曲线半径)。

4.3.3 隧道纵断面线形,应以行车安全、排水、通风、防灾为基础,并根据施工期间的排水、出渣、材料运输等要求确定。隧道内应尽量设置缓坡,但隧道内最小纵坡不应小于0.3%。特长、长隧道最大纵坡宜控制在2.5%以下,中、短隧道最大纵坡宜控制在3%以下。中、短隧道受地形等条件限制时,应综合权衡隧道后期运营与工程建设费用,采用一定措施提高隧道行车安全性后,最大纵坡可适当加大到4%;在特别困难的条件下,经技术经济论证,最大纵坡还可加大至5%。短于100m的隧道,隧道纵坡可与隧道外路线的纵坡要求相同。

4.3.4 隧道内宜采用单向坡。地下水发育的长隧道、特长隧道可采用双向人字坡。隧道内纵坡变化处应设置大半径竖曲线平缓过渡,以保证驾驶员有足够的视线。变坡点的凸形、凹形竖曲线最小半径和最小长度应符合表4.3.4的规定。

表4.3.4 竖曲线最小半径和最小长度

设计速度(km/h)		120	100	80	60	40	30	20
凸形竖曲线半径(m)	一般值	17 000	10 000	4 500	2 000	700	400	200
	极限值	11 000	6 500	3 000	1 400	450	250	100
凹形竖曲线半径(m)	一般值	6 000	4 500	3 000	1 500	700	400	200
	极限值	4 000	3 000	2 000	1 000	450	250	100
竖曲线长度(m)		100	85	70	50	35	25	20

4.3.5 隧道内不宜设置爬坡车道。纵坡大于4%的单向双车道隧道,经运行速度验算,隧道内行车速度低于路段最低容许速度,且大型车比例较高、严重影响隧道通行能力、

调整隧道纵坡较困难时,经过技术经济综合比较,根据实际情况可在隧道出口端设置爬坡车道,使大型车与小型车分离,保证小型车的运行质量,提高公路通行能力。

4.3.6 隧道洞外接线应与隧道内线形相协调,并符合以下规定:

1 隧道洞口内外各3s设计速度行程长度范围的平面线形应保持一致。

1）平面线形一致是指洞口内外处于同一个直线或圆曲线内。

2）缓和曲线内曲率不断变化,不应视为线形一致。

3）当处于下列两种情况下时,洞内外接线可采用缓和曲线或缓和曲线与圆曲线组合线形,但应在洞口内外线形诱导和光过渡等方面采取措施,保证行车安全:

①路线平纵面线形指标较高(平曲线半径大于规范规定的一般平曲线半径最小值的2倍,纵面最大纵坡小于2%),行车视距大于停车视距规定值2倍以上,且调整后工程规模增加较大时;

②隧道群之间每个洞口线形均采用理想线形有困难,在平面指标较高、处于上坡进洞,且行车视距满足要求时。

2 隧道入洞前一定距离内,应设置必要的安全设施和视线诱导标志,保证隧道洞外连接线形均衡过渡。

1）由于光线的剧烈变化以及公路宽度和行车环境的改变,隧道进出口是事故多发地段。当隧道出进段洞外设置较长、较大的下坡时,不应在洞口设置小半径的平曲线进洞。

2）隧道出洞口段洞内纵坡较大时,应避免在洞口设置小半径的平曲线出洞。

3）双洞隧道平面分线应在保证出洞方向线形较顺畅的前提下,灵活选择进洞方向的平面分离点,进洞方向的平面指标不必过高,分离式断面长度不宜过长。

3 隧道洞口内外各3s设计速度行程范围的纵面线形应尽量保持一致,有条件时宜取5s设计速度行程。隧道洞口的纵坡,宜设置一定长度的直坡段,以使驾乘人员有较好的行车视距。当条件困难不能满足上述要求时,应采用较大的竖曲线半径;特别是当隧道设计速度大于或等于60km/h时,隧道洞口竖曲线半径应符合表4.3.6的规定。

表4.3.6 洞口视觉所需的最小竖曲线半径

设计速度(km/h)		120	100	80	60
竖曲线半径(m)	凸形	20 000	16 000	12 000	9 000
	凹形	12 000	10 000	8 000	6 000

4 隧道洞口外应符合相应公路等级的视距规定。隧道接线设置中间分隔带时,应采用停车视距;无中间分隔带时,采用会车视距。

5 并行双洞特长及长隧道应在洞口外适当位置设置联络通道,以利于特殊情况下车辆掉头。

1）分离式的双洞洞口外均应设置转向车道,以方便隧道维修、养护和应急抢险等。

2）特长及长双洞隧道应在洞口外适当位置设置联络通道,联络通道形式可采用交叉"X"形。

3）中、短隧道宜结合路段中央分隔带开口合并设置，联络通道形式可采用简易"Ⅱ"形。

4）隧道前后750～1 000m内设置有中央分隔带开口时，可不设转向车道。

6 当隧道洞门内外路基（路面）宽度变化较大时，隧道洞口外与之相连的路段应设置距洞口不小于3s设计速度行程长度，且不小于50m的过渡段；在满足车道行驶轨迹条件下，保持公路断面过渡的顺适。

7 分左、右幅设置的分离式隧道，其分线（或合线）的处理，宜按左、右幅分别进行线形设计（线形分离）。对小净距或连拱隧道，受地形条件限制，宽度变化不大于1m时，可采用设置过渡段的方式，按中间带变宽处理。过渡段的长度宜按4s设计速度行程考虑。

4.3.7 当两座或两座以上隧道相邻洞口之间的距离小于表4.3.7规定时，可按隧道群进行设计。其测量与设计应符合以下规定：

1 当隧道长度小于250m，相邻隧道洞口纵向间距小于100m时，各设计速度下均按隧道群考虑。

2 隧道群应按一座隧道进行平面控制测量、高程测量和贯通误差计算。

3 隧道群应整体考虑其平、纵线形技术指标。

4 当隧道群内洞口间距大于5s行程长度时，应符合洞门前后平面线形一致的原则。

5 当隧道群内洞口间距小于5s行程长度时，应分析洞口间距对照明的相互影响。

6 当隧道群内洞口间距小于50m时，应分析洞口间距对通风的相互影响。

7 对于高等级公路，当洞口间距小于50m时，宜设置遮光棚。

表4.3.7 隧道群洞口的最大纵向间距

设计速度（km/h）	120	100	80	60	40	30	20
相邻隧道洞口纵向间距（m）	300	250	200	160	140	100	70

4.4 隧道设置形式的选择

4.4.1 高速公路、一级公路隧道宜依次选择标准间距的分离式隧道、小净距隧道、连拱隧道或分岔隧道。隧道设置形式的选择应充分考虑围岩地质条件、断面形状、尺寸大小、施工方法、支护时间、洞口两端接线、占地大小、环境影响和工程造价等因素。

4.4.2 标准间距的分离式隧道最小间距的选定与地质条件及隧道跨度关系最为密切，但还应综合考虑隧道埋置深度及运营期通风等因素；当埋置深度较大时，双洞间距还应考虑地应力影响，并以双洞之间彼此不产生不利影响为原则。实际设计中，隧道双洞间距选取可参考表4.4.2。

表 4.4.2 隧道双洞间距(m)参考表

隧道断面	隧道长度(m)	80%地段的围岩条件		
		Ⅲ级及其以上	Ⅳ级及其以下	Ⅴ级及其以下
双车道隧道	≤200	5~10	8~12	10~20
	200~500	5~10	10~15	15~25
	500~1 000	10~15	15~20	20~30
	≥1 000	15~20	20~30	30~40
三车道隧道	≤200	5~10	10~15	15~20
	200~500	10~15	15~20	20~30
	500~1 000	15~20	20~30	30~40
	≥1 000	20~30	30~40	40~50

4.4.3 在地形条件较狭窄的情况下,不能按常规的分离式隧道净距布设,或因设置分离式隧道而导致隧道两端的接线路基(桥梁)的工程量增加较多、施工难度增大时,可考虑设置为小净距隧道。小净距隧道的净距不宜过小,否则两洞室间施工相互影响较大,不仅增加施工难度,造价亦较高。小净距隧道的合理最大长度及净距可参考表 4.4.3 的规定。

表 4.4.3 小净距隧道的合理最大长度和净距参考值

隧道断面	隧道合理最大长度(m)	隧道净距(m)
双车道隧道	750~1 000	5~15
三车道隧道	500~750	8~20

注:地质条件好时取低值,地质条件差时取高值。

4.4.4 连拱隧道两端接线均可采用整体式路基,具有节约土地、接线顺畅、接线工程量小等优点,但是连拱隧道施工复杂、造价较高。连拱隧道的关键因素是其平面线形和隧道长度。连拱隧道长度可结合地质条件与洞外工程规模综合确定,其合理最大长度可参照表 4.4.4 的规定。

表 4.4.4 连拱隧道的合理最大长度参考值

隧道断面	隧道合理最大长度(m)	隧道断面	隧道合理最大长度(m)
四车道隧道	400~750	六车道隧道	300~500

注:本表按经济性与合理施工工期制定;如果有特殊要求,可超过表中建议最大值。

4.4.5 长大公路隧道,为解决洞口占地和洞内间距的矛盾,可采用不平行布线方式,即在隧道洞口采用小净距方式,洞内逐渐分开到不产生不利影响的间距。为防止通风发生串流问题,洞口段应避免采用连拱形式;如不能避免时,应作专门论证分析。

5 隧道建筑限界与净空断面

5.1 各级公路隧道建筑限界

5.1.1 各级公路隧道的建筑限界标准应符合《公路工程技术标准》(JTG B01—2003) 第2.0.7条、第7.0.3条的规定。在建筑限界内不得有任何部件(包括通风、照明、安全、监控和内装饰等附属设施)侵入。

5.1.2 高速公路及一级公路等单向行车的公路隧道,建筑限界几何形状应按图5.1.2 所示进行设计,最小宽度应符合表5.1.2的规定。

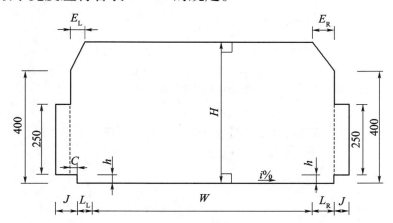

图 5.1.2 单向行车公路隧道建筑限界(尺寸单位:cm)

H-建筑限界高度,$H=5m$;W-行车道宽度;L_L-左侧侧向宽度;L_R-右侧侧向宽度;C-余宽;J-检修道宽度;h-检修道或人行道高度;E_L-建筑限界左顶角宽度,$E_L=L_L$;E_R-建筑限界右顶角宽度,当 $L_R \leq 1m$ 时,$E_R=L_R$;当 $L_R>1m$ 时,$E_R=1m$

表 5.1.2 单向行车公路隧道建筑限界横断面组成最小宽度(m)

设计速度 (km/h)	车道宽度 W	侧向宽度		余宽 C	检修道 J		隧道建筑限界净宽
		左侧 L_L	右侧 L_R		左侧	右侧	
120	3.75×2	0.75	1.25	0.50	1.00	1.00	11.50
100	3.75×2	0.75	1.00	0.25	0.75	1.00	11.00
80	3.75×2	0.50	0.75	0.25	0.75	0.75	10.25
60	3.50×2	0.50	0.75	0.25	0.75	0.75	9.75

注:(1)三车道和四车道隧道除增加车道数外,其他宽度同本表;增加车道的宽度不得小于3.5m。
(2)左侧检修道宽度包括余宽。

1 高速公路、一级公路等单向行车的隧道,右侧可不设余宽;当右侧不设检修道时,应设置不小于25cm的余宽。

2 当隧道内检修道高度不大于25cm时,余宽可包含于检修道宽度之中;当检修道高度大于25cm,且余宽仍包含于检修道或人行道的宽度中时,宜根据《公路工程技术标准》(JTG B01—2003)第3.0.5条的相关规定,加宽左侧侧向宽度。

5.1.3 二级公路、三级公路及四级公路等双向行车的公路隧道,其建筑限界几何形状应按图5.1.3所示进行设计,最小宽度应符合表5.1.3的规定。

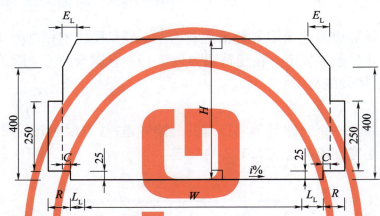

图5.1.3 双向行车公路隧道建筑限界(尺寸单位:cm)

H-建筑限界高度;W-行车道宽度;L_L-左侧侧向宽度(相对于行车方向);C-余宽;R-人行道宽度;E_L-建筑限界左顶角宽度,$E_L = L_L$

表5.1.3 双向行车公路隧道建筑限界横断面组成最小宽度(m)

设计速度	车道宽度	侧向宽度	余宽	人行道宽度	隧道建筑限界净宽	
(km/h)	W	L_L	C	R	设人行道	不设人行道
80	3.75×2	0.75	0.25	1.00	11.00	
60	3.50×2	0.50	0.25	1.00	10.00	
40	3.50×2	0.25	0.25	0.75	9.00	
30	3.25×2	0.25	0.25			7.5
20	3.00×2	0.50	0.25			7.5

注:人行道宽度包括余宽。

1 建筑限界高度:二级公路5.0m;三、四级公路4.5m。

2 三、四级公路隧道,宜结合隧道长度、未来公路等级提高等因素拟定建筑限界。

3 单车道四级公路隧道,若具有提高通行能力的改扩建规划,宜按双车道四级公路的标准修建。

4 城市道路隧道的人行道宽度应参照现行《城市道路设计规范》(CJJ 37)规定的人行道可能通行能力与地域折减系数的规定设置。

5.1.4 高速公路和一级公路隧道应双侧设置检修道,其他等级公路隧道应根据隧道的行人密度、隧道长度、交通量及交通安全等因素确定人行道(兼检修道)的设置,人行道宜双侧设置。当隧道长度大于1 000m时,人行道宽度不宜小于1m;当隧道内需设置水消防时,设置消防水管一侧的检修道或人行道宽度不宜小于1m。

5.1.5 高速公路及一级公路隧道内检修道的高度 h 宜为 25~40cm,最大高度不应高于 80cm。检修道高度的确定应综合考虑以下因素:
1 保障检修人员步行时的安全。
2 紧急情况时,驾乘人员拿取消防设备方便。
3 符合放置电缆、光缆、给水管等所需的空间尺寸。
4 检修道或人行道设置的高度不宜对驾驶员的心理造成障碍。

5.1.6 隧道路面排水边沟应结合检修道、侧向宽度、余宽等布置。其宽度应小于侧向宽度,并按路面单向横坡或双向横坡,设置于坡低的一侧或两侧。

5.1.7 车道数大于或等于6条的公路,长度大于500m的隧道,其横断面不宜设置为与路基同宽;但当隧道符合以下条件时,其横断面宜设计为与路基同宽:
1 长度小于100m的短隧道;
2 长度小于500m的独立短隧道。

5.2 隧道净空断面

5.2.1 隧道内轮廓设计除应符合隧道建筑限界的规定外,还应为洞内路面、排水设施、装饰构造提供建筑空间,为通风、照明、消防、监控、运营管理等设施提供安装空间,为衬砌变形及施工误差预留适当的富余量,设计断面形式及尺寸应符合安全、经济、合理的原则。建筑限界与隧道内轮廓的关系应符合图5.2.1所示。

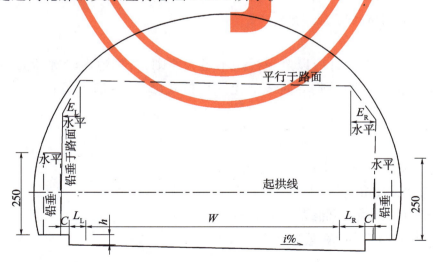

图 5.2.1 建筑限界与隧道内轮廓的关系(尺寸单位:cm)

5.2.2 当隧道为单向交通时,路面横坡应取单面坡;当隧道为双向交通时,路面横坡宜取双面坡。路面坡度应根据隧道长度,平、纵线形等因素综合分析确定。路面横坡宜为

1.5%~2.0%。当隧道位于超高平曲线段时,应根据超高横坡度设置路面横坡。隧道路面横坡不宜大于5.0%。

5.2.3 当隧道路面为单面坡时,应满足以下规定:
1 建筑限界底边线应与路面重合,建筑限界顶边线应平行于路面。
2 检修道或人行道内边缘高度 h 相对于路面保持不变,设置倾向路面一侧的0.5%~1%的横坡。
3 检修道或人行道的边线应保持铅垂。
4 建筑限界车行道边线垂直于路面,高度保持不变。

5.2.4 隧道内轮廓断面与建筑限界行车限界线最小间距宜大于10cm,与人行道或检修道限界线最小间距宜大于5cm。

5.2.5 公路等级和设计速度相同的同一条高速公路上的隧道断面宜采用相同的内轮廓设计标准,可采用单心圆或三心圆形式;但当出现下列情况时,可采用不同的净空断面:
1 隧道长度相差较大时,特长隧道因通风方案需要扩大隧道断面。
2 隧道平曲线半径较小,不符合视距规定时,需要加宽断面。
3 因设置超高需扩大隧道断面。

5.2.6 当隧道位于3.0%以上超高横坡路段,按无超高路段拟定的净空断面侵入建筑限界时,可采取以下设计措施:
1 整体旋转隧道内轮廓。
2 扩大内轮廓断面。
3 调整内轮廓中心位置。

5.2.7 隧道平面线形设计应以避免视距不足为原则,若隧道内轮廓断面不满足视距要求,应予以加宽。保证视距的临界曲线半径 R 可按式(5.2.7-1)计算:

$$R = \frac{S^2}{8Y} \quad (5.2.7\text{-}1)$$

式中:Y——保证视距的侧向宽度(m);
S——保证视距(m);
R——车道中心线的平曲线半径(m)。
左侧保证视距宽度的计算公式为(图5.2.7):

$$Y_L = \frac{W_L}{2} + L_L + J \quad (5.2.7\text{-}2)$$

右侧保证视距宽度的计算公式为(图5.2.7):

$$Y_R = \frac{W_R}{2} + L_R + J \qquad (5.2.7\text{-}3)$$

以上两式中：W_L、W_R——车道宽度(m)；

L_L、L_R——侧向宽度(m)；

J——检修道宽度(m)。

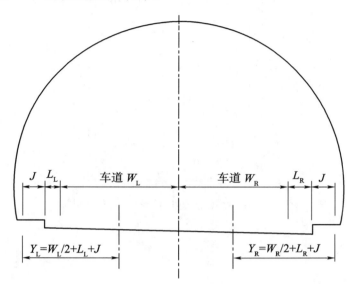

图 5.2.7 保证视距宽度的计算

5.2.8 车行横通道内轮廓断面可采用直墙式或曲墙式两种形式。在Ⅴ～Ⅵ级围岩中，车行横通道宜采用曲墙式断面(图5.2.8)。

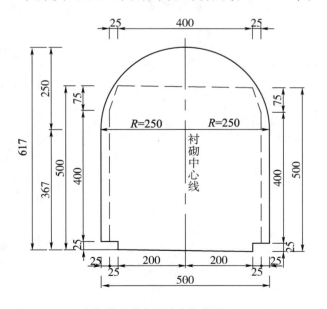

a) 车行横通道直边墙内轮廓断面

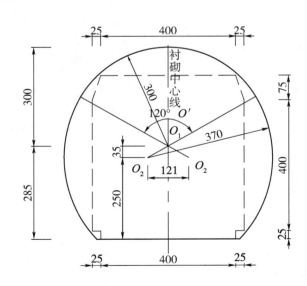

b) 车行横通道曲边墙内轮廓断面

图 5.2.8 车行横通道内轮廓断面设计图(尺寸单位：cm)

5.2.9 人行横通道内轮廓断面一般采用直墙形式(图5.2.9)。

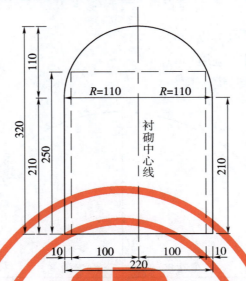

图5.2.9 人行横通道内轮廓断面设计图(尺寸单位:cm)

6 隧道围岩分级及其物理力学参数

6.1 一般规定

6.1.1 在公路隧道勘察设计过程中,应根据隧道周边岩体或土体的稳定特性进行围岩分级。围岩可分为Ⅰ~Ⅵ六个基本级别,在定测及施工阶段可对Ⅲ、Ⅳ、Ⅴ基本级别再进行亚级划分。公路隧道围岩分级宜符合表6.1.1的规定。

表6.1.1 公路隧道围岩分级

围岩分级											
岩质围岩级别									土质围岩级别		
Ⅰ	Ⅱ	Ⅲ		Ⅳ			Ⅴ		Ⅳ	Ⅴ	Ⅵ
Ⅰ	Ⅱ	Ⅲ$_1$	Ⅲ$_2$	Ⅳ$_1$	Ⅳ$_2$	Ⅳ$_3$	Ⅴ$_1$	Ⅴ$_2$	Ⅳ$_3$	Ⅴ$_1$ Ⅴ$_2$	Ⅵ

6.1.2 公路隧道围岩分级应采用定性特征划分和定量指标划分相结合的方法进行综合评判。当围岩分级指标值为定性特征时,可采用定性分级方法;当围岩指标为定量值时,可采用定量分级方法。但在围岩级别的最终判定时,应将这两种方法相结合,进行综合分析后确定。

6.1.3 隧道围岩按地质特性和工程特性可分为岩质围岩和土质围岩两类。在进行围岩分级过程中,宜对岩质围岩和土质围岩分别采用不同的指标体系进行评定。
　1　围岩分级指标体系由基本质量指标和修正质量指标组成。
　2　岩质围岩基本指标为岩石坚硬程度和岩体完整程度,修正指标为地下水状态、主要软弱结构面产状及初始地应力状态。
　3　土质围岩分级指标体系宜根据土性差异由1~2个指标组成:
　1)黏质土围岩基本指标为潮湿程度。
　2)砂质土围岩基本指标为密实程度,修正指标为潮湿程度。
　3)碎石土围岩基本指标为密实程度。
　4)对于膨胀性土、多年冻土等特殊情况的土质围岩,应专门进行研究。
　4　围岩分级指标体系中的各指标可用定性值表述,也可用定量值表达。

6.1.4 围岩基本分级的分段长度不宜小于20m,亚级的分段长度不宜小于10m。

6.2 围岩分级指标

6.2.1 岩质围岩的分级指标值的获取方法可按表6.2.1的规定确定。

表6.2.1 岩质围岩的分级指标值获取方法

公路隧道围岩的分级指标			指标值的获取方法
岩石坚硬程度	定性指标	岩性	初勘阶段主要采用调查和测绘,配合物探及少量钻探获取;详勘阶段主要采用钻探,结合调绘及物探等获取
		风化程度	
	定量指标	单轴饱和抗压强度 R_c	单轴抗压强度试验
		点荷载强度指数 $I_{s(50)}$	点荷载强度试验
		风化系数 K_f	单轴抗压强度试验
岩体完整程度	定性指标	结构面发育程度	初勘阶段主要采用调查和测绘,配合物探及少量钻探获取;详勘阶段主要采用钻探,结合调绘及物探等获取
		主要结构面结合程度	
		主要结构面类型	
		岩体结构类型	
	定量指标	岩体完整性指数 K_v	围岩弹性纵波速度、岩石弹性纵波速度
		岩体体积节理数 J_v	初勘阶段一般不进行测试,必要时配合钻探进行;详勘阶段以钻探为主
		结构面组数 J_n	
		结构面平均间距 d_p	
		结构面张开度	
主要软弱结构面产状	定量指标	走向与洞轴线夹角	初勘阶段主要采用调查和测绘,配合物探及少量钻探获取;详勘阶段主要采用钻探,结合调绘及物探等获取
		结构面倾角	
		结构面走向	
地下水状态	定性指标	出水状态	初勘阶段主要采用调查和测绘,配合物探及少量钻探获取;详勘阶段主要采用钻探,结合调绘及物探等获取
	定量指标	水压力(MPa)	初勘阶段主要以收集的定性资料进行预测计算;详勘阶段在钻孔中进行提水、注水、压水或抽水等试验预测
		单位涌水量[L/(min·m)]	
岩体初始应力场	定性指标	初始应力状态	调查并结合少量钻探获取
	定量指标	强度应力比 R_c/σ_{max}	地应力测试

6.2.2 岩质围岩坚硬程度的定性划分可按表6.2.2的规定确定。

表 6.2.2 岩石坚硬程度的定性划分

定性值		定性鉴定	代表性岩石及其风化程度
硬质岩	坚硬岩	锤击声清脆,有回弹,震手,难击碎;浸水后,大多无吸水反应	未风化~微风化的花岗岩、正长岩、闪长岩、辉绿岩、玄武岩、安山岩、片麻岩、石英片岩、硅质板岩、石英岩、硅质胶结的砾岩、石英砂岩、硅质石灰岩等
	较坚硬岩	锤击声较清脆,有轻微回弹,稍震手,较难击碎;浸水后,有轻微吸水反应	(1)弱风化的坚硬岩; (2)未风化~微风化的熔结凝灰岩、大理岩、板岩、白云岩、石灰岩、钙质胶结的砂岩等
软质岩	较软岩	锤击声不清脆,无回弹,较易击碎;浸水后,指甲可刻出印痕	(1)强风化的坚硬岩; (2)弱风化的较坚硬岩; (3)未风化~微风化的凝灰岩、千枚岩、砂质泥岩、泥灰岩、泥质砂岩、粉砂岩、页岩等
	软岩	锤击声哑,无回弹,有凹痕,易击碎;浸水后,手可掰开	(1)强风化的坚硬岩; (2)弱风化~强风化的较坚硬岩; (3)弱风化的较软岩; (4)未风化的泥岩等
	极软岩	锤击声哑,无回弹,有较深凹痕,手可捏碎;浸水后,可捏成团	(1)全风化的各种岩石; (2)各种半成岩

6.2.3 岩石坚硬程度的定量划分应采用岩石单轴饱和抗压强度 R_c 表示,其对应关系可按表 6.2.3-1 的规定确定。

表 6.2.3-1 R_c 与岩石坚硬程度定性值的对应关系

R_c(MPa)	>60	60~30	30~15	15~5	<5
定性值	坚硬岩	较坚硬岩	较软岩	软岩	极软岩

如无 R_c 实测值,可按式(6.2.3)进行换算：

$$R_c = 22.82 I_{S(50)}^{0.75} \tag{6.2.3}$$

式中：$I_{S(50)}$ ——岩石点荷载强度指数,与岩石坚硬程度定性值相对应关系可按表 6.2.3-2 的规定确定；

R_c ——岩石单轴饱和抗压强度。

表 6.2.3-2 $I_{S(50)}$ 与岩石坚硬程度定性值的对应关系

$I_{S(50)}$(MPa)	>3.63	3.63~1.44	1.44~0.57	0.57~0.13	<0.13
定性值	坚硬岩	较坚硬岩	较软岩	软岩	极软岩

6.2.4 岩质围岩的完整程度的定性划分可按表 6.2.4 的规定确定。

表 6.2.4 岩质围岩的完整程度的定性划分

定性值	结构面					结构类型
	定性描述	组数	平均间距(m)	结合程度	类型	
完整	不发育	1～2	>1.0	好或一般	节理、裂隙、层面	整体状或巨厚层状结构
较完整	不发育	1～2	>1.0	差	节理、裂隙、层面	块状或厚层状结构；块状结构
	较发育	2～3	1.0～0.4	好或一般		
较破碎	较发育	2～3	1.0～0.4	差	节理、裂隙、层面、小断层	裂隙块状或中厚层状结构；镶嵌碎裂结构；中、薄层状结构
	发育	≥3	0.4～0.2	好		
				一般		
破碎	发育	≥3	0.4～0.2	差	各种类型结构面	裂隙块状结构；碎裂状结构
	极发育		≤0.2	一般或差		
极破碎	极发育	无序		很差		散体状结构

注：平均间距指各组结构面平均间距的总平均值。

6.2.5 岩质围岩完整程度定量值采用岩体完整性系数 K_v 表示，其对应关系可按表 6.2.5-1 的规定确定。

表 6.2.5-1 K_v 与岩体完整程度定性值的对应关系

K_v	>0.75	0.75～0.55	0.55～0.35	0.35～0.15	<0.15
定性值	完整	较完整	较破碎	破碎	极破碎

1 表 6.2.5-1 中 K_v 值应针对不同的工程地质岩组或岩性段，选择有代表性的点、段，测定围岩弹性纵波速度，并应在同一围岩段取样测定岩石弹性纵波速度。

K_v 值可按式(6.2.5-1)计算：

$$K_v = (v_{pm}/v_{pr})^2 \tag{6.2.5-1}$$

式中：v_{pm}——评价区域岩体的弹性纵波速度(km/s)；
　　　v_{pr}——评价区域岩石的弹性纵波速度(km/s)。

2 如 K_v 无实测值，可根据岩体体积节理数 J_v 按表 6.2.5-2 确定。

表 6.2.5-2 J_v 及 K_v 与岩体完整程度定性值的对应关系

J_v	<3	3～10	10～20	20～35	>35
K_v	>0.75	0.75～0.55	0.55～0.35	0.35～0.15	<0.15
岩石完整程度定性值	完整	较完整	较破碎	破碎	极破碎

3 岩体体积节理数 J_v 应针对不同的工程地质岩组或岩性段，选择有代表性的露头或开挖壁面进行节理(结构面)统计。除成组节理外，对延伸长度大于 1m 的分散节理亦应予以统计。已为硅质、铁质、钙质充填再胶结的节理不予统计。统计每组结构面数目时，应沿着有关结构面组的垂直方向计数。每一测点的统计面积，不应小于 $2×5m^2$。根据节理统计结果，J_v 值可按式(6.2.5-2)计算：

$$J_v = \frac{N_1}{L_1} + \frac{N_2}{L_2} + \cdots + \frac{N_n}{L_n} + S_k = \frac{1}{d_1} + \frac{1}{d_2} + \cdots + \frac{1}{d_n} + S_k \quad (6.2.5\text{-}2)$$

式中： J_v——岩体体积节理数（条/m³）；

N_1、N_2、$\cdots$、N_n——同组结构面的数目；

L_1、L_2、$\cdots$、L_n——垂直于结构面的测线长度（m）；

d_1、d_2、$\cdots$、d_n——各结构面组的间距；

S_k——每立方米岩体非成组节理条数。

6.2.6 土质围岩分级指标值及其获取方法可按表6.2.6的规定确定。

表6.2.6 土质围岩分级指标值及其获取方法

围岩类型		分级指标		指标值获取方法
黏质土围岩	潮湿程度	定性描述	坚硬、硬塑、可塑、软塑、流塑	野外观察、镐锹钻考察
		定量指标	液性指数 I_L	天然含水率试验与液塑限试验
砂质土围岩	密实程度	定性描述	松散、稍密、中密、密实	野外观察、镐锹钻考察
		定量指标	标准贯入锤击数 N	标准贯入试验
	潮湿程度	定性描述	稍湿、潮湿、饱和	野外观察、镐锹钻考察
		定量指标	饱和度 S_r	土的含水率试验
碎石土围岩	密实程度	定性描述	松散、稍密、中密、密实	野外观察、镐锹钻考察
		定量指标	动力触探锤击数 $N_{63.5}$ 或 N_{120}	标准贯入试验

6.2.7 黏质土围岩潮湿程度定性值与定量值的对应关系可按表6.2.7的规定确定。

表6.2.7 黏质土围岩潮湿程度定量值和定性值的对应关系

定性值	坚硬	硬塑	可塑	软塑	流塑
定量值（液性指数 I_L）	≤0	0~0.25	0.25~0.75	0.75~1	>1
野外鉴定	扰动后能用手捏成饼，边上多裂口	扰动后两手相压土成饼状，粘于手掌，揭掉后，掌中有湿痕		扰动后手捏有明显湿痕，并有土粘于手上	

6.2.8 砂质土围岩潮湿程度定性值与定量值的对应关系可按表6.2.8的规定确定。

表6.2.8 砂质土围岩潮湿程度定量值和定性值对应关系

定量值（饱和度 S_r）	$S_r \leq 0.5$	$0.5 < S_r \leq 0.8$	$S_r > 0.8$
定性值	稍湿	潮湿	饱和
野外鉴定	呈松散状，手摸时感到潮	可以勉强捏成团	空隙中的水可以自由渗出

注：饱和度 $S_r = (V_w/V_v) \times 100\%$，式中 V_w 为水所占的体积，V_v 为孔隙部分的体积。

6.2.9 砂质土围岩和碎石土围岩密实程度定性值与定量值的对应关系可按表6.2.9的规定确定。

表6.2.9 砂质土围岩和碎石土围岩密实程度定量值和定性值的对应关系

定性值		松散	稍密	中密	密实
砂质土围岩定量值（标准贯入锤击数 N）		≤10	10~15	15~30	>30
碎石土围岩定量值	重型动力触探锤击数 $N_{63.5}$	≤5	5~10	10~20	>20
	超重型动力触探锤击数 N_{120}	≤3	3~6	6~11	>11
野外鉴定	骨架和充填物	多数骨架颗粒不接触，而被充填物包裹	骨架颗粒疏密不均，部分不连续，孔隙填满		骨架颗粒交错紧贴，孔隙填满
	天然坡和开挖情况	天然坡不能形成陡坎，接近于粗颗粒的安息角。锹可以挖掘，从坑壁取出大颗粒后，砂类土即塌落	天然坡不易陡立，或陡坎下堆积物较多，但大于粗颗粒的安息角。镐可挖出，坑壁有掉块现象，从坑壁取出大颗粒处，砂类土不易保持凹面形状		天然陡坡较稳定，坎下堆积物较少。镐挖掘困难，用撬棍方能松动，坑壁稳定，从坑壁取出大颗粒处能保持凹面形状
	钻探情况	钻进较容易，冲击钻探时，钻杆稍有跳动，孔壁易坍塌	钻进较难，冲击钻探时，钻杆、吊锤跳动不剧烈，孔壁有坍塌现象		钻进困难，冲击钻探时，钻杆、吊锤跳动剧烈，孔壁较稳定

6.3 围岩分级方法

6.3.1 公路隧道岩质围岩分级可通过地质调查、勘探、试验等方法和手段，根据取得的围岩定性特征和岩体基本质量指标（BQ）按表6.3.1的规定进行基本质量分级。

表6.3.1 公路隧道岩质围岩的基本质量分级

围岩基本质量分级		围岩的定性特征	围岩基本质量指标 BQ
基本级别	亚级		
Ⅰ	—	坚硬岩，岩体完整，整体状或巨厚层状结构	≥551
Ⅱ	—	坚硬岩，岩体较完整，块状或厚层状结构； 较坚硬岩，岩体完整，块状结构或整体状结构	550~451
Ⅲ	Ⅲ₁	坚硬岩，较破碎（$K_v=0.4~0.55$），结构面较发育、结合差，裂隙块状或中厚层状结构； 较坚硬岩（$R_b=45~60$MPa），岩体较完整，结构面较发育、结合好，块状结构； 较坚硬岩（$R_b=30~45$MPa），岩体完整，整体状或巨厚层状结构	450~401
	Ⅲ₂	坚硬岩，较破碎（$K_v=0.35~0.4$），结构面发育、结合好，镶嵌碎裂结构或裂隙块状结构； 较坚硬岩（$R_b=45~60$MPa），岩体较破碎，结构面较发育、结合好，块状结构； 较坚硬岩（$R_b=30~45$MPa），岩体较完整，整体状或巨厚层状结构； 较软岩，岩体完整，结构面不发育、结合好或一般，整体状或巨厚层状结构	400~351

续上表

围岩基本质量分级		围岩的定性特征	围岩基本质量指标 BQ
基本级别	亚级		
IV	IV₁	坚硬岩,岩体破碎($K_v = 0.28 \sim 0.35$),结构面极发育、结合一般或差,碎裂状结构; 较坚硬岩,岩体破碎~较破碎($R_b = 45 \sim 60$MPa),结构面发育、结合一般,碎裂状结构; 较坚硬岩,较破碎($R_b = 30 \sim 45$MPa),结构面发育、结合好,镶嵌碎裂结构; 较软岩,岩体较完整($R_b = 20 \sim 30$MPa),结构面较发育、结合好或一般,块状结构; 较软岩,岩体完整($R_b = 15 \sim 20$MPa),结构面不发育、结合好或一般,整体状或巨厚层状结构; 软岩,岩体完整($R_b = 10 \sim 15$MPa),结构面不发育、结合好或一般,整体状或巨厚层状结构	350~316
IV	IV₂	坚硬岩,岩体破碎($K_v = 0.2 \sim 0.28$),结构面极发育、结合一般或差,碎裂状结构; 较坚硬岩,岩体破碎($R_b = 45 \sim 60$MPa),结构面发育、结合一般,碎裂状结构; 较坚硬岩,较破碎($R_b = 30 \sim 45$MPa),结构面发育、结合好,镶嵌碎裂结构; 较软岩,岩体较完整($R_b = 20 \sim 30$MPa),结构面较发育、结合好或一般,块状结构; 较软岩或以软岩为主的软硬岩互层,较破碎,结构面发育、结合一般,中、薄层状结构; 软岩,岩体完整($R_b = 7.5 \sim 10$MPa),结构面不发育、结合好或一般,整体状或巨厚层状结构	315~285
IV	IV₃	坚硬岩,岩体破碎($K_v = 0.15 \sim 0.2$),结构面极发育、结合一般或差,碎裂状结构; 较坚硬岩,岩体破碎,结构面发育、结合一般,碎裂状结构; 较软岩,岩体较破碎,结构面较发育、结合好或一般,块状结构; 软岩,岩体完整($R_b = 5 \sim 7.5$MPa),结构面不发育、结合好或一般,整体状或巨厚层状结构	284~251
V	V₁	坚硬岩及较坚硬岩,岩体极破碎($K_v = 0.06 \sim 0.15$); 较软岩,破碎($R_b = 20 \sim 30$MPa),结构面发育或极发育; 较软岩,较破碎($R_b = 15 \sim 20$MPa),结构面发育、结合一般或破碎; 软岩,较破碎,结构面发育、结合一般,碎裂状结构; 极软岩($R_b = 2 \sim 5$MPa),较完整~完整,结构面不发育或结构面较发育但结合较好	250~211
V	V₂	坚硬岩及较坚硬岩,岩体极破碎($K_v = 0 \sim 0.06$); 较软岩,岩体极破碎,碎裂状结构或散体状结构; 软岩,岩体破碎,结构面极发育、结合一般或差,碎裂状结构; 极软岩($R_b < 2$MPa),较破碎~完整	210~150

6.3.2 当根据岩体基本质量定性特征与基本质量指标 BQ 所确定的围岩级别不一致时,应重新审定定性特征和定量指标计算参数,通过综合分析确定岩体的基本质量级别,必要时应重新进行勘察和测试。

6.3.3 岩质围岩的定性特征可根据本细则第 6.2 节的规定确定,围岩的基本质量指标应根据分级因素的定量指标 R_c 值和 K_v 值,按式(6.3.3)计算:

$$BQ = 90 + 3R_c + 250K_v \quad (6.3.3)$$

按式(6.3.3)计算时,应符合下列限制条件:
1 当 $R_c > 90K_v + 30$ 时,应以 $R_c = 90K_v + 30$ 和 K_v 代入计算 BQ 值。
2 当 $K_v > 0.04R_c + 0.4$ 时,应以 $K_v = 0.04R_c + 0.4$ 和 R_c 代入计算 BQ 值。

6.3.4 对岩质围岩分级时,如遇下列情况之一,应对岩体基本质量指标 BQ 进行修正,根据修正后的岩体质量指标[BQ]可按表 6.3.1 的规定重新进行围岩分级。
1 有地下水。
2 围岩的稳定性受软弱结构面影响,且有一组起控制作用。
3 存在高初始地应力。

岩质围岩修正指标对围岩级别的定量修正可按式(6.3.4)计算:

$$[BQ] = BQ - 100(K_1 + K_2 + K_3) \quad (6.3.4)$$

式中:[BQ]——岩质围岩基本质量指标修正值;
BQ——岩质围岩基本质量指标;
K_1——地下水状态影响修正系数,可按表 6.3.4-1 确定;
K_2——主要软弱结构面产状影响修正系数,可按表 6.3.4-2 确定;
K_3——初始地应力状态影响修正系数,可按表 6.3.4-3 确定。

表 6.3.4-1 地下水状态影响修正系数 K_1

地下水出水状态	BQ			
	>450	450~351	350~251	≤250
潮湿或点滴状出水	0	0.1	0.2~0.3	0.4~0.6
淋雨状或涌流状出水[水压<0.1MPa 或单位出水量<10L/(min·m)]	0.1	0.2~0.3	0.4~0.6	0.7~0.9
淋雨状或涌流状出水[水压>0.1MPa 或单位出水量>10L/(min·m)]	0.2	0.4~0.6	0.7~0.9	1.0

表 6.3.4-2 主要软弱结构面产状影响修正系数 K_2

结构面产状及其与洞轴线的组合关系	结构面走向与洞轴线夹角>60°,结构面倾角>75°	其他组合	结构面走向与洞轴线夹角<30°,结构面倾角 30°~75°
K_2	0~0.2	0.2~0.4	0.4~0.6

表6.3.4-3　初始地应力状态影响修正系数 K_3

初始地应力状态	BQ				
	>550	550~451	450~351	350~251	≤250
极高应力区	1.0	1.0	1.0~1.5	1.0~1.5	1.0
高应力区	0.5	0.5	0.5	0.5~1.0	0.5~1.0

注：(1) 初始地应力状态定性值可按表6.3.4-4确定。
　　(2) 初始地应力状态定量值与定性值的对应关系可按表6.3.4-5确定。

表6.3.4-4　初始地应力状态定性值

定性值	隧道开挖状况和位移大致标准
极高应力	(1) 硬质岩：开挖过程中有岩爆发生，有岩块弹出，洞壁岩体发生剥离，新生裂缝多，成洞性差； (2) 软质岩：岩芯常有饼化现象，开挖过程中洞壁岩体有剥离，位移极为显著，甚至发生大位移，持续时间长，不易成洞
高应力	(1) 硬质岩：开挖过程中可能出现岩爆，洞壁岩体有剥离和掉块现象，新生裂缝较多，成洞性差； (2) 软质岩：岩芯时有饼化现象，开挖过程中洞壁岩体位移显著，持续时间较长，成洞性差

表6.3.4-5　初始地应力状态定量值与定性值的对应关系

定性值	定量值 R_c/σ_{max}		
	$R_c \geq 30$	$30 > R_c > 15$	$R_c \leq 15$
极高应力	<2	<4	<6
高应力	2~4	4~7	6~8

注：σ_{max} 为垂直洞轴线方向的最大初始应力（MPa）；R_c 为岩石单轴饱和抗压强度（MPa）。

6.3.5　黏质土围岩的分级可根据表6.3.5的规定确定。

表6.3.5　黏质土围岩基本指标定性分级方法

围岩级别		分级指标		围岩状态定性描述
基本级别	亚级	潮湿程度		
		定性描述	定量指标（液性指数 I_L）	
Ⅳ	Ⅳ₃	坚硬	≤0	压密的坚硬黏质土、黄土（Q_1、Q_2）
Ⅴ	Ⅴ₁	坚硬~硬塑	≤0.25	一般坚硬黏质土、较大天然密度硬塑状黏质土、一般硬塑状黏质土、黄土（Q_3）
	Ⅴ₂	硬塑~可塑	0~0.75	一般硬塑状黏质土、可塑状黏质土、黄土（Q_4）
Ⅵ	—	软塑~流塑	≥0.75	软塑~流塑状黏质土、近软塑状及低天然密度可塑状黏质土

注：不适用于膨胀土、多年冻土等特殊土。

6.3.6 砂质土围岩分级可根据表6.3.6的规定确定。

表6.3.6 砂质土围岩基本指标定性分级方法

围岩级别		分级指标		围岩状态定性描述
基本级别	亚级	密实程度		
		定性描述	定量指标（标准贯入锤击数 N）	
IV	IV$_3$	密实	>30	压密或成岩作用的砂质土
V	V$_1$	密实~中密	>15	压密状态稍湿至潮湿或胶结程度较好的砂质土
	V$_2$	中密~稍密	10~30	密实以下但胶结程度较好的砂质土
VI	—	松散	<10	松散潮湿、呈饱和状态的粉细砂等砂质土

6.3.7 碎石土围岩分级方法可根据表6.3.7的规定确定。

表6.3.7 碎石土围岩基本指标定性分级方法

围岩级别		分级指标		围岩状态定性描述
基本级别	亚级	密实程度		
		定性描述	定量指标（动力触探锤击数）	
IV	IV$_3$	密实	$N_{63.5}>20$ 或 $N_{120}>11$	一般钙质、铁质胶结的碎石土、卵石土、大块石土
V	V$_1$	密实~中密	$N_{63.5}>10$ 或 $N_{120}>6$	稍湿至潮湿的碎石土、卵石土、圆砾、角砾土
	V$_2$	中密~稍密	$5<N_{63.5}\leq20$ 或 $3<N_{120}\leq11$	稍湿至潮湿且较松散的碎石土、卵石土、圆砾、角砾土

6.3.8 各级围岩的自稳能力,宜根据围岩变形量测和理论计算予以评定,也可按表6.3.8的规定加以判断。

表6.3.8 围岩自稳能力判断

围岩级别		自 稳 性
基本级别	亚级	
I	—	跨度20m,可长期稳定,偶有掉块,无塌方
II	—	跨度10~20m,可基本稳定,局部可发生掉块或小塌方; 跨度10m,可长期稳定,偶有掉块
III	III$_1$	跨度>18m,可发生中~大塌方; 跨度10~18m,可暂时稳定,可发生小~中塌方; 跨度10m,基本稳定
	III$_2$	跨度>14m,发生中~大塌方; 跨度7~14m,可暂时稳定,可发生小~中塌方; 跨度7m,基本稳定

续上表

围岩级别		自 稳 性
基本级别	亚级	
Ⅳ	Ⅳ₁	跨度>9m,可发生中~大塌方; 跨度7~9m,暂时稳定,可发生小塌方; 跨度<7m,可基本稳定
	Ⅳ₂	跨度>7m,可发生中~大塌方; 跨度6~7m,暂时稳定,可发生小塌方; 跨度<6m,可稳定
	Ⅳ₃	跨度>5m,可暂时稳定~不稳定,可直接发生中~大塌方; 跨度≤5m,可基本稳定
Ⅴ	Ⅴ₁	跨度>6m,完全无自稳性; 跨度4~6m,可暂时稳定,可发生中~大塌方; 跨度<4m,可基本稳定
	Ⅴ₂	跨度>4m,完全无自稳性; 跨度3~4m,可暂时稳定,可发生中~大塌方; 跨度<3m,可基本稳定
Ⅵ	—	无自稳性

注：(1) 小塌方：塌方高度<3m,或塌方体积<30m³。
（2）中塌方：塌方高度3~6m,或塌方体积30~100m³。
（3）大塌方：塌方高度>6m,或塌方体积>100m³。

6.4 围岩物理力学参数

6.4.1 各类岩体及土体的物理力学参数,可根据地质勘察、原位测试、类似工程对比分析以及经验公式或理论公式计算等方法分析确定。

6.4.2 当无实测数据时,各级岩质围岩的物理力学参数可按表6.4.2-1及表6.4.2-2采用,岩体结构面抗剪强度可按6.4.2-3采用。

表6.4.2-1 各级岩质围岩的基本物理力学参数

围岩级别		重度 $\gamma(kN/m^3)$	弹性抗力系数 $k(MPa/m)$	变形模量 $E(GPa)$	泊松比 μ	内摩擦角 $\varphi(°)$	黏聚力 $c(MPa)$
基本级别	亚级						
Ⅰ	—	26~28	1 800~2 800	>33	<0.2	>60	>2.1
Ⅱ	—	25~27	1 200~1 800	20~33	0.2~0.25	50~60	1.5~2.1
Ⅲ	Ⅲ₁	24~25	850~1 200	10.7~20	0.25~0.26	44~50	1.1~1.5
	Ⅲ₂	23~24	500~850	7~10.7	0.26~0.3	39~44	0.7~1.1

续上表

围岩级别		重度 γ(kN/m³)	弹性抗力系数 k(MPa/m)	变形模量 E(GPa)	泊松比 μ	内摩擦角 φ(°)	黏聚力 c(MPa)
基本级别	亚级						
IV	IV₁	22~23	400~500	3.8~7	0.3~0.31	35~39	0.5~0.7
	IV₂	21~22	300~400	2.4~3.8	0.31~0.33	30~35	0.3~0.5
	IV₃	20~21	200~300	1.3~2.4	0.33~0.35	27~30	0.2~0.3
V	V₁	18~20	150~200	1.3~2	0.35~0.39	22~27	0.12~0.2
	V₂	17~18	100~150	1~1.3	0.39~0.45	20~22	0.05~0.12

注：表中数字不适用于膨胀性岩体等特殊岩体。

表 6.4.2-2　各级岩质围岩的其他物理力学参数

围岩级别		计算摩擦角 φ_c (°)	普氏坚固系数 f	圬工与围岩的摩擦系数	弹性波速 v_P(km/s)
基本级别	亚级				
I	—	>78	15~20	0.60~0.70	>4.5
II	—	70~78	8~15	0.55~0.65	3.5~4.5
III	III₁	65~70	6~8	0.50~0.55	3.2~4.0
	III₂	60~65	3~6	0.45~0.50	2.5~3.2
IV	IV₁	57~60	2.3~3	0.42~0.45	2.5~3.0
	IV₂	54~57	1.7~2.3	0.38~0.42	2.0~2.5
	IV₃	50~54	1~1.7	0.35~0.38	1.5~2.0
V	V₁	45~50	1.1~1.5	0.30~0.35	1.4~2.0
	V₂	40~45	0.8~1.1	0.25~0.30	1.0~1.4

注：表中数字不适用于膨胀性岩体等特殊岩体。

表 6.4.2-3　岩体结构面抗剪断峰值强度

序号	两侧岩体的坚硬程度及结构面的结合程度	内摩擦角 φ(°)	黏聚力 c(MPa)
1	坚硬岩，结合好	>37	>0.22
2	坚硬~较坚硬岩，结合一般； 较软岩，结合好	37~29	0.22~0.12
3	坚硬~较坚硬岩，结合差； 较软岩~软岩，结合一般	29~19	0.12~0.08
4	较坚硬岩~较软岩，结合差~结合很差； 软岩，结合差；软质岩的泥化面	19~13	0.08~0.05
5	较坚硬岩及全部软质岩，结合很差； 较软岩泥化层	<13	<0.05

6.4.3　当无实测数据时，各级土质围岩的物理力学参数可按表 6.4.3-1 及表 6.4.3-2 采用。

表 6.4.3-1　各级土质围岩的基本物理力学参数

围岩级别		土体类别	重度 γ (kN/m³)	弹性抗力系数 k (MPa/m)	变形模量 E (GPa)	泊松比 μ	内摩擦角 $\varphi(°)$	黏聚力 c (MPa)
基本级别	亚级							
Ⅳ	Ⅳ₃	黏质土	20~23	200~300	0.030~0.045	0.25~0.33	30~45	0.060~0.250
		砂质土	18~19		0.024~0.030	0.29~0.31	33~40	0.012~0.024
		碎石土	22~24		0.050~0.075	0.15~0.30	43~50	0.019~0.030
Ⅴ	Ⅴ₁	黏质土	18~20	150~200	0.015~0.030	0.33~0.37	20~30	0.030~0.060
		砂质土	16.5~18		0.009~0.024	0.31~0.33	30~33	0.006~0.012
		碎石土	20~22		0.033~0.050	0.20~0.30	37~43	0.008~0.019
	Ⅴ₂	黏质土	16~18	100~150	0.005~0.015	0.37~0.43	15~20	0.015~0.030
		砂质土	15~16.5		0.003~0.009	0.33~0.36	25~30	0.003~0.006
		碎石土	17~20		0.010~0.033	0.25~0.35	30~37	<0.008
Ⅵ	—	黏质土	14~16	<100	<0.005	0.43~0.50	<15	<0.015
		砂质土	14~15		0.003~0.0005	0.36~0.42	10~25	<0.003

表 6.4.3-2　各级土质围岩的其他物理力学参数

围岩级别		计算摩擦角 $\varphi_c(°)$	普氏坚固系数 f	圬工与围岩的摩擦系数	弹性波速 v_P (km/s)
基本级别	亚级				
Ⅳ	Ⅳ₃	50~54	1.0~1.7	0.35~0.38	1.5~2.0
Ⅴ	Ⅴ₁	45~50	1.1~1.5	0.30~0.35	1.4~2.0
	Ⅴ₂	40~45	0.8~1.1	0.25~0.30	1.0~1.4
Ⅵ	—	30~40	0.3~1.0	≤0.25	<1.0

注：表中数字不适用于黄土、冻土及软土等特殊土体。

7 隧道建筑材料及其物理力学参数

7.1 一般规定

7.1.1 隧道工程常用的各类建筑材料,宜采用下列强度等级:
1 混凝土:C50、C40、C30、C25、C20、C15、C10。
2 石材:MU100、MU80、MU60、MU50、MU40。
3 水泥砂浆:M25、M20、M15、M10、M7.5、M5。
4 喷射混凝土:C30、C25、C20。
5 混凝土砌块:MU30、MU20。
6 钢筋:R235、HRB335、HRB400。

7.1.2 隧道建筑材料的选用应符合下列规定:
1 应符合结构承载能力、正常使用和耐久性的要求,符合抗冻、抗渗和抗侵蚀的需要。
2 隧道衬砌防水应充分利用衬砌混凝土结构的自防水能力,其抗渗等级不得低于S6。
3 当处于特殊腐蚀性环境时,混凝土和水泥砂浆应采用具有抗侵蚀性能的特种水泥和集料配制,其抗侵蚀性能的要求视水的侵蚀特征确定。
4 最冷月份平均气温低于－15℃的地区及受冻害影响的隧道,混凝土及水泥砂浆的强度等级应予提高,防水混凝土的抗渗等级也应提高。
5 应根据不同的料源情况,在保证结构需要的前提下,做到因地制宜、就地取材。

7.1.3 混凝土和砌体所用的材料应符合下列要求:
1 混凝土不应使用碱活性集料。
2 钢筋混凝土构件中,钢筋的技术条件应符合现行《钢筋混凝土用钢》(GB 1499)的规定。
3 片石强度等级不应低于MU40,块石强度等级不应低于MU60,混凝土砌块强度等级不应低于MU20。禁止采用有裂缝和易风化的石材。
4 片石混凝土内片石掺用量不得超过总体积的30%。
5 抗冻混凝土的水泥应选用硅酸盐水泥或普通硅酸盐水泥,不宜使用火山灰质硅酸盐水泥。抗冻混凝土必须掺加引气剂;水泥掺合料、外加剂的品种和数量,水灰比及含气量等应通过试验确定。

7.1.4 喷锚支护采用的材料应符合下列要求：

1 喷射混凝土宜采用硅酸盐水泥或普通硅酸盐水泥，也可采用矿渣硅酸盐水泥。

2 集料级配宜采用连续级配。粗集料应采用坚硬耐久的碎石或卵石，不得使用碱活性集料；细集料应采用坚硬耐久的中砂或粗砂，细度模数宜大于 2.5，砂的含水率宜控制在 5%～7%；喷射混凝土中的石子粒径不宜大于 16mm，喷射钢纤维混凝土中的石子粒径不宜大于 10mm。

3 锚杆的直径宜为 20～32mm，杆体材料宜采用 HRB335、HRB400 钢；垫板材料宜采用 Q235 钢。

4 锚杆支护采用的各种水泥砂浆强度等级不应低于 M20。

5 钢筋网材料可采用 Q235 钢，直径宜为 6～12mm。

7.1.5 混凝土和喷射混凝土中掺加的各种外加剂，其性能应符合下列规定：

1 其质量应符合现行《混凝土外加剂》（GB 8076）的规定。

2 对混凝土的强度及其与围岩的黏结力基本无影响，对混凝土和钢材无腐蚀作用。

3 对混凝土的凝结时间影响不大（速凝剂和缓凝剂除外）。

4 不易吸湿，易于保存，不污染环境，对人体无害。

7.1.6 喷射钢纤维混凝土中的钢纤维宜采用普通碳素钢制成，并符合下列规定：

1 宜用等效直径为 0.3～0.5mm 的方形或圆形断面。

2 长度宜为 20～25mm，长度直径比宜为 40～60。

3 抗拉强度的标准值不得小于 380MPa，并不得有油渍和明显的锈蚀。

7.1.7 常用建筑材料重度的标准值可按表 7.1.7 的规定采用。

表 7.1.7 建筑材料重度的标准值

材料名称	混凝土	片石混凝土	钢筋混凝土（配筋率在 3% 以内）	钢材	浆砌片石	浆砌块石	浆砌粗料石
重度标准值（kN/m³）	23	23	25	78.5	22	23	25

注：钢筋混凝土配筋率大于 3% 时，其重度应计算确定。

7.1.8 隧道工程各部位的建筑材料，其强度等级应不低于表 7.1.8 的规定。

表 7.1.8 隧道建筑材料强度等级要求

工程部位		材料种类				
		混凝土	片石混凝土	钢筋混凝土	砌体	喷射混凝土
衬砌及管沟建筑	拱圈	C20	—	C25		C20
	边墙	C20	—	C25		C20

续上表

工程部位		材料种类				
		混凝土	片石混凝土	钢筋混凝土	砌体	喷射混凝土
衬砌及管沟建筑	仰拱	C20	—	C25	—	C20
	底板	C20	—	C25	—	—
	仰拱填充	C10	C10	—	—	—
	水沟、电缆槽	C25	—	C25	—	—
	水沟、电缆槽盖板	—	—	C25	—	—
洞门建筑	端墙	C20	C15	C25	M10 水泥砂浆砌片石、块石或混凝土砌块镶面	—
	帽石	C20	—	C25	M10 水泥砂浆砌粗料石	—
	翼墙和洞口挡土墙	C20	C15	C25	M7.5 水泥砂浆砌片石	—
	侧沟、截水沟	C15	—	—	M5 水泥砂浆砌片石	—
	护坡	C15	—	—	M5 水泥砂浆砌片石	C20

注:最冷月份平均气温低于-15℃的地区,表中的混凝土、水泥砂浆强度等级应提高一级。

7.2 石材和砌体

7.2.1 隧道工程采用的石材应具有耐风化和抗侵蚀性能。浸水或气候潮湿地区,用于受力结构的石材的软化系数不应低于0.8,且应符合表7.2.1的规定。

表7.2.1　隧道工程常用石材基本要求

名称		普通片石	块石	粗料石	毛方石
使用范围		洞门墙、翼墙、衬砌边墙	洞门墙、衬砌边墙	帽石、镶面石、10m及其以下跨度的石拱	10m以上的石拱
极限抗压强度(MPa)		≥30.0	≥30.0	≥40.0	≥40.0
吸水程度		不应超过其质量的2%			
形状(cm)		不得小于18×22×33	形状大致方正,顶面及底面应较为平整,并锋棱凸角	形状尺寸由设计规定	形状尺寸由设计规定
尺寸(cm)	厚度 h	—	≥20,特殊困难时≥15	≥20	拱石≥(1.5~2)W	(1.5~2)W
	宽度 W	—	≥h	≥(1~1.5)h	≥20	≥20
	长度 l	—	≥h,用作丁石时≥1.5W	≥4h	(1.5~3)W	(1.5~3)W

7.2.2 当隧道采用砌体结构时,各类石材强度的极限值可按表7.2.2的规定采用。各类砌体的极限强度宜符合第7.2.3条~第7.2.7条的相关规定。

表 7.2.2　石材强度的极限值(MPa)

强度类别	强度等级					
	MU100	MU80	MU60	MU50	MU40	MU30
轴心抗压 R_a^j	72.0	57.6	43.2	36.0	28.8	21.6
弯曲抗拉 R_{wl}^j	6.0	4.8	3.6	3.0	2.4	1.8

7.2.3 砌筑用水泥砂浆应满足砌体强度和耐久性的要求,其强度可根据式(7.2.3)计算确定。

$$R = 0.25 R_c \left(\frac{C}{W} - 0.4 \right) \quad (7.2.3)$$

式中：R_c——水泥强度(MPa)；
　　　C/W——灰水比。

本式仅适用于含水率为 1%~8% 的松散中砂或粗砂。采用干砂时,砂的配合量要减少 10%。特殊情况下采用细砂时,水泥用量需增加 20%~25%。

7.2.4 混凝土预制块水泥砂浆砌体的抗压强度的极限值按照表 7.2.4 的规定采用。

表 7.2.4　混凝土预制块水泥砂浆砌体抗压强度的极限值 R_a^j(MPa)

混凝土砌块强度等级	水泥砂浆强度等级			
	M12.5	M10	M7.5	M5
C30	9.5	9.0	8.5	7.8
C25	8.5	8.0	7.5	7.0
C20	7.3	6.8	6.3	5.8
C15	5.8	5.5	5.0	4.7

7.2.5 块石水泥砂浆砌体抗压强度的极限值按表 7.2.5 的规定采用。

表 7.2.5　块石水泥砂浆砌体抗压强度的极限值 R_a^j(MPa)

石材强度等级	水泥砂浆强度等级			
	M12.5	M10	M7.5	M5
MU100	14.8	13.8	12.6	11.5
MU80	12.3	11.3	10.5	9.5
MU60	9.8	9.0	8.3	7.3
MU50	8.5	7.8	7.0	6.3
MU40	7.3	6.5	6.0	5.3

注：对各类石砌体,应按表中数值分别乘以系数：细料石砌体为 1.5；半细料石砌体为 1.3；粗料石砌体为 1.2；干砌勾缝石砌体为 0.8。

7.2.6 片石砌体抗压强度的极限值可按表7.2.6的规定采用。

表7.2.6 片石砌体抗压强度的极限值(MPa)

石材强度等级	水泥砂浆强度等级			
	M12.5	M10	M7.5	M5
MU100	7.2	6.6	5.8	4.9
MU80	6.4	5.8	5.1	4.3
MU60	5.5	4.9	4.4	3.7
MU50	5.0	4.5	3.9	3.3
MU40	4.4	4.0	3.5	2.9

7.2.7 各类水泥砂浆砌体弯曲抗拉强度的极限值及直接抗剪强度的极限值可按表7.2.7的规定采用。

表7.2.7 水泥砂浆砌体弯曲抗拉强度的极限值及直接抗剪强度的极限值(MPa)

强度种类	截面	砌体种类	水泥砂浆强度等级		
			M15	M10	M7.5
直接抗剪 R_j^j	通缝	各种砌体	0.40	0.33	0.27
		小石子混凝土砌片石砌体	0.36	0.30	0.25
	齿缝	片石砌体	0.80	0.66	0.54
		小石子混凝土砌片石砌体	0.60	0.48	0.45
		规则块材砌体	2.16	1.68	1.44
弯曲抗拉 R_{wl}^j	通缝	各种砌体	0.60	0.48	0.42
		小石子混凝土砌片石砌体	0.60	0.48	0.42
	齿缝	片石砌体	0.66	0.60	0.54
		规则块材砌体	0.95	0.84	0.75
		小石子混凝土砌片石砌体	0.72	0.72	0.54

注:(1)砌体龄期28d。
(2)规则块材砌体包括:块石砌体、粗料石砌体、混凝土块砌体。
(3)块材抗剪时不计入灰缝面积,块材直接抗剪极限强度按表中数值选用。

7.2.8 砌体的摩擦系数可按表7.2.8的规定采用。

表7.2.8 砌体的摩擦系数 μ_f

材料类别	摩擦面的情况	
	干燥	潮湿
砌体沿砌体或混凝土滑动	0.70	0.60
木材沿砌体滑动	0.60	0.50
钢沿砌体滑动	0.45	0.35

续上表

材料类别	摩擦面的情况	
	干燥	潮湿
砌体沿砂或卵石滑动	0.60	0.50
砌体沿粉质土滑动	0.55	0.40
砌体沿黏质土滑动	0.50	0.30

7.2.9 当隧道采用容许应力法计算时，石砌体和混凝土块砌体轴心及偏心受压容许应力可按表7.2.9的规定采用。

表7.2.9 石砌体和混凝土块砌体轴心及偏心受压容许应力$[\sigma]$（MPa）

砌体种类	石料和混凝土块强度等级	水泥砂浆强度等级			
		M20	M10	M7.5	M5
片石砌体	MU100	3.0	2.2	1.9	1.7
	MU80	2.7	2.0	1.7	1.5
	MU60	2.3	1.85	1.5	1.25
	MU50	2.1	1.6	1.3	1.1
块石砌体	MU100	5.6	4.9	—	—
	MU80	4.7	4.1	—	—
	MU60	3.8	3.2	—	—
	MU50	3.3	2.8	—	—
粗料石砌体	MU100	7.1	5.0	—	—
	MU80	6.0	4.8	—	—
	MU60	4.9	4.1	—	—
	MU40	3.7	3.4	—	—
混凝土块砌体	MU30	5.6	4.7	—	—
	MU20	4.4	3.6	—	—

注：(1)介于表列石料或水泥砂浆强度等级之间的其他砌体的受压容许应力可用内插法确定。
(2)混凝土块高度h超过20cm时，混凝土块砌体的容许应力应以表中数值乘以下列提高系数c：$h\leqslant 40$cm时，$c=0.6+0.02h$；$h\geqslant 40$cm时，$c=1.2+0.005h\leqslant 1.7$。
(3)如有特殊需要必须用细料石及半细料石砌体时，受压容许应力可按粗料石砌体的受压容许应力分别乘以提高系数1.43及1.14，但提高后的受压容许应力不应大于水泥砂浆抗压极限强度的一半。

7.3 混凝土和钢材

7.3.1 隧道钢筋混凝土结构的混凝土强度等级不应低于C25；预应力混凝土结构的混凝土强度等级不应低于C30；当采用钢绞线、钢丝、热处理钢筋作预应力钢筋时，混凝土强度等级不宜低于C40。

7.3.2 当隧道按概率论极限状态法的分项系数设计表达式进行设计时,钢筋混凝土受弯和受压构件配筋计算中,混凝土强度的标准值应按表7.3.2的规定采用。

表 7.3.2 混凝土强度的标准值(MPa)

强度种类	混凝土强度等级					
	C15	C20	C25	C30	C40	C50
轴心抗压 f_{ck}	10	13.4	16.7	20.1	26.8	32.4
弯曲抗压 f_{cmk}	11	15	18.5	22	29.5	36
轴心抗拉 f_{ctk}	1.27	1.54	1.78	2.01	2.40	2.65

注:(1)混凝土垂直浇注,且一次浇注层高度大于1.5m时,表中强度值应乘以系数0.9。
(2)计算现浇钢筋混凝土轴心受压构件时,如截面中的边长或直径小于30cm,则表中强度值应乘以系数0.8;当构件质量(如混凝土成形、截面和轴线尺寸等)确有保证时,则不受此限制。
(3)离心混凝土的设计强度应按有关专门规定取用。

7.3.3 当隧道按极限状态法设计时,混凝土结构计算中,混凝土强度的极限值可按表7.3.3的规定采用。

表 7.3.3 混凝土强度的极限值(MPa)

强度种类	混凝土强度等级					
	C15	C20	C25	C30	C40	C50
轴心抗压强度 R_a	12.0	15.5	19.0	22.5	29.5	36.5
弯曲抗压强度 R_w	15.0	19.4	23.8	28.1	36.9	45.6
轴心抗拉强度 R_l	1.4	1.7	2.0	2.2	2.7	3.1

注:(1)混凝土强度等级系指龄期为28d,尺寸为20cm×20cm×20cm的标准立方体试件按标准方法测定的抗压极限强度。
(2)片石混凝土的轴心抗压强度可采用表中数值。
(3)表中混凝土弯曲抗压强度按 $R_w = 1.25 R_a$ 换算。

7.3.4 当隧道按容许应力法设计时,混凝土的容许应力可按表7.3.4的规定采用。

表 7.3.4 混凝土的容许应力(MPa)

强度种类	混凝土强度等级					
	C15	C20	C25	C30	C40	C50
弯曲拉应力强度 $[\sigma_{wl}]$	0.36	0.43	0.50	0.55	—	—
中心受压强度 $[\sigma_a]$	4.6	6.1	7.1	9.0	11.6	14.6
弯曲受压及偏心受压强度 $[\sigma_w]$	6.1	7.8	9.6	11.2	14.7	18.2
直接剪应力 $[\tau]$	0.7	0.85	1.00	1.10	1.35	1.55

注:计算主力加附加力时,中心受压、弯曲受压及偏心受压强度可较表中值提高30%。

7.3.5 混凝土的受压弹性模量 E_c 可按照表 7.3.5 采用。混凝土的剪切弹性模量可按照表 7.3.5 中的数值乘以 0.43 采用。混凝土的泊松比可采用 0.2。当温度在 0～100℃ 范围内时,混凝土线膨胀系数 α_c 可采用 $1\times10^{-5}℃^{-1}$。

表 7.3.5 混凝土的受压弹性模量 E_c

混凝土强度等级	C15	C20	C25	C30	C40	C50
弹性模量 E_c(GPa)	26	28	29.5	31	33.5	35.5

7.3.6 现浇钢纤维混凝土应符合以下规定:

1 钢纤维长度宜为 25～50mm,直径(等效直径)在 0.3～0.8mm 之间,钢纤维长度和直径的比值在 40～100。

2 钢纤维混凝土的强度等级按立方体抗压强度标准值确定,即按标准方法制作养护的边长为 150mm 的立方体试件在 28d 龄期,用标准方法测得的具有 95% 保证率的抗压强度。若采用 100mm 的立方体试件时,其强度折减系数为 0.95。

3 钢纤维混凝土的抗拉强度标准值 f_{ftk} 可按式(7.3.6-1)确定:

$$f_{ftk} = f_{tk}(1 + \alpha_t \rho_f l_f/d_f) \quad (7.3.6\text{-}1)$$

式中:f_{ftk}——钢纤维混凝土的抗拉强度标准值(MPa);

f_{tk}——与钢纤维混凝土强度等级相对应的,按现行有关混凝土结构规范的规定所确定的混凝土抗拉强度标准值(MPa);

α_t——钢纤维对抗拉强度的影响系数,宜通过试验确定,或按国家现行有关钢纤维混凝土结构设计与施工规程的规定取值;

ρ_f——钢纤维体积率(%);

l_f/d_f——钢纤维长径比。

4 钢纤维混凝土的弯曲抗拉强度(抗折强度)设计值 f_{ftm} 可按式(7.3.6-2)确定:

$$f_{ftm} = f_{tm}(1 + \alpha_{tm}\rho_f l_f/d_f) \quad (7.3.6\text{-}2)$$

式中:f_{ftm}——与钢纤维混凝土同水灰比、同原材料的素混凝土的弯曲抗拉强度设计值(MPa);

α_{tm}——钢纤维对弯拉强度的影响系数,宜通过试验确定,或按国家现行有关钢纤维混凝土结构设计与施工规程的规定取值;

其余符号意义同式(7.3.6-1)。

7.3.7 喷射混凝土应符合以下规定:

1 喷射混凝土的设计强度等级不应低于 C20;对于竖井及重要隧道和斜井工程,喷射混凝土的设计强度等级不应低于 C25;喷射混凝土 1d 龄期的抗压强度不应低于 5MPa。钢纤维喷射混凝土的设计强度等级不应低于 C25,抗拉强度不应低于 2MPa,抗弯强度不应低于 6MPa。不同强度等级喷射混凝土的设计强度应按表 7.3.7-1 采用。

表7.3.7-1 喷射混凝土的设计强度(MPa)

强度种类	强度等级		
	C20	C25	C30
轴心抗压	10.0	12.5	15.0
弯曲抗压	11.0	13.5	16.5
抗拉	1.1	1.3	1.5

2 喷射混凝土与围岩的黏结强度：Ⅰ、Ⅱ级围岩不应低于0.8MPa，Ⅲ级围岩不应低于0.5MPa。喷射混凝土支护的厚度，最小不应低于50mm，最大不宜超过200mm。含水岩层中的喷射混凝土支护厚度，最小不应低于80mm。喷射混凝土的抗渗强度不应低于0.8MPa。喷射混凝土的体积密度可取2 200kg/m³，弹性模量应按表7.3.7-2的规定采用。

表7.3.7-2 喷射混凝土的弹性模量(GPa)

喷射混凝土强度等级	C20	C25	C30
弹性模量	21	23	25

3 通过塑性流变岩体的隧道或受采动影响的巷道及高速水流冲刷的隧道，宜采用钢纤维喷射混凝土支护。钢纤维应符合下列规定：
1)普通碳素钢纤维的抗拉强度标准值不得低于380MPa。
2)钢纤维的直径宜为0.3~0.5mm。
3)钢纤维的长度宜为20~25mm，且不得大于25mm。
4)钢纤维掺量宜为混合料质量的3.0%~6.0%。

4 C20喷射混凝土其极限强度标准值：轴心抗压为14MPa，弯曲抗压为17.5MPa，抗拉为1.2MPa。

7.3.8 钢筋混凝土中钢筋的选用应遵循以下原则：
1 普通钢筋宜采用R235级和HRB335级，或采用HRB400级钢筋。
2 预应力钢筋宜采用预应力钢绞线、钢丝，或采用热处理钢筋。

7.3.9 普通钢筋的物理力学指标应符合以下规定：
1 钢筋的强度标准值应具有不小于95%的保证率。
2 当按概率论极限状态法分项系数设计表达式进行设计时，钢筋抗拉强度的标准值应按表7.3.9-1的规定采用。

表7.3.9-1 钢筋抗拉强度的标准值(MPa)

钢筋种类	R235	HRB335	HRB400
抗拉强度的标准值 f_{sk}	235	335($d=8~25mm$), 315($d=28~40mm$)	400($d=6~50mm$)

注：表中 d 为钢筋直径。

3 当按极限状态法进行设计时,钢筋抗拉强度的标准值可按表 7.3.9-2 的规定采用。

表 7.3.9-2　钢筋抗拉强度的标准值(MPa)

钢筋种类	R235	HRB335	HRB400
抗拉强度的标准值	240	340	400

4 当按容许应力法进行设计时,钢筋的容许应力可按照表 7.3.9-3 的规定采用。

表 7.3.9-3　钢筋容许应力(MPa)

钢筋种类	主要荷载	主要荷载 + 附加荷载
R235	130	160
HRB335	180	230

5 钢筋的弹性模量应采用 210GPa。

7.3.10 当按概率论极限状态法分项系数设计表达式进行设计时,预应力钢筋强度的标准值 f_{ptk} 可按照表 7.3.10 的规定采用。

表 7.3.10　预应力钢筋强度标准值(MPa)

种　类		符　号	d(mm)	f_{ptk}
钢绞线	1×3（三股）	ϕ^s	8.6、10.8	1 860、1 720、1 570
			12.9	1 720、1 570
	1×7（七股）		9.5、11.1、12.7	1 860
			15.2	1 860、1 720
消除应力钢丝	光面螺旋肋	ϕ^P ϕ^H	4、5	1 770、1 670、1 570
			6	1 670、1 570
			7、8、9	1 570
	刻痕	ϕ^I	5、7	1 570
热处理钢筋	40Si2Mn	ϕ^{HT}	6	1 470
	48Si2Mn		8.2	
	45Si2Cr		10	

注:(1)钢绞线直径 d 系指钢绞线外接圆直径,钢丝和热处理钢筋的直径 d 均指公称直径。
　　(2)消除应力光面钢丝直径 d 为 4~9mm,消除应力螺旋肋钢丝直径 d 为 4~8mm。

7.4　防水材料

7.4.1 隧道采用复合式衬砌时,应在初期支护与二次衬砌之间设置防水层。防水层宜采用耐久性能较好的高聚物改性沥青防水卷材或合成高分子防水卷材。

7.4.2 隧道防水卷材应符合下列性能要求：

1 耐水性，即在地下水的作用下其性能基本不发生改变，在水压力作用下不透水。
2 温度稳定性，即在高温下不流淌、不起泡、不滑动，在低温下不脆裂。
3 具有一定的机械强度、延伸性和抗断裂性，在结构产生规定的变形条件下不断裂。
4 柔韧性，即防水材料应具有低温柔性，保证施工不脆裂。
5 大气稳定性，即在阳光、热、氧气及其他化学侵蚀介质、微生物侵蚀介质等因素的长期综合作用下，能抗老化、抗侵蚀。

7.4.3 隧道工程常用防水卷材的种类和物理力学指标可按表7.4.3-1～表7.4.3-4的规定采用。

表7.4.3-1 隧道工程常用的防水卷材种类

分类		代号	主要原材料
均质片	硫化橡胶类	JL1	三元乙丙橡胶
		JL2	橡胶（橡塑）共混
		JL3	氯丁橡胶、氯磺化聚乙烯、氯化聚乙烯等
		JL4	再生胶
	非硫化橡胶类	JF1	三元乙丙橡胶
		JF2	橡胶（橡塑）共混
		JF3	氯化聚乙烯（CPE）
	树脂类	JS1	聚氯乙烯（PVC）等
		JS2	乙烯乙酸乙烯（EVA）、聚乙烯（PE）等
		JS3	乙烯乙酸乙烯改性沥青共混（ECB）等
复合片	硫化橡胶类	FL	三元乙丙、丁基、氯丁橡胶，氯磺化聚乙烯等
	非硫化橡胶类	FF	氯化聚乙烯，三元乙丙、丁基、氯丁橡胶，氯磺化聚乙烯等
	树脂类	FS1	聚氯乙烯等
		FS2	聚乙烯、乙烯乙酸乙烯改性沥青共混（ECB）等

表7.4.3-2 防水板主要物理力学指标（均质片）

指标		硫化橡胶类				非硫化橡胶类			树脂类		
		JL1	JL2	JL3	JL4	JF1	JF2	JF3	JS1	JS2	JS3
断裂拉伸强度（MPa）	常温 ≥	7.5	6.0	6.0	2.2	4.0	3.0	5.0	10	16	14
	60℃ ≥	2.3	2.1	1.8	0.7	0.8	0.4	1.0	4	6	5
扯断伸长率（%）	常温 ≥	450	400	300	200	450	200	200	200	550	500
	-20℃ ≥	200	200	170	100	200	100	100	15	350	300
撕裂强度（kN/m）	≥	25	24	23	15	18	10	10	40	60	60
30 min 无渗漏（MPa）		0.3	0.3	0.2	0.3	0.3	0.2	0.2	0.3	0.3	0.3
低温弯折（℃）	≤	-40	-30	-30	-20	-30	-20	-20	-20	-35	-35

表 7.4.3-3　防水板主要物理力学指标（复合片）

项　目			硫化橡胶类 FL	非硫化橡胶类 FF	树脂类	
					FS1	FS2
断裂拉伸强度（N/cm）	常温	≥	80	60	100	60
	60 ℃	≥	30	20	40	30
胶断伸长率（%）	常温	≥	300	250	150	400
	-20 ℃	≥	150	50	10	10
撕裂强度(N)		≥	40	20	20	20
不透水性，30min 无渗漏（MPa）			0.3	0.3	0.3	0.3
低温弯折（℃）		≤	-35	-20	-30	-20

表 7.4.3-4　高聚物改性沥青防水卷材的主要物理性能要求

项　目		性　能　要　求		
		聚酯毡胎体卷材	玻纤毡胎体卷材	聚乙烯膜毡胎体卷材
拉伸性能	拉力（N/50mm）	≥800（纵横向）	≥500（纵向）	≥140（纵向）
			≥300（横向）	≥120（横向）
	最大拉力延伸率（%）	≥40（纵横向）	—	≥250（纵横向）
低温柔度（℃）		≤ -15		
		3mm 厚，r=15mm；4mm 厚，r=25mm；3s，弯 180°，无裂纹		
不透水性		压力 0.3MPa，保持时间 30min，不透水		

7.4.4　隧道防水层与初期支护之间应设置无纺布滤水层，其单位面积质量不宜小于 300g/m²。防水卷材的厚度宜大于 1.0mm。无纺布的性能指标可按表 7.4.4 的规定采用。

表 7.4.4　无纺布性能指标

项　目	单　位	丙纶无纺布	涤纶无纺布
单位面积质量	g/m²	350±5	350±5
纵向拉伸强度	N/5cm	900	840
横向拉伸强度	N/5cm	950	840
纵向伸长率	%	110	100
横向伸长率	%	120	105
顶破强度	kN	1.11	0.95
渗透系数	cm/s	5.5×10^{-2}	4.2×10^{-2}

7.5　注浆材料

7.5.1　隧道注浆工程中采用的注浆材料应符合以下要求：
1　浆液黏度低、流动性好、可注性好，能够进入细小缝隙和粉细砂层。

2 浆液凝固时间能够在几秒至几小时内任意调节,并能准确地控制。

3 浆液的稳定性好,常温、常压下较长时间存放不改变其基本性质,不发生强烈的化学反应。

4 浆液无毒、无臭,不污染环境,对人体无害,属非易燃、易爆物品。

5 浆液对注浆设备、管路、混凝土建筑物及橡胶制品无腐蚀性,并且容易清洗。

6 浆液固化时,无收缩现象,固化后有一定的黏结性,能牢固地与岩石、混凝土及砂等黏结。

7 浆液结石率高,结石体有一定的抗压强度和抗拉强度,不龟裂,抗渗性好。

8 结石体耐老化性能好,能长期耐酸、碱、盐、生物细菌等腐蚀,并且不受温度、湿度的影响。

9 宜采用粒度较细的注浆材料。

10 浆液配制方便,操作容易掌握,原材料来源丰富,价格便宜,能够大规模使用。

7.5.2 根据隧道地质条件、施工条件和使用目的的差异,注浆材料可采用水泥浆液、超细水泥浆液、水泥—水玻璃浆液、水溶性聚氨酯浆液及丙烯酸盐浆液等。

1 水泥浆液基本参数可采用表7.5.2-1的规定。

表7.5.2-1 水泥浆液基本参数

水 灰 比	密度(kg/m³)	水 灰 比	密度(kg/m³)
0.50	1 800	1.25	1 420
0.60	1 715	1.50	1 364
0.75	1 615	2.00	1 285
1.00	1 500		

2 超细水泥浆液主要参数可采用表7.5.2-2的规定。

表7.5.2-2 超细水泥浆液主要参数

型 号			MC—20	MC—18	MC—15	MC—12	MC—10
比表面积(cm²/g) ≥			8 500	8 600	9 000	9 200	9 500
平均粒径(μm) ≤			4.0	3.8	3.5	3.2	3.0
最大粒径(μm) ≤			20	18	15	12	10
凝胶时间(h)	初凝		≥4				
	终凝		≤10				
强度(MPa)	抗折≥	≥3d	4.9	5.0	5.5	6.0	7.2
		28d	7.1	7.2	8.0	8.5	9.0
	抗压≥	≥3d	32.0	33.0	35.0	38.0	40.0
		≥8d	55.0	58.0	64.0	73.0	83.0

3 水泥—水玻璃浆液(CS浆液)配合比可采用7.5.2-3的规定。

表 7.5.2-3 水泥—水玻璃浆液配合比

原料	规格要求	作用	用量	主要功能
水泥	42.5 或 52.5 级普通硅酸盐水泥	主剂	1	(1)凝结时间可控制在几秒到几十分钟范围内。 (2)抗压强度 50~20MPa
水玻璃	模数:2.4~3.4 液度:30~45°Be	主剂	0.5~1	
氢氧化钙	工业品	速凝剂	0.05~0.20	
磷酸氢二钠	工业品	缓凝剂	0.01~0.03	

4 水溶性聚氨酯浆液性能可采用表 7.5.2-4 的规定。

表 7.5.2-4 水溶性聚氨酯浆液性能

项目	指标	项目	指标
外观	黄色到淡棕色透明状	与混凝土黏结强度(MPa)	>1.1
黏度(在 20℃时)(cp)	100~300	抗渗指标(N/cm²)	>90
密度(g/cm³)	1.05~1.12	凝胶时间(s)	10~1800
结石体抗压强度(MPa)	<1.5	最大吸水率	>15 倍

5 丙烯酸盐浆液主要配合比可采用表 7.5.2-5 的规定。

表 7.5.2-5 丙烯酸盐浆液的配合比

材料名称	作用	配合比		
		Ⅰ	Ⅱ	Ⅲ
丙烯酸盐	主剂	10	12	15
甲醇双丙烯酰胺	交联剂	1	1	2
三乙醇胺	促进剂	1	1	1
过硫酸铵	引发剂	1	1	1
水	溶剂	87	85	81

注:按本表配制的浆液在常温下凝胶时间为 3~5min。若需延长凝胶时间,可加入铁氰化钾;若需快凝,可加入硫酸亚铁。

7.6 其他隧道常用材料

7.6.1 隧道衬砌结构的变形缝、施工缝等应设置止水带。止水带的类型可根据工程的具体要求选用。

1 隧道用橡胶止水带的物力力学性质应符合表 7.6.1-1 的规定。

表 7.6.1-1 止水带的主要物理性能指标

序号	项目		指标		
			变形缝	施工缝	接缝
1	硬度(邵尔 A,度)		60±5	60±5	60±5
2	拉伸强度(MPa)	≥	15	12	10
3	扯断伸长率(%)	≥	380	380	300

续上表

序号	项 目			指 标		
				变形缝	施工缝	接缝
4	压缩永久变形	70℃×24h(%)	≤	35	35	35
		23℃×168h(%)	≤	20	20	20
5	撕裂强度(kN/m)		≥	30	25	25
6	脆性温度(℃)		≤	-45	-40	-40

2 隧道用制品型(PZ)遇水膨胀橡胶应符合表7.6.1-2的规定。

表7.6.1-2 制品型遇水膨胀橡胶胶料主要物理力学参数

序号	项 目		指 标			
			PZ—150	PZ—200	PZ—400	PZ—600
1	硬度(邵尔 A,度)		42±7		45±7	48±7
2	拉伸强度(MPa)	≥	3.5		3	
3	扯断伸长率(%)	≥	450		350	
4	体积膨胀倍率(%)	≥	150	250	400	600
5	低温弯折(-20℃×2h)		无裂纹			

注:(1)硬度为推荐项目。
（2）成品切片测试应达到本标准的80%。
（3）接头部位的拉伸强度指标不得低于本表中标准性能的50%。

3 隧道用腻子型(PN)遇水膨胀橡胶应符合表7.6.1-3的规定。

表7.6.1-3 腻子型膨胀橡胶胶料的主要物理性能

序号	项 目	指 标		
		PN—150	PN—220	PN—300
1	体积膨胀倍率(%)	150	220	300
2	高温流淌性(80℃×5h)	无流淌	无流淌	无流淌
3	低温试验(-20℃×2h)	无脆裂	无脆裂	无脆裂

7.6.2 隧道工程防水涂料应具有良好的耐水性、耐磨性、耐久性、耐腐蚀性及耐菌性，并应具有无毒、阻燃、低污染性能和良好的黏结性。隧道常用的防水涂料主要有聚氨酯防水涂料、水性沥青基防水涂料、聚氯乙烯弹性防水涂料、溶剂型橡胶沥青防水涂料、聚合物水泥防水涂料、建筑表面用有机硅防水剂等，应根据使用需求具体选用。

7.6.3 当需要提高隧道结构耐火极限时，可用防火涂料在混凝土结构表面形成耐火隔热保护层。防火涂料应符合以下规定：

  1 涂料中不宜采用苯类溶剂、石棉等对人体有害的物质。
  2 涂料在施工过程中、使用过程中及高温条件下，不应散发出有毒或刺激性物质。
  3 涂料可采用喷涂、抹涂、刮涂等方法，能在自然条件下干燥固化。

4 涂料的主要技术指标应符合表 7.6.3 的规定。

表 7.6.3 隧道防火涂料主要技术指标

序 号	检 验 项 目	技 术 指 标
1	在容器中的状态	经搅拌后呈均匀稠厚液体,无结块
2	表面干燥时间(h)	≤24
3	黏结强度(MPa)	≥0.1
4	干密度(kg/m³)	≤800
5	涂层厚度(mm)	≤10
6	耐火极限(h)	≥2.0

7.6.4 当需要提高隧道喷射混凝土初期支护及二次衬砌的抗冲击性能和抗裂性能时,可以在衬砌混凝土中掺入聚丙烯纤维。混凝土结构中聚丙烯纤维的推荐掺量为 2.5~3.0kg/m³,喷射混凝土中推荐掺量为 1.0~1.5kg/m³。

7.6.5 水泥卷式锚杆锚固剂的主要技术参数可按表 7.6.5 的规定采用。

表 7.6.5 水泥卷式锚固剂的主要技术指标

锚固方式	凝结时间(min)		抗压强度(MPa)			拉拔力(kN)		膨胀率(%)
	初凝	终凝	0.5h	1h	24h	0.5h	24h	
端锚	1~4	<7	12	18	25	50	70	30min≥0.1
全锚	4~7	8~10	9	15	25	—	70	28d>0

注:养护温度 20℃±2℃,相对湿度 80%~90%,拌和水温度 20℃±2℃。

7.6.6 树脂锚杆锚固剂的主要技术指标可按表 7.6.6 的规定采用。

表 7.6.6 树脂锚杆锚固剂型号和技术参数表

型 号	特 性	凝胶时间(s)	搅拌时间(s)	等待时间(s)	承载时间(s)
CKa	超快速	8~25	8~15	10~30	3
CK	超快速	8~40	8~15	10~60	10
K	快速	41~90	20~35	90~180	15
Z	中速	91~180	20~35	480	30
M	慢速	>180	—	—	—

8 隧道围岩压力计算

8.1 一般规定

8.1.1 作用在隧道支护结构上的围岩压力为松散压力、形变压力、膨胀压力以及冲击压力等。围岩压力计算应综合考虑隧道所处地形条件、地质条件、隧道跨度、结构形式、埋置深度、隧道间距以及开挖方法等因素。

8.1.2 隧道围岩压力计算过程中,应符合以下原则:
1 本章规定适用于钻爆法施工的隧道,采用其他施工方法建设的隧道可参考采用。
2 围岩松散压力为作用在隧道全部支护结构的压力总和。在对初期支护或二次衬砌进行内力计算时,应采用适当的方法进行荷载分配,确定该支护层相应的计算荷载。
3 当隧道采用光面爆破、掘进机开挖等可减轻围岩损伤破坏的施工方法时,围岩松散压力的计算值可适当折减。

8.1.3 埋深较浅的隧道可只计入围岩的松散压力;埋深较大的隧道不仅应计入围岩的松散压力,而且还应计入围岩的形变压力;连拱隧道、小净距隧道可不计入形变压力。

8.1.4 计算围岩压力时,各级围岩的物理力学参数宜通过室内或现场试验获取;当无试验数据时,可根据本细则第6.4节的规定采用。

8.2 单洞隧道的围岩松散压力

8.2.1 单洞隧道深埋与浅埋的判定,应按荷载等效高度,并结合地质条件、施工方法等因素按式(8.2.1-1)综合判定。

$$H_p = (2 \sim 2.5) h_q \tag{8.2.1-1}$$

$$h_q = \frac{q}{\gamma} \tag{8.2.1-2}$$

式中:H_p——深埋、浅埋隧道分界深度(m);
h_q——荷载等效高度(m),按式(8.2.1-2)计算;
q——按式(8.2.2-1)计算出的深埋隧道垂直压力(kN/m^2);
γ——围岩重度(kN/m^3)。

采用矿山法施工时，Ⅳ～Ⅵ级围岩取 $H_p = 2.5 h_q$；Ⅰ～Ⅲ级围岩取 $H_p = 2.0 h_q$。

8.2.2 深埋单洞隧道拱部竖向围岩压力可按经验公式(8.2.2-1)计算：

$$q = \gamma h \quad (8.2.2\text{-}1)$$

$$h = 0.45 \times 2^{s-1} \omega \quad (8.2.2\text{-}2)$$

$$\omega = 1 + i(B_t - 5) \quad (8.2.2\text{-}3)$$

式中：q——垂直均布压力(kN/m^2)；

h——荷载等效高度(m)，按(8.2.2-2)计算；

γ——围岩重度(kN/m^3)；

s——围岩级别；

ω——宽度影响系数，按(8.2.2-3)计算；

B_t——隧道最大开挖跨度，应考虑超挖影响(m)；

i——B_t 每增减 1m 时的围岩压力增减率，以 $B_t = 5m$ 的隧道围岩垂直均布压力为准；当 $B_t < 5m$ 时取 $i = 0.2$；当 $B_t > 5m$ 时取 $i = 0.1$。

注：应用式(8.2.2-1)时，必须同时具备下列条件：

(1) 采用钻爆法开挖的隧道；

(2) $H/B < 1.7$，H 为隧道开挖高度(m)，B 为隧道开挖跨度(m)；

(3) 不产生显著偏压及膨胀力的一般围岩；

(4) 隧道开挖跨度小于 15m。

8.2.3 深埋单洞隧道拱部竖向围岩压力可按普氏公式计算：

$$q = \gamma h_q \quad (8.2.3\text{-}1)$$

$$h_q = \frac{1}{2} \frac{B_m}{f_{kp}} \quad (8.2.3\text{-}2)$$

$$B_p = (H_t - H_0)\tan\left(45° - \frac{\varphi_c}{2}\right) \quad (8.2.3\text{-}3)$$

$$\left.\begin{array}{ll}
\text{坚硬岩石} & f_{kp} \approx \left(\dfrac{1}{12} \sim \dfrac{1}{15}\right) R_b \\
\text{较软岩石} & f_{kp} \approx \left(\dfrac{1}{8} \sim \dfrac{1}{10}\right) R_b \\
\text{松散土质或极度破碎岩石} & f_{kp} = \tan\varphi \\
\text{黏性土或黄土} & f_{kp} = \dfrac{c}{R_b} + \tan\varphi
\end{array}\right\} \quad (8.2.3\text{-}4)$$

式中：B_m——隧道平衡拱跨度(m)，如图 8.2.3 所示；

$$B_m = B_t + 2B_p$$

B_p——隧道两侧破裂面在水平面上的投影宽度(m)；

B_t——隧道开挖跨度(m)；

H_t——隧道开挖高度(m)；

H_0——破裂面到边墙基础的距离(m);

φ_c——围岩计算摩擦角(°);

f_{kp}——普氏围岩坚固系数(似摩擦系数),可根据公式(8.2.3-4)计算;

R_b——岩体的饱和单轴抗压强度(MPa);

φ——围岩内摩擦角(°);

c——围岩黏聚力(MPa)。

注:应用普氏理论公式必须同时具备以下条件:

(1)围岩应能够形成稳定的压力拱,不宜用于不能形成稳定压力拱的埋深较浅的隧道;

(2)围岩应具备一定的强度,不宜用于Ⅵ级围岩;

(3)围岩应接近松散体,不宜用于Ⅱ级及其以上完整性很好的围岩。

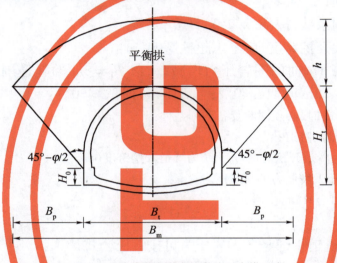

图8.2.3　隧道周边形成的自然平衡拱示意

8.2.4　深埋单洞隧道的围岩水平压力可按以下方法计算:

1　当围岩质量较好(Ⅰ~Ⅲ级)时,水平压力可按均匀分布荷载计算:

$$e = \lambda q \tag{8.2.4-1}$$

$$\lambda = \tan^2\left(45° - \frac{\varphi_c}{2}\right) \tag{8.2.4-2}$$

式中:e——水平均布围岩压力(kN/m²);

λ——侧压力系数,可按式(8.2.4-2)计算,或按表8.2.4的规定采用;

q——垂直均布压力(kN/m²);

φ_c——围岩计算摩擦角(°)

2　当围岩质量较差(Ⅳ~Ⅵ级)时,水平压力宜按梯形分布荷载计算:

拱顶水平压力可按式(8.2.4-1)计算。

边墙底部水平压力可按式(8.2.4-3)计算:

$$e_d = \lambda(q + \gamma H_t) \tag{8.2.4-3}$$

式中:e_d——边墙底部水平压力(kN/m²);

λ、q——同式(8.2.4-1);

γ——围岩重度(kN/m^3);

H_t——隧道开挖高度(m)。

表8.2.4 围岩侧压力系数

围岩级别	Ⅰ、Ⅱ	Ⅲ	Ⅳ	Ⅴ	Ⅵ
侧压力系数 λ	0	<0.15	0.15~0.3	0.3~0.5	0.5~1.0

8.2.5 浅埋无偏压单洞隧道的围岩压力可按以下方法计算(图8.2.5):

1 埋深 H 小于或等于等效荷载高度 h_q

(1)垂直压力:

$$q = \gamma H \qquad (8.2.5-1)$$

式中:q——垂直均布压力(kN/m^2);

γ——隧道上覆围岩重度(kN/m^3);

H——隧道埋深,即隧道拱部至地面的垂直距离(m)。

(2)侧向压力:

$$e = \gamma\left(H + \frac{H_t}{2}\right)\tan^2\left(45° - \frac{\varphi_c}{2}\right) \qquad (8.2.5-2)$$

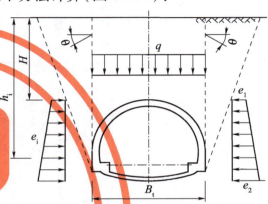

图8.2.5 浅埋隧道荷载分布示意图

式中:e——侧向均布压力(kN/m^2);

H_t——隧道开挖高度(m);

γ、H——同式(8.2.5-1);

φ_c——围岩计算摩擦角(°)。

2 埋深 H 大于 h_q 而小于或等于 H_p

(1)垂直压力:

$$q = \gamma H\left(1 - \frac{\lambda H \tan\theta}{B_t}\right) \qquad (8.2.5-3)$$

式中:B_t——隧道开挖跨度(m);

γ、H——同式(8.2.5-1);

θ——顶板土柱两侧破裂面摩擦角(°),经验值,无实测资料时可按表8.2.5的规定采用;

λ——侧压力系数;

$$\lambda = \frac{\tan\beta - \tan\varphi_c}{\tan\beta[1 + \tan\beta(\tan\varphi_c - \tan\theta) + \tan\varphi_c\tan\theta]} \qquad (8.2.5-4)$$

表8.2.5 各级围岩的 θ 值

围岩级别	Ⅰ、Ⅱ、Ⅲ	Ⅳ	Ⅴ	Ⅵ
θ 值	$0.9\varphi_c$	$(0.7~0.9)\varphi_c$	$(0.5~0.7)\varphi_c$	$(0.3~0.50)\varphi_c$

β——产生最大推力时的破裂角(°)。

$$\tan\beta = \tan\varphi_c + \sqrt{\frac{(\tan^2\varphi_c + 1)\tan\varphi_c}{\tan\varphi_c - \tan\theta}} \tag{8.2.5-5}$$

(2)侧向压力：

$$e_i = \gamma h_i \lambda \tag{8.2.5-6}$$

式中：h_i——内外侧任意点到地面的距离(m)；

γ、λ——同式(8.2.5-3)。

8.2.6 浅埋偏压单洞隧道围岩压力可按以下方法计算(图8.2.6)：

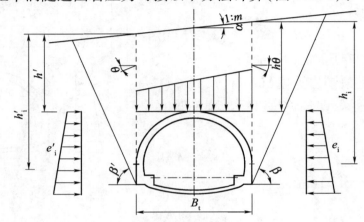

图8.2.6 偏压隧道围岩荷载分布示意图

1 垂直压力

$$Q = \frac{\gamma}{2}[(h + h')B_t - (\lambda h^2 + \lambda' h'^2)\tan\theta] \tag{8.2.6-1}$$

式中：h、h'——内、外侧由拱顶水平面至地面的高度(m)；

γ——隧道上覆围岩重度(kN/m^3)；

B_t——隧道开挖跨度(m)；

λ、λ'——内、外侧的侧压力系数,由下式计算：

$$\lambda = \frac{1}{\tan\beta - \tan\alpha} \times \frac{\tan\beta - \tan\varphi_c}{1 + \tan\beta(\tan\varphi_c - \tan\theta) + \tan\varphi_c\tan\theta}$$

$$\lambda' = \frac{1}{\tan\beta' + \tan\alpha} \times \frac{\tan\beta' - \tan\varphi_c}{1 + \tan\beta'(\tan\varphi_c - \tan\theta) + \tan\varphi_c\tan\theta} \tag{8.2.6-2}$$

β、β'——内、外侧产生最大推力时的破裂角(°),由下式计算：

$$\tan\beta = \tan\varphi_c + \sqrt{\frac{(\tan^2\varphi_c + 1)(\tan\varphi_c - \tan\alpha)}{\tan\varphi_c - \tan\theta}}$$

$$\tan\beta' = \tan\varphi_c + \sqrt{\frac{(\tan^2\varphi_c + 1)(\tan\varphi_c + \tan\alpha)}{\tan\varphi_c - \tan\theta}} \tag{8.2.6-3}$$

α——地面坡坡角(°)。

2 侧向压力

内侧 $e_i = \gamma h_i \lambda$

外侧 $e'_i = \gamma h'_i \lambda'$ (8.2.6-4)

式中：h_i、h'_i——内、外侧任意一点 i 至地面的距离(m)；

γ——隧道上覆围岩重度(kN/m³)；

λ、λ'——同式(8.2.6-1)。

8.3 连拱隧道围岩松散压力

8.3.1 连拱隧道深埋或浅埋一般可根据荷载等效高度值，并结合地质条件、施工方法等因素按式(8.3.1-1)综合判定。

$$H_p = (2 \sim 2.5) h_q \quad (8.3.1\text{-}1)$$

$$h_q = h_{q1} + h_{q2} \quad (8.3.1\text{-}2)$$

式中：H_p——连拱隧道深浅埋分界深度(m)；

h_q——拱部内侧荷载的等效高度(m)；

h_{q1}——拱部基本垂直围岩压力荷载等效高度(m)，按式(8.3.2-1)计算；

h_{q2}——拱部附加垂直围岩压力荷载内侧等效高度(m)，按式(8.3.2-2)计算。

8.3.2 深埋连拱隧道围岩压力包括以下部分(图8.3.2)：

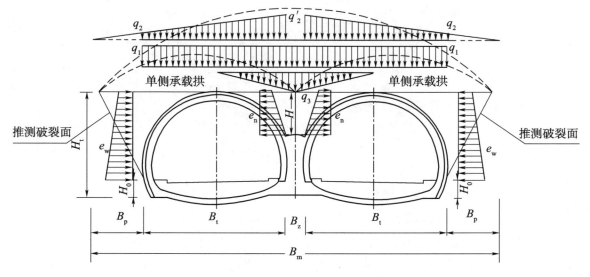

图8.3.2 深埋连拱隧道荷载分布图

(1)拱部基本围岩垂直压力：由单侧洞室形成的稳定承载拱下部的围岩压力，为均布荷载。

(2)拱部附加围岩垂直压力：左右洞室共同形成的极限承载拱下部松散岩体压力减去基本松散岩体及中隔墙顶预支撑围岩压力后的荷载。

(3) 中隔墙顶松散围岩垂直压力：左右洞拱顶至中隔墙顶之间松散岩体形成的分布荷载。

(4) 中隔墙顶附加围岩垂直压力：中隔墙对上部松散土体的支撑力。

(5) 侧向围岩压力。

1　拱部基本围岩垂直压力

$$q_1 = \gamma \times h_{q1} = \frac{\gamma B_m}{4f_{kp}} \tag{8.3.2-1}$$

2　拱部附加围岩垂直压力

拱部外侧
$$q_2 = \gamma \times h_{q2} = \frac{2\gamma B_p}{3f_{kp}} - \frac{4B_p G_z}{B_m^2} \tag{8.3.2-2}$$

拱部内侧
$$q_2' = \gamma \times h_{q2}' = \frac{\gamma B_m}{3f_{kp}} - \frac{2G_z}{B_m} \tag{8.3.2-3}$$

3　中隔墙顶松散围岩垂直压力

$$q_3 = \gamma H \tag{8.3.2-4}$$

4　中隔墙顶附加围岩垂直压力

$$q_z = \min\left(P_s, \frac{G_z}{B_z}\right) = \min\left(\frac{R_s^B}{K_s}, \frac{\gamma B_m H_t}{B_z}\right) \tag{8.3.2-5}$$

以上式中：B_m——整个连拱隧道平衡拱跨度（m）；

$$B_m = 2B_t + 2B_p + B_z$$

B_t——单侧隧道的开挖宽度（m）；

B_p——侧边破裂面在水平面上的投影宽度（m），可按下式计算：

$$B_p = (H_t - H_0)\tan\left(45° - \frac{\varphi_c}{2}\right) \tag{8.3.2-6}$$

G_z——附加荷载的总重量，可按下式计算：

$$G_z = \frac{\gamma B_m^2}{6f_{kp}} \tag{8.3.2-7}$$

P_s——中隔墙顶岩体的承载能力（kPa）；

γ——拱顶附近岩体的计算重度（kN/m³）；

H_t——隧道开挖高度（m）；

H——隧道中隔墙顶到隧道拱顶之间的距离（m）；

H_0——隧道基础至破裂面起始点的高度（m）；

f_{kp}——普氏围岩坚固系数（似摩擦系数），可按式（8.2.3-4）计算；

R_s^B——中隔墙顶岩体的设计抗压强度（MPa）；

K_s——中隔墙对上部岩体支撑能力的安全系数；

B_z——中隔墙的厚度（m）。

5 侧向围岩压力

1）作用在衬砌外侧拱部及边墙的侧向压力荷载 e_w 为：

破裂面以上 $\quad e_{wi} = \lambda(q_1 + q_2 + \gamma h_i)$

破裂面以下 $\quad e_w = 0$ （8.3.2-8）

2）内侧拱部水平方向土压力荷载 e_{ni} 为：

$$e_{ni} = \lambda(q_1 + q_2' + q_3^i) \quad (8.3.2\text{-}9)$$

式中：h_i——计算点到拱顶的距离（m）；

λ——侧压力系数，按朗金公式计算；

$$\lambda = \tan^2\left(45° - \frac{\varphi_c}{2}\right) \quad (8.3.2\text{-}10)$$

q_1、q_2、q_2'——如图 8.3.2 所示；

φ_c——围岩计算摩擦角（°）；

q_3^i——计算点 q_3 荷载的大小。

8.3.3 浅埋无偏压连拱隧道的围岩压力可按以下方法计算：

1 埋深 H 小于或等于等效荷载高度 h_q（图 8.3.3）

1）垂直压力：

$$\left.\begin{array}{l} q = \gamma H \\ q_z = \gamma(H_1 - H) \end{array}\right\} \quad (8.3.3\text{-}1)$$

式中：q——隧道垂直均布压力（kN/m²）；

q_z——中隔墙与两侧拱肩所夹三角形荷载最大值（kN/m²）；

γ——围岩重度（kN/m³）；

H_1——中隔墙顶到地面的距离（m）；

H——隧道埋深，指隧道顶部至地面的距离（m）。

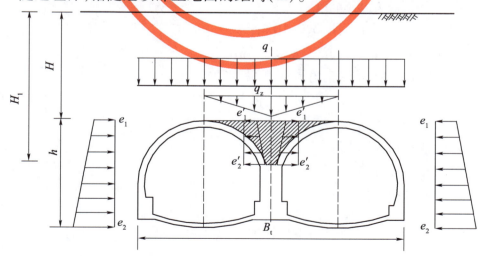

图 8.3.3　连拱隧道荷载分布示意图

2) 侧向压力：

$$e_1 = \gamma H \tan^2\left(45° - \frac{\varphi_c}{2}\right) \\ e_2 = \gamma(H+h)\tan^2\left(45° - \frac{\varphi_c}{2}\right)\right\} \quad (8.3.3\text{-}2)$$

式中：e_1、e_2——隧道拱顶与底部的侧向压力；
γ——围岩重度（kN/m^3）；
H——隧道埋深，指隧道顶部至地面的距离（m）；
h——隧道开挖高度（m）；
φ_c——围岩计算摩擦角（°）。

3) 作用在中隔墙两侧衬砌上的水平围岩压力：

$$e'_1 = q\tan^2\left(45° - \frac{\varphi_c}{2}\right) \\ e'_2 = (q+q_z)\tan^2\left(45° - \frac{\varphi_c}{2}\right)\right\} \quad (8.3.3\text{-}3)$$

式中：e'_1、e'_2、q、q_z——如图 8.3.3 所示；
φ_c——围岩计算摩擦角（°）。

2　埋深 H 大于 h_q、小于 H_p（图 8.3.3）

1) 垂直压力：

$$q = \gamma H\left(1 - \frac{H}{B_t}\lambda\tan\theta\right) \quad (8.3.3\text{-}4)$$

式中：q——隧道垂直压力（kN/m^2）；
γ——隧道上覆围岩重度（kN/m^3）；
H——隧道埋深，指隧道顶部至地面的距离（m）。
B_t——连拱隧道总宽度（m）；
λ——侧压力系数，同式（8.3.2-10）；
θ——滑面的摩擦角（°），按表 8.2.5 确定。

2) 中隔墙与两侧拱肩所夹三角形荷载最大值：

$$q_z = \gamma(H_1 - H) \quad (8.3.3\text{-}5)$$

式中：q_z——同（8.3.3-1）；
γ——围岩重度（kN/m^3）；
H、H_1——如图 8.3.3 所示。

3) 隧道两侧水平围岩压力：

$$e_1 = q\tan^2\left(45° - \frac{\varphi_c}{2}\right) \\ e_2 = (q+\gamma h)\tan^2\left(45° - \frac{\varphi_c}{2}\right)\right\} \quad (8.3.3\text{-}6)$$

式中：h——隧道开挖高度(m)；
　　　γ——围岩重度(kN/m³)；
　　　φ_c——围岩计算摩擦角(°)；
q、e_1、e_2——如图8.3.3所示。

4）作用在衬砌上的中隔墙两侧水平围岩压力：

$$\left.\begin{array}{l} e'_1 = q\tan^2\left(45° - \dfrac{\varphi_c}{2}\right) \\ e'_2 = (q + q_z)\tan^2\left(45° - \dfrac{\varphi_c}{2}\right) \end{array}\right\} \quad (8.3.3-7)$$

式中符号如图8.3.3所示。

8.3.4 浅埋偏压连拱隧道围岩压力可按以下方法计算(图8.3.4)：

1　垂直压力

$$Q = \frac{\gamma}{2}\left[(h + h')B_t - (\lambda h^2 + \lambda' h'^2)\tan\theta\right] \quad (8.3.4-1)$$

式中：h、h'——内、外侧由拱顶水平面至地面的高度(m)；
　　　B_t——连拱隧道总宽度(m)；
　　　γ——隧道上覆围岩重度(kN/m³)；
　　　θ——顶板土柱两侧摩擦角(°)，可按表8.2.5确定；
λ、λ'——内、外侧的侧压力系数，同单洞偏压隧道。

2　偏压隧道水平侧压力

内侧　　　　　　　　　　$e_i = \gamma h_i \lambda$ 　　　　　　　(8.3.4-2)
外侧　　　　　　　　　　$e'_i = \gamma h'_i \lambda'$ 　　　　　　　(8.3.4-3)

式中：h_i、h'_i——内、外侧任一点i至地面的距离(m)；
　　e_i、e'_i——内、外侧偏压隧道水平侧压力(kN/m²)；
　　　γ——围岩重度(kN/m³)；
λ、λ'——同式(8.3.4-1)。

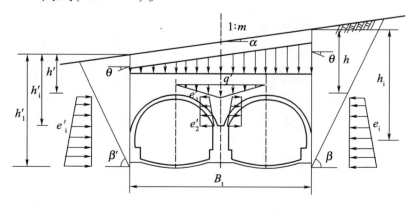

图8.3.4　偏压连拱隧道荷载示意图

8.4 小净距隧道围岩松散压力

8.4.1 小净距隧道深埋与浅埋的判定可根据荷载等效高度值,并结合地质条件、施工方法等因素,按式(8.4.1-1)及式(8.4.1-2)判定:

$$H_p = (2 \sim 2.5) h_q \quad (8.4.1\text{-}1)$$

$$h_q = h_{q1} + h'_{q2} \quad (8.4.1\text{-}2)$$

式中:H_p——小净距隧道深浅埋隧洞分界深度(m);

h_q——深埋小净距隧道拱部内侧围岩垂直压力的荷载等效高度(m);

h_{q1}——深埋小净距隧道基本围岩垂直压力的荷载等效高度(m),按式(8.4.2-2)计算;

h'_{q2}——深埋小净距隧道内侧附加围岩垂直压力的荷载等效高度(m),按式(8.4.2-2)计算。

8.4.2 深埋小净距隧道的围岩压力由以下几部分组成:

(1)基本松散压力 q_1:单侧洞室形成的稳定平衡拱下部的围岩压力,计算时可视为均布荷载;

(2)附加松散压力 q_2:左右洞室共同形成的极限平衡拱下部围岩松散压力减去基本松散压力及中岩墙体承担的上部围岩压力后的荷载,假定其为梯形分布荷载。

深埋小净距隧道的围岩压力可按以下方法计算(图 8.4.2-1 ~ 图 8.4.2-3):

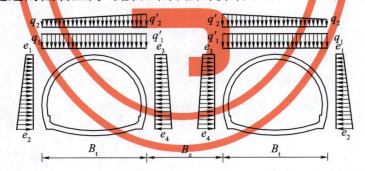

图 8.4.2-1 小净距隧道荷载分布示意图

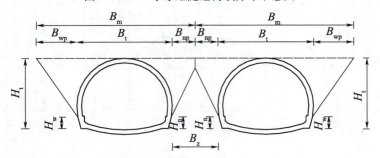

图 8.4.2-2 小净距隧道荷载计算示意图($B_{zp} = 0$)

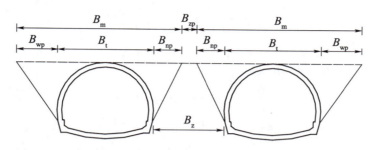

图 8.4.2-3　小净距隧道荷载计算示意图（$B_{zp}>0$）

1　垂直压力

垂直压力由基本松散压力 q_1 和附加松散压力 q_2 组成，可按下列公式计算：

外侧　　　　　　　　　$q_{外} = q_1 + q_2 = \gamma(h_{q1} + h_{q2})$

内侧　　　　　　　　　$q_{内} = q_1 + q_2' = \gamma(h_{q1} + h_{q2}')$ 　　　　　（8.4.2-1）

$$\left. \begin{aligned} h_{q1} &= \frac{1}{2}\frac{B_m}{f_{kp}} \\ h_{q2} &= \left(\frac{2}{3}\frac{B_m}{f_{kp}} - \frac{P_z}{\gamma B_m}\right)\frac{B_{wp}}{B_m} \\ h_{q2}' &= \left(\frac{2}{3}\frac{B_m}{f_{kp}} - \frac{P_z}{\gamma B_m}\right)\frac{B_{wp}+B_t}{B_m} \end{aligned} \right\} \quad (8.4.2\text{-}2)$$

当 $h_{q2} \leqslant 0$ 时，$h_{q2}=0$；当 $h_{q2}' \leqslant 0$ 时，$h_{q2}'=0$。

式中：q_1——小净距隧道的基本垂直压力荷载（kPa）；

q_2——小净距隧道的附加垂直压力荷载（kPa）；

B_{wp}——外侧边破裂面在水平方向的投影长度（m），可按式（8.4.2-3）计算；

$$B_{wp} = (H_t - H_w)\tan\left(45° - \frac{1}{2}\varphi_c\right) \quad (8.4.2\text{-}3)$$

f_{kp}——普氏围岩坚固系数（似摩擦系数）；

B_{np}——内侧边破裂面在水平方向的投影长度（m）；

$$B_{np} = \max\left[\frac{1}{2}B_z,\ (H_t - H_n)\tan\left(45° - \frac{\varphi_c}{2}\right)\right]$$

γ——围岩重度（kN/m³）；

B_m——小净距隧道单侧洞室可能坍塌的宽度，按式（8.4.2-4）计算；

$$B_m = B_t + B_{wp} + B_{np} \quad (8.4.2\text{-}4)$$

B_t——单侧隧道的开挖宽度（m）；

H_w——洞室外侧破裂面与侧边开挖轮廓线交点的高度（m）；

H_n——洞室内侧破裂面在边墙上起始的高度（m），可取预应力加固区顶点；

P_z——中夹岩柱对上部岩体的支撑力。

2　两侧水平压力

当围岩质量较好（Ⅰ～Ⅲ级）时

外侧　　　　　　　　　　　$e_{1\sim2}^i = \lambda_w(q_1 + q_2)$ 　　　　　　　　　　(8.4.2-5)

内侧　　　　　　　　　　　$e_{3\sim4}^i = \lambda_n(q_1 + q_2')$

当围岩质量较差（Ⅳ～Ⅵ级）时

外侧　　　　　　　　　　　$e_{1\sim2}^i = \lambda_w(q_1 + q_2 + \gamma h_i)$ 　　　　　　　　(8.4.2-6)

内侧　　　　　　　　　　　$e_{3\sim4}^i = \lambda_n(q_1 + q_2' + \gamma h_i)$

式中：$e_{1\sim2}^i$——外侧拱部及边墙任意点水平方向土压力（kPa）；

　　　$e_{3\sim4}^i$——内侧拱部及边墙任意点水平方向土压力（kPa）；

　　　h_i——计算点到拱顶的距离（m）；

　　λ_n、λ_w——内、外侧压力系数；

q_1、q_2、q_2'——如图 8.4.2-1 所示。

8.4.3　浅埋无偏压小净距隧道的围岩压力可按以下方法计算：

1　当小净距处于以下两种状态时，作用于隧道的均布垂直压力及侧向围岩压力与单洞隧道计算方法一致：

1）隧道埋深小于 H_q；

2）隧道埋深大于 H_q、小于或等于 H_p 时，但破裂面交点位于地表及以上。

2　当小净距隧道埋深 H 大于 H_q、小于或等于 H_p，且地表面接近水平，破裂面交点位于地表以下时（图 8.4.3）：

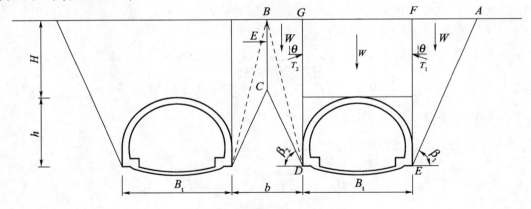

图 8.4.3　假定滑动面示意图

1）垂直压力：

外侧　　　　　　　　　　　$q_1 = \gamma h\left(1 - \dfrac{\lambda_1 H \tan\theta}{B_t}\right)$ 　　　　　　　(8.4.3-1)

内侧　　　　　　　　　　　$q_2 = \gamma h\left(1 - \dfrac{\lambda_2 H \tan\theta}{B_t}\right)$ 　　　　　　　(8.4.3-2)

$$\lambda_1 = \dfrac{\tan\beta - \tan\varphi_c}{\tan\beta[1 + \tan\beta(\tan\varphi_c - \tan\theta) + \tan\varphi_c \tan\theta]}$$ 　　(8.4.3-3)

$$\lambda_2 = \dfrac{D}{2} \times \dfrac{\gamma(2H - 0.5D\tan\beta)\sin(\beta - \varphi_c)\cos\theta}{H^2 \cos(\theta + \beta - \varphi_c)}$$ 　　(8.4.3-4)

$$\tan\beta = \tan\varphi_c + \sqrt{\frac{(\tan^2\varphi_c + 1)\tan\varphi_c}{\tan\varphi_c - \tan\theta}} \qquad (8.4.3\text{-}5)$$

2）水平压力：

当围岩质量较好（Ⅰ～Ⅲ级）时

外侧 $\qquad e_{1i} = \lambda_1 q_1 \qquad (8.4.3\text{-}6)$

内侧 $\qquad e_{2i} = \lambda_2 q_2 \qquad (8.4.3\text{-}7)$

当围岩质量较差（Ⅳ～Ⅵ级）时

外侧 $\qquad e_{1i} = \lambda_1(q_1 + \gamma h_i) \qquad (8.4.3\text{-}8)$

内侧 $\qquad e_{2i} = \lambda_2(q_2 + \lambda h_i) \qquad (8.4.3\text{-}9)$

以上式中：B_t——隧道宽度（m）；

γ——围岩重度（kN/m^3）；

h_i——计算点到拱顶的垂直距离（m）；

θ——顶板土柱两侧摩擦角（°），无资料时可按表8.2.5的规定采用；

λ_1、λ_2——外、内侧压力系数；

β——侧边产生最大推力时的破裂角（°）；

φ_c——围岩计算摩擦角（°）；

其余符号如图8.4.3所示。

8.4.4 浅埋偏压小净距隧道围岩压力可按以下方法计算：

1 地面横坡偏斜，隧道埋深小于 H_q、或隧道埋深大于 H_q、小于或等于 H_p，且破裂面交点位于地表及以上时，其垂直压力及两侧水平压力可采用单洞隧道的计算方法。

2 地面横坡偏斜，隧道埋深 H 大于 H_q、小于或等于 H_p，且破裂面交点位于地表以下时，按下列公式计算：

1）垂直压力：

$$q_i = \gamma h_i = \frac{\gamma \tan\theta(\lambda_1 h_1^2 + \lambda_2 h_2^2)}{2B_t} \quad (i = 1、2) \qquad (8.4.4\text{-}1)$$

$$q_i = \gamma h_i = \frac{\gamma \tan\theta(\lambda_3 h_3^2 + \lambda_4 h_4^2)}{2B_t} \quad (i = 3、4) \qquad (8.4.4\text{-}2)$$

$$\lambda_1 = \frac{1}{\tan\beta_1 + \tan\alpha} \times \frac{\tan\beta_1 - \tan\varphi_c}{1 + \tan\beta_1(\tan\varphi_c - \tan\theta) + \tan\varphi_c\tan\theta}$$

$$\lambda_2 = \frac{1}{\tan\beta_2 + \tan\alpha} \times \frac{\tan\beta_2 - \tan\varphi_c}{1 + \tan\beta_2(\tan\varphi_c - \tan\theta) + \tan\varphi_c\tan\theta}$$

$$\lambda_3 = \frac{1}{\tan\beta_3 + \tan\alpha} \times \frac{\tan\beta_3 - \tan\varphi_c}{1 + \tan\beta_3(\tan\varphi_c - \tan\theta) + \tan\varphi_c\tan\theta}$$

$$\lambda_4 = \frac{1}{\tan\beta_4 + \tan\alpha} \times \frac{\tan\beta_4 - \tan\varphi_c}{1 + \tan\beta_4(\tan\varphi_c - \tan\theta) + \tan\varphi_c\tan\theta}$$

$$\tan\beta_1 = \tan\varphi_c + \sqrt{\frac{(\tan^2\varphi_c + 1)(\tan\varphi_c + \tan\alpha)}{\tan\varphi_c - \tan\theta}}$$

$$\tan\beta_4 = \tan\varphi_c + \sqrt{\frac{(\tan^2\varphi_c + 1)(\tan\varphi_c - \tan\alpha)}{\tan\varphi_c - \tan\theta}}$$

$$\tan\beta_3 = \tan\beta_2 = \frac{h'_2 + h'_3}{D}$$

式中：q_1、q_2、q_3、q_4——左洞左侧、左洞右侧、右洞左侧、右洞右侧垂直压力；

λ_1、λ_2、λ_3、λ_4——左洞左侧、左洞右侧、右洞左侧、右洞右侧土压力系数；

β_1、β_2、β_3、β_4——左洞左侧、左洞右侧、右洞左侧、右洞右侧破裂面与水平面夹角；

其余符号如图 8.4.4 所示。

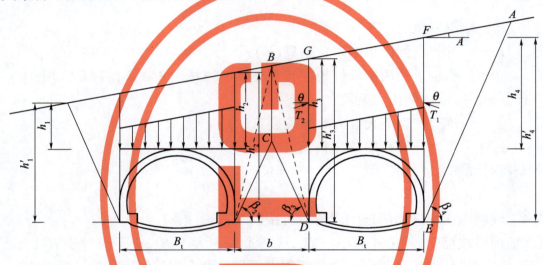

图 8.4.4　偏压小净距隧道荷载计算简图

2）水平分布压力：

$$e_i = \lambda_i \gamma h_i \quad (i = 1、2、3、4) \quad (8.4.4-3)$$
$$e'_i = \lambda_i \gamma h'_i \quad (i = 1、2、3、4) \quad (8.4.4-4)$$

式中：e_i——左洞左侧、左洞右侧、右洞左侧、右洞右侧顶围岩水平压力；

e'_i——左洞左侧、左洞右侧、右洞左侧、右洞右侧底部围岩水平压力；

h_i、h'_i——如图 8.4.4 所示；

λ_i——同式(8.4.4-1)、式(8.4.4-2)。

8.5　深埋隧道围岩的形变压力

8.5.1　当隧道的围岩抗压强度与初始地应力的比值（围岩强度应力比）为式(8.5.1-1)或(8.5.1-2)两种情况时，应考虑围岩对支护结构的形变压力。

$$R_b > 30\text{MPa 时}, R_b/R_s \leq 4 \quad (8.5.1-1)$$
$$R_b \leq 30\text{MPa 时}, R_b/R_s \leq 6 \quad (8.5.1-2)$$

式中：R_s——隧道附近垂直于隧道轴线的最大初始地应力（MPa）。

8.5.2 深埋单洞隧道形变压力可采用以下方法计算(图8.5.2):

图8.5.2 深埋单洞隧道形变压力计算简图

1 当洞室为圆形断面时,作用于衬砌上任意一点的围岩形变压力为:

$$P_i = [(P_0 + c \cdot \cot\varphi)(1 - \sin\varphi)]\left(\frac{a}{R}\right)^{\frac{2\sin\varphi}{1-\sin\varphi}} - c \cdot \cot\varphi \tag{8.5.2-1}$$

式中:P_i——作用与衬砌上任意一点的形变压力(kPa);

P_0——洞室深埋处原始地应力(kPa);

c——围岩的黏聚力(kPa);

φ——围岩体内摩擦角(°);

a——洞室开挖半径(m);

R——洞室开挖后形成的塑性区半径(m)。

2 当洞室接近圆形断面时,可以直接将开挖跨度或开挖高度作为拟合断面的直径,采用式(8.5.2-1)计算。

3 当洞室断面与圆形断面差异较大时,可以采用开挖断面的最小外接圆作为拟合断面,采用式(8.5.2-1)计算。

4 当洞室在双向不等压状态下,洞室周围的地层将出现椭圆形的塑性区,在塑性区以外的地层逐渐趋于均匀,此时可将不等压受力状态近似折算为双向等压状态,可采用式(8.5.2-2)调整原始地应力:

$$P'_0 = \frac{1+\lambda}{2}P_0 \tag{8.5.2-2}$$

式中:λ——初始水平应力与垂直应力的比值;

P'_0——换算地应力(kPa)。

8.5.3 根据施工过程中对洞室周边位移的监控量测结果,可按式(8.5.3)计算围岩形变压力:

$$P_i = \frac{\delta_i K_{si} K_{li}}{K_{si} + K_{li}} \tag{8.5.3}$$

式中：P_i——计算点处二次衬砌上的形变压力（kPa）；
δ_i——计算点从二次衬砌施作至结构设计基准期内的总变形量（m），应减除防水层及无纺布的变形量、结构基础沉降或滑移量；
K_{si}——计算点附近二次衬砌径向形变刚度（kPa/m）；
K_{li}——计算点附近外围岩体及初期支护的径向形变刚度（kPa/m）。

9 隧道支护的地层—结构计算方法

9.1 一般规定

9.1.1 采用地层—结构法进行设计计算时,应符合以下规定:
1 计算范围应同时包含支护结构和地层围岩。
2 计算过程中应考虑施工开挖步骤的影响。
3 应对施工阶段及使用阶段的围岩与支护结构进行检算。
4 应同时检验围岩的稳定性和支护结构的受力状态。
5 初期支护和围岩局部可处于弹塑性受力状态,但应能保持整体体系稳定。
6 二次衬砌结构应处于弹性受力状态,或经论证可保持稳定的弹塑性受力状态。

9.1.2 在具有一定自支承能力的围岩中建造的隧道,可采用地层—结构法对洞室及支护结构的稳定性进行分析计算,其适应范围可参考表9.1.2确定。

表 9.1.2 地层—结构法适用范围

围岩级别	双车道隧道	三车道隧道	连拱隧道	小净距隧道
Ⅰ、Ⅱ	※	※	※	※
Ⅲ	※	★	★	★
Ⅳ	★	★	★	★
Ⅴ	●	●	●	●
Ⅵ	○	○	○	○

注:※表示可采用本方法计算,但一般情况下不必计算;★表示宜采用本方法计算;●表示可采用本方法,更宜采用荷载—结构法;○表示不宜用本方法进行隧道衬砌结构的设计计算。

9.1.3 地层—结构计算方法的荷载应符合如下原则:
1 围岩压力应为释放荷载。
2 对可能同时出现在隧道结构上的荷载,应按规定的原则进行组合,并按最不利荷载组合进行计算。
3 释放荷载应按当前地应力(不一定是初始地应力)计算。各类影响因素,可根据施工开挖步骤和支护施作时机等,设定相应的荷载释放过程。
4 在初期支护计算过程中,较好的围岩可采用较大的释放荷载分担比,使初期支护和围岩承受较大的荷载,结构产生较小的变形;较差的围岩则相反。

5 当初期支护和二次衬砌设定不同的释放荷载分担比时,可通过设定相应的荷载释放过程实现。

9.2 隧道施工开挖过程的模拟

9.2.1 隧道施工开挖过程的模拟计算,可按施工开挖步骤,在开挖边界上逐步施加释放荷载来实现。模拟过程中应符合以下规定:

1 开挖边界应根据施工方案确定,释放荷载应根据前一开挖步骤完成时的地应力计算。

2 隧道施工开挖中,释放荷载的作用效应与计算断面的位置、围岩材料的性态、施工开挖方法、支护施作时间等有关,开挖效应的计算应能体现这些因素的影响。

3 荷载释放过程的确定除应综合考虑各类因素的影响外,尚应使围岩和支护结构的受力状态满足对释放荷载分担比预定的设计要求。

4 围岩最终应力和支护结构的内力,可由增量法叠加求得,其中围岩应力尚应叠加初始应力。

9.2.2 模拟过程中可在洞周施加与当前围岩应力大小相等、方向相反的释放荷载。在未经扰动的岩体中开挖隧道时,当前围岩应力即为初始地应力;在已扰动过的岩体中开挖隧道时,当前围岩应力为围岩本开挖步骤的应力。

释放荷载可采用单元应力法、绕结点平均法或 Mana 法计算。其中,Mana 法因在建立算法时对边界结点间围岩应力场变化规律的假设与有限单元法相同,故宜优先采用。

9.2.3 初始地应力可采用水压致裂法、钻孔应力法、位移反分析法和回归分析法等方法确定,宜将多种方法结合使用,准确地把握地应力分布规律。

1 水压致裂法通过测量垂直钻孔的孔壁开始出现张裂缝时的破裂水压力和在水泵停开后使水压裂缝保持张开状态所必需的封井压力,得出初始地应力值。该法适用于测量深层岩体的地应力,初始地应力的一个主应力为垂直应力的情况,测得的地应力即为测点的初始地应力。

2 钻孔应力法通过量测套芯应力解除前后钻孔孔径的变化,确定初始地应力。钻孔深度超过扰动影响区时,测得的地应力即为测点的初始地应力。该法适用于测点范围内岩性均匀,且岩芯无大的裂隙通过的情况。

3 位移反分析法利用在工程现场测得的由开挖扰动引起的位移量,通过分析计算,确定初始地应力。

4 回归分析法利用散布在工程所在区域内的数个地点的初始地应力实测值,采用数理统计方法通过优化过程反演确定区域范围内的初始地应力场的分布规律,从而得出工程建设地点的初始地应力的估计值。

9.2.4 在进行隧道施工开挖过程模拟计算时,可采用荷载释放系数模拟洞周初始应力在空间及时间上的作用效应。荷载释放系数应充分反映每个施工开挖步骤内开挖面的空间作用效应,且应反映支护施作时间的影响。

9.2.5 各开挖步骤承载阶段的荷载释放系数之和即为合荷载释放系数。在Ⅲ、Ⅳ、Ⅴ级围岩中,合荷载释放系数可按表9.2.5的规定采用。

表9.2.5 合荷载释放系数建议值(%)

围岩级别		围岩	围岩+初期支护	围岩+初期支护+二次衬砌
Ⅲ		50~70	50~30	0
Ⅳ		30~40	25~35	45~25
Ⅴ	初期支护	5~10	60~75	35~15
	二次衬砌	5~10	10~30	85~60

9.2.6 Ⅴ级和Ⅴ级以上的围岩采用复合式支护建造公路隧道时,设计计算应确定合适的释放荷载分担比,保证支护结构和围岩组成联合受力的整体,共同承受释放荷载的作用。确定释放荷载分担比时,应符合以下规定:

1 围岩、初期支护及二次衬砌的释放荷载分担比之和不应小于100%。

2 Ⅰ~Ⅲ级围岩地段的隧道,围岩形成的荷载应100%由围岩与初期支护承担,二次衬砌的荷载分担比理论上可为0。为保证工程的可靠度,其承担比例宜达到5%~10%。

3 Ⅳ~Ⅴ级围岩地段的隧道,围岩及初期支护的释放荷载分担比应能确保工程施工的安全,二次衬砌的分担比应能保证支护结构的永久安全性。

4 双车道隧道,释放荷载分担比可采用表9.2.6的规定。

表9.2.6 双车道隧道释放荷载分担比建议值

围岩级别	分担比(%)		
	围岩	初期支护	二次衬砌
Ⅲ	70~80	30~20	10
Ⅳ	60~80		40~20
Ⅴ	20~40		80~60

注:(1)本表提出的比例适用于双车道公路隧道,也可供其他类型的公路隧道参考使用。

(2)对于同一级围岩,当岩性较好时,围岩+初期支护的荷载分担比宜取较大值,二次衬砌宜取较小值;岩性较差时则相反。

9.2.7 采用地层—结构法对公路隧道进行分析计算时,应按使用阶段的计算和施工阶段的验算分别组合。采用地层—结构法计算时,使用阶段计算的荷载组合,包括结构自重、附加恒载、释放荷载、混凝土收缩和徐变力、水压力及其他可能存在的可变荷载和偶然荷载;施工阶段验算的荷载组合,除包括结构自重和释放荷载等之外,还应计入施工荷载的作用。

9.3 地层—结构法计算

9.3.1 采用地层—结构法对隧道施工开挖过程进行计算时,应选用与围岩地层及支护结构材料的受力变形特征相适应的本构模型。

岩土材料的本构模型可选用线弹性模型、非线性弹性模型、弹塑性模型、黏弹性模型、弹黏塑性模型及节理模型等。其中最常采用的围岩材料本构模型是线弹性模型、黏弹性模型和弹塑性模型。

9.3.2 隧道支护结构中的钢筋材料应采用弹性变形状态设计,喷射混凝土作为初期支护时允许进入塑性受力状态,用作内衬结构的喷射混凝土和混凝土材料均宜处于弹性受力状态。经论证认为支护结构体系可保持稳定时,局部构件结构材料也可处于弹塑性受力状态。当允许结构材料进入塑性状态时,本构模型宜采用理想弹塑性模型,否则应采用各向同性弹性模型或各向异性弹性模型。

材料本构模型参数应通过室内试验测定;当缺乏试验资料时,可根据本细则第6.4节的规定选取,特殊项目可通过位移反分析方法反演识别材料性态参数。

9.3.3 采用有限单元法对隧道支护结构进行计算时,计算区域的左右边界应在离相邻侧隧道毛洞壁面的距离达3~5倍以上毛洞跨度的位置上设置,下部边界离隧道毛洞底面的距离应为隧道毛洞高度的3~5倍以上,上部边界宜取至地表。

计算初始自重应力和开挖效应时,左右边界为受水平向位移约束的边界,底部边界为受垂直向位移约束的边界,上部边界为自由变形边界。计算初始构造应力时,左右边界之一改为受初始构造应力作用的自由变形边界。

计算自重应力场时,作用荷载为各单元的自重;计算初始构造应力场时,作用荷载为作用在计算区域垂直边界一侧的初始构造应力;计算开挖效应时,作用荷载为沿开挖轮廓线分布的释放荷载。

9.3.4 采用有限单元法计算时,岩土介质和支护结构可离散为仅在结点相连的单元,荷载移置于结点,利用插值函数建立位移模式和确定边界条件后,由矩阵位移法方程求解结点位移,并据此计算岩土介质的应力和位移,及支护结构的内力,计算时尚应符合以下规定:

 1 围岩地层和支护结构均被离散为仅在结点相连的单元。
 2 锚杆可离散为杆单元,或提高加固区围岩的 c、φ 值计入锚杆作用效应的影响。
 3 喷射混凝土可采用梁单元或四边形等参数单元近似模拟。
 4 钢拱架与格栅拱可不单独划分单元,其作用可通过提高喷射混凝土层的强度指标近似模拟。

5 超前管棚支护的作用效应可通过提高地层 c、φ 值近似模拟。

9.3.5 采用矩阵位移法计算时,取用的基本未知数是单元结点的位移。对弹性问题的分析,将作用在结点上的外荷载以 $\{R\}$ 表示,结点位移以 $\{\delta\}$ 表示,刚度以 $[K]$ 表示。其基本方程为式(9.3.5-1)。

$$[K]\{\delta\} = \{R\} \tag{9.3.5-1}$$

当岩体介质与支护结构材料本构模型的特征呈非线性性态时,本构模型曲线需分段线性化,应力应变关系宜用增量形式表示。相应的基本方程为式(9.3.5-2)。

$$[K(\delta)]\{\Delta\delta\} = \{\Delta R\} \tag{9.3.5-2}$$

式中:$\{\Delta\delta\}$——结点位移的增量;
$\{\Delta R\}$——结点荷载的增量;
$[K(\delta)]$——刚度矩阵,矩阵元素的量值与变形有关。

9.3.6 采用荷载增量初应变法进行隧道模拟计算时,可按以下步骤进行:
1 计算岩土体的初始地应力,包括自重应力、构造应力及其合应力。
2 计算当前开挖步骤的开挖释放荷载。
3 按荷载增量步逐级施加开挖释放荷载。
4 对各开挖步骤,可在设定的荷载增量步内施加锚喷支护或衬砌结构。
5 每次施加增量荷载后,先按弹性状态进行计算,得出各单元的应力增量和位移增量。
6 将算得的单元应力增量和位移增量与增量加载前的单元应力、位移分别叠加,计算出增量加载后的单元应力和位移。
7 计算单元主应力。
8 检验岩体单元抗拉强度和抗剪强度是否满足要求。
9 检验节理单元等是否发生受拉或受剪破坏。
10 将各单元中的过量塑性应变等转化为等效结点力,并将其作为附加荷载向量,再次进行迭代计算。
11 转至步骤5,重复步骤5~9的计算过程,直至满足步骤8、9规定的计算要求。
12 转至步骤3,再次施加荷载增量,直到该开挖步加载结束。
13 转至步骤2,直至全部开挖施工步骤结束。
14 输出计算结果。

9.4 隧道稳定性的判别

9.4.1 判定隧道的稳定性,应将洞周是否存在稳定的承载环作为基本条件。洞周承载环可分为如下几种类型:
1 围岩地质条件好,自支承能力强时,洞周围岩可形成稳定的承载环。

2 围岩地质条件较差,自支承能力低,隧道开挖后洞周岩体易坍塌时,由初期支护与围岩共同形成承载环。

3 围岩地质条件极差,围岩基本无自稳能力时,洞周承载环仅由初期支护和二次衬砌组成。

9.4.2 进行隧道稳定性的判别时,应同时检验围岩和结构的工作状态。隧道处于稳定状态时,洞周承载环应处于如下工作状态:

1 洞周围岩自身可起承载环作用的条件是围岩处于弹性变形状态,或在拱圈和两侧边墙部位出现的塑性区互不连通的弹塑性变形状态。

2 当支护结构起承载环作用时,支护结构应处于弹性变形状态,或出现的塑性铰少于 3 个,且均不在同一侧的侧墙上的弹塑性变形状态。

9.4.3 围岩的工作状态可采用德鲁克—普拉格准则(简称 D-P 准则)或莫尔—库仑准则(简称 M-C 准则)检验。

1 采用 D-P 准则判断时,单元应力的屈服条件为:

$$f = \alpha I_1 + \sqrt{J_2} - k = 0 \qquad (9.4.3\text{-}1)$$

$$J_2 = \frac{1}{6}(\sigma_1 - \sigma_2)^2 + (\sigma_2 - \sigma_3)^2 + (\sigma_3 - \sigma_1)^2 \qquad (9.4.3\text{-}2)$$

$$I_1 = \sigma_1 + \sigma_2 + \sigma_3 \qquad (9.4.3\text{-}3)$$

$$\alpha = \frac{\sqrt{3}\sin\varphi}{3\sqrt{3+\sin^2\varphi}} \qquad (9.4.3\text{-}4)$$

$$k = \frac{\sqrt{3}c \cdot \cos\varphi}{\sqrt{3+\sin^2\varphi}} \qquad (9.4.3\text{-}5)$$

2 采用 M-C 准则检验时,单元应力的屈服条件为:

$$f = \frac{\sigma_1 - \sigma_3}{2} - \frac{\sigma_1 + \sigma_3}{2}\sin\varphi - c \cdot \cos\varphi = 0 \qquad (9.4.3\text{-}6)$$

式中: I_1——应力张量第一不变量;

J_2——偏应力张量第二不变量;

f、α、k——D-P 准则参数;

σ_1、σ_2、σ_3——计算点的主应力;

c——围岩的黏聚力;

φ——围岩的内摩擦角。

3 判定围岩屈服条件的黏聚力和内摩擦角等参数应计入系统锚杆加固效应、注浆加固的效应及开挖过程中的松动效应。

9.4.4 对支护结构工作状态的判定应符合以下规定：

1 支护结构应按承载能力极限状态设计，且变形后仍能满足使用功能对净空的要求。

2 对素混凝土衬砌，应检算控制截面的抗压、抗拉强度。

3 对钢筋混凝土结构，应根据本细则第 10 章的规定计算配筋率或进行截面强度校核。

10 隧道支护的荷载—结构计算方法

10.1 一般规定

10.1.1 当隧道支护结构在稳定洞室过程中起主要作用、承担外部荷载较明确、自重荷载可能控制结构强度时,宜采用荷载—结构模型进行内力计算,并对其极限状态进行校核。

明洞结构、棚洞结构、浅埋隧道衬砌结构、Ⅳ~Ⅵ级围岩深埋地段衬砌结构及特殊地质条件下的衬砌结构等,应进行支护结构内力计算及强度校核。

10.1.2 当隧道支护结构采用极限状态法计算时,应按结构承载能力极限状态及正常使用极限状态进行设计。

1 隧道支护结构的承载能力极限状态计算可以采用综合安全系数法或分项安全系数法。

2 隧道支护结构的正常使用极限状态的计算以弹性理论或弹塑性理论为基础,进行如下三项校核:
1) 限制应力。
2) 短期荷载作用下的变形。
3) 荷载组合Ⅱ或组合Ⅲ作用下的裂缝宽度。

在某些情况下,如果根据经验判断,上述三项中的某项能毫无疑问地得到满足,则可只作其他项目的校核,或不进行校核。

10.1.3 隧道结构计算过程中应考虑围岩对结构的弹性抗力作用。弹性抗力作用的范围、分布形式及计算方法等,应根据地质条件、结构形式、回填密实程度以及计算方法等条件确定。

10.1.4 公路隧道采用可靠度设计方法时,隧道结构的目标可靠度指标应符合表10.1.4的规定。

10.1.5 当隧道采用分步开挖方法施工,各部分支护结构需要在较长时间内分步建成时,宜对施工过程中的主要支护构件的安全性进行验算,计算荷载及材料强度可根据设计工序及施工工艺的实际情况确定。

表 10.1.4　公路隧道结构可靠度指标

隧道结构安全等级	可靠度指标 β	
	延性破坏	脆性破坏
一级	4.7	5.2
二级	4.2	4.7
三级	3.7	4.2

注：当对结构安全可靠性及使用年限等方面有特殊要求时，应进行专门研究。

10.1.6 隧道结构在设计基准期内，应具有规定的可靠度，隧道支护结构应保持处于正常设计、正常施工和正常使用状态。

10.2　荷载的分类、计算与组合

10.2.1 作用在隧道支护结构之上的计算荷载应根据其所处的地形条件、地质条件、埋置深度、结构特征和工作条件、施工方法、相邻隧道间距以及周边环境等因素综合确定。

10.2.2 隧道建设环境复杂，施工工序与施工工艺多变，为保证隧道结构的可靠度指标，应采取措施，保证隧道结构的工作模式与设计模式基本一致。对于地质条件复杂的隧道，宜通过实地测量确定荷载大小及分布规律。在隧道建设过程中，如发现结构实际工作条件与设计条件差异较大，应对作用在支护结构之上的荷载进行修正，并重新对结构进行验算。

10.2.3 隧道结构按极限状态计算时，应根据各类荷载可能出现的组合状况分别按满足结构承载能力和满足结构正常使用要求进行检算，并按最不利荷载组合进行设计。作用在隧道结构之上，在结构设计基准期内可能出现的各类荷载，列于表10.2.3。

表 10.2.3　公路隧道荷载分类

编　号	荷载分类	荷　载　名　称
1		围岩形变压力或膨胀压力
2		围岩松散压力
3		结构自重
4		结构附加恒载（装修或设备自重荷载）
5	永久荷载	混凝土收缩和徐变影响力
6		水压力
7		水的浮力
8		结构基础变位影响力
9		地面永久建筑荷载影响力

续上表

编号	荷载分类		荷 载 名 称
10	可变荷载	基本可变荷载	通过隧道的公路车辆荷载、人群荷载(路面)
11			与隧道立交的公路车辆荷载及其产生的冲击力、土压力
12			与隧道立交的铁路荷载及其产生的冲击力、土压力
13			风机等设备引起的动荷载
14		其他可变荷载	与隧道立交的渡槽流水压力
15			温度变化影响力
16			冻胀力
17			地面施工荷载(加载或减载)
18			隧道施工荷载(注浆等)
19	偶然荷载		落石冲击力
20			地震作用力、地层液化产生的压力与浮力
21			人防荷载

注：(1) 围岩弹性抗力不作为设计荷载。
(2) 若要求考虑爆炸、火灾等引起的荷载，可参照偶然荷载相关规定。

10.2.4 永久荷载标准值的计算应符合以下规定：

1 围岩形变压力 Q_1 可按本细则第8章的规定计算，或根据具体条件分析研究确定。隧道开挖后，软弱岩体会呈现一定的塑性与流变特性，当支护结构与围岩密贴时，会产生形变压力。当为浅埋隧道时，可不考虑围岩的形变压力；当初始地应力小于岩石饱和极限抗压强度15%时，可不考虑围岩的形变压力；当初始地应力大于岩石饱和极限抗压强度的25%时，可能出现较大的围岩形变压力；当围岩在地下水或应力变化的作用下具有明显膨胀性时，应考虑围岩的膨胀压力。

2 围岩松散压力 Q_2 可按本细则第8章的规定计算；当设计条件与计算设定的条件相差较大时，应另行研究确定。

作用在隧道支护结构之上的围岩松散压力与地质条件、地形条件、隧道埋置深度、隧道跨度、隧道结构形式等多种因素有关。作用在隧道结构之上的形变压力、松散压力以及弹性抗力互为关联，较难区分。其中松散压力为最危险荷载，应限制其发展；形变压力是与结构刚度有关的荷载，宜通过适当的方式进行释放；弹性抗力为对结构有利的作用，应充分利用。

3 结构自重荷载 Q_3 可根据结构厚度、计算宽度以及结构材料重度等参数按照 (10.2.4-1) 计算。

$$Q_3 = HB\gamma \tag{10.2.4-1}$$

式中：Q_3——自重荷载(kN/m)；
H——构件计算截面的设计厚度(m)；
B——构件计算截面的设计宽度(m)；

γ——结构材料重度的标准值(kN/m^3)。

4 结构附加恒载 Q_4 为隧道内部装修、设备安装或分割空间而产生的荷载,应根据设计基准期内可能发生的实际情况计算。

5 当结构为超静定体系时,应计入混凝土收缩和徐变的影响力 Q_5,可作为混凝土整体温度降低考虑:对于整体现浇的素混凝土衬砌可按降温20℃考虑;对于整体现浇的钢筋混凝土衬砌可按整体降温15℃考虑;对于分次浇筑的整体式素混凝土或钢筋混凝土结构可按整体降温10℃考虑;对于装配式钢筋混凝土结构可按整体降5℃~10℃考虑。

6 当限制地下水排放或采用全封闭衬砌时,应计入衬砌外围的水压力荷载 Q_6。

1)当采用排水衬砌时,可不考虑水压力荷载,但需考虑运营期排水系统可能产生淤塞的影响,在结构设计时应采用一定的水压力对二次衬砌的强度进行校核:对于浅埋隧道,校核水压力为隧道计算点高程与地下水位高程之差;对于地下水较为活跃区域的深埋隧道,校核水压力不小于0.05MPa(拱顶)。

2)当隧道仰拱位于比较完整的岩石基础之上,能够保证仰拱结构与围岩黏结良好时,可不考虑仰拱的水压力作用。

3)静水压力高度范围内的松散土压力应按浮重度计算。

7 浮力 Q_7 为作用在顶板及底板上的水压力之差。下部未封闭的结构可不计浮力作用;在岩石地层中,如计入水压力荷载,应同时计入浮力作用;在土层中,浮力作用于结构顶板区。

8 当结构支护体系为超静定结构,基础有可能出现变位时,应考虑基础变位影响力 Q_8。基础相对变位值可按表10.2.4的规定采用。

表10.2.4 基础的竖向、水平相对变位计算值(mm)

地 基 类 型	双车道隧道	三车道隧道
Ⅲ级围岩(硬岩)	2	3
Ⅲ级围岩(软岩)	3	5
Ⅳ级围岩(硬岩)	4	6
Ⅳ级围岩(软岩)	6	8

注:(1)本表为独立单洞基础的相对变位计算值,连拱隧道可参照本表执行。
(2)初期支护的相对变位计算值可在本表基础上适当提高。

当隧道支护结构设计为带仰拱的封闭结构,且仰拱先期施工时,可以不计入基础变位的影响力;当仰拱在拱部结构施工之后浇筑时,宜计入基础变位影响力;当地基承载力不均匀或隧道作用荷载不对称时,宜提高基础相对变位值进行验算。

9 地面永久建筑荷载影响力 Q_9 为隧道施工前或施工完成后,在隧道上方或两侧影响范围内施作的永久建筑物或永久构筑物的荷载影响力。应根据结构设计基准期内隧道周边的建设规划,确定建筑荷载影响力的作用位置与量值。

地面永久建筑物对隧道结构的影响可按以下方法计算:将建筑物重力换算为地表(或地层内)的分布荷载(或集中荷载),应用应力扩散理论分析其对隧道结构的作用力。对于无黏性的砂性土可采用扩散角理论计算;对于黏性土及岩体可采用土力学中应力传递理论公式计算。

10.2.5 基本可变荷载标准值的计算应符合以下规定：

1 公路车辆荷载、人群荷载 Q_{10}，应根据结构设计基准期内隧道净空公路的荷载标准确定其作用位置与量值，计算方法可采用现行《公路桥涵设计通用规范》(JTG D60)的相关规定。

2 立交公路车辆荷载及其产生的冲击力、土压力 Q_{11}，应根据结构设计基准期内隧道周边公路建设规划确定其作用位置与量值，计算方法可采用现行《公路桥涵设计通用规范》(JTG D60)的相关规定。

3 立交铁路荷载及其产生的冲击力、土压力 Q_{12}，应根据结构设计基准期内隧道周边建设铁路规划确定其作用位置与量值，计算方法可采用现行《铁路桥涵设计基本规范》(TB 10002.1)的相关规定。

4 风机等设备引起的动荷载 Q_{13} 可按以下规定计算：

1) 对于射流风机，可按其静止重量的 10～15 倍计算其对隧道结构的动荷载作用。

2) 对于轴流风机，可按有关规范的经验公式计算，或根据机械振动理论分析后确定。

3) 对于架空结构，除计入标准设备荷载外，还应计入不小于 200Pa/m^2 的使用期分布荷载。

10.2.6 其他可变荷载标准值的计算应符合以下规定：

1 对于立交渡槽流水压力 Q_{14}，应计算立交渡槽的结构重量及渡槽内流水的重量。

2 当隧道结构受温度影响时，应考虑温度变化影响力 Q_{15}。温度变化影响力可按下式计算：

$$\delta_1 = \alpha L \delta_t \quad (10.2.6\text{-}1)$$

式中：δ_1——构件的温度变化引起的变形值(m)；

α——构件材料的线膨胀系数，混凝土及钢筋混凝土的线膨胀系数为 1.0×10^{-5}；

L——构件的计算长度(m)；

δ_t——构件的计算温度差，可取构件施工时温度与设计基准期内最低月平均气温或最高月平均气温之差(℃)。

3 冻胀力 Q_{16} 计算应视当地的自然条件、围岩冬季含冰量、衬砌防冻构造及排水条件等确定。当隧道所在区域最低月平均气温低于 -15℃ 时，隧道结构设计应计入冻胀力；当无实测资料时，可按式(10.2.6-2)计算：

$$P_b = \frac{n\alpha E_2}{pq+(m_2+1)[e(m_1-\mu_1)+(m_2+\mu_2)]} \quad (10.2.6\text{-}2)$$

$$m_1 = \frac{b^2+a^2}{b^2-a^2}; m_2 = \frac{(b+H_f)^2+b^2}{(b+H_f)^2-b^2}$$

$$p = \frac{2b^2}{(b+H_f)^2-b^2}; q = \frac{2(b+H_f)^2}{(b+H_f)^2-b^2}; e = \frac{E_2}{E_1}$$

式中：P_b——衬砌所受冻胀力（kPa）；
　　　n——围岩完整度系数，与围岩分级相关；
　　　α——季节性融冻区冻结后的体积膨胀系数，可以根据调查结果确定，或按 $\alpha = (1.2 \sim 1.4)\beta$ 计算；
　　　β——季节性融冻区岩土体内的含冰率，与地质条件有关；
　　　a、b——衬砌内半径及外半径（m）；
　　　H_f——季节性融冻区厚度（m）；
　　　E_1、E_2——衬砌混凝土及围岩的弹性模量（kPa）；
　　　μ_1、μ_2——衬砌混凝土及围岩的泊松比。
　　冻胀力也可按式（10.2.6-3）计算确定：

$$P_b = \frac{\delta \alpha K_1 K_2}{K_1 + K_2} \tag{10.2.6-3}$$

式中：K_1——衬砌环向变形刚度（kPa/m）；
　　　K_2——冻胀层外围岩层弹性抗力（kPa/m）；
　　　其他符号意义同式（10.2.6-2）。

4　地面施工荷载 Q_{17} 为工程建设期中，短期堆放物体或临时开挖覆土层导致隧道周边荷载的短期变化，应根据实际或预计发生的情况计算。当堆放或开挖引起的荷载变化可能长期存在时，应作为永久荷载考虑；浅埋隧道之上的大面积施工荷载，可简化为覆土厚度。

5　隧道施工荷载 Q_{18} 为支护结构完成后，在初期支护或二次衬砌背后注浆、开挖或回填施工所引起的短期作用，其量值及作用范围应根据施工实际情况或设计工艺确定。

10.2.7　偶然荷载标准值的计算应符合以下规定：

1　明洞及棚洞等覆盖层浅、受冲击荷载作用大的结构，如果附近高边坡在设计基准期内可能出现坍塌，应计算落石冲击荷载 Q_{19} 的作用。落石冲击荷载的作用可按本细则第12章的规定计算。

2　地震荷载 Q_{20} 应根据隧道抗震设防烈度下的地震动参数进行计算。抗震计算可采用拟静力法、响应位移法和地震波动输入法等多种方法。地震荷载可按本细则第15章的规定计算。

3　人防荷载 Q_{21} 应按现行《人民防空地下室设计规范》（GB 50038）的有关规定执行。

10.2.8　在结构计算过程中，应对支护结构之上可能出现的荷载，按承载能力状态和正常使用极限状态进行组合，取最不利组合进行设计或验算。荷载组合分类如下：

1　基本组合Ⅰ（QZH-Ⅰ）：用于正常使用极限状态的校核，即在结构设计基准期内可能出现的全部永久荷载 + 在结构使用期间可能出现的基本可变荷载 + 其他可变荷载。该项荷载组合验算结构在荷载作用下的变形或裂缝开展，控制其在规定范围之内。

$$Q_1^{\mathrm{I}} = \Sigma(Q_1 + Q_2 + Q_3 + Q_4 + Q_5 + Q_6 + Q_7 + Q_8 + Q_9) \quad (10.2.8\text{-}1)$$

$$Q_2^{\mathrm{I}} = \Sigma(Q_1^{\mathrm{I}} + Q_{10} + Q_{11} + Q_{12} + Q_{13} + Q_{14} + Q_{15} + Q_{16}) \quad (10.2.8\text{-}2)$$

2 基本可变荷载组合Ⅱ（QZH-Ⅱ）：用于承载能力极限状态校核，即在结构设计基准期内可能出现的全部永久荷载 + 在结构使用期间可能出现的基本可变荷载。该项荷载组合验算结构在基本可变荷载作用下的可靠度。

$$Q^{\mathrm{II}} = \Sigma(Q_1 + Q_2 + Q_3 + Q_4 + Q_5 + Q_6 + Q_7 + Q_8 + Q_9 + Q_{10} + Q_{11} + Q_{12} + Q_{13})$$
$$(10.2.8\text{-}3)$$

3 其他可变荷载组合Ⅲ（QZH-Ⅲ）：用于承载能力极限状态校核，即在结构设计基准期内可能出现的全部永久荷载 + 在结构使用期间可能出现的基本可变荷载 + 在结构使用期间可能出现的其他可变荷载。该项荷载组合验算结构在其他可变荷载参与作用下的可靠度。

$$Q_1^{\mathrm{III}} = \Sigma(Q_1^{\mathrm{I}} + Q_{10} + Q_{11} + Q_{12} + Q_{13} + Q_{14} + Q_{15} + Q_{17} + Q_{18}) \quad (10.2.8\text{-}4)$$

$$Q_2^{\mathrm{III}} = \Sigma(Q_1 + Q_3 + Q_4 + Q_5 + Q_7 + Q_8 + Q_9 + Q_{10} + Q_{11} + Q_{12} + Q_{13} + Q_{14} + Q_{15} + Q_{16} + Q_{17} + Q_{18})$$
$$(10.2.8\text{-}5)$$

本类组合中，冻胀力不参与水压力及松散土压力组合。

4 偶然荷载组合Ⅳ（QZH-Ⅳ）：用于承载能力极限状态校核，即在结构设计基准期内可能出现的全部永久荷载 + 在结构使用期间可能出现的偶然荷载 + 可能与偶然荷载同时出现的基本可变荷载。该项荷载组合验算结构在偶然荷载参与作用下的可靠度。

偶然坍塌组合：

$$Q_1^{\mathrm{IV}} = \Sigma(Q_1 + Q_2 + Q_3 + Q_4 + Q_5 + Q_6 + Q_7 + Q_8 + Q_9 + Q_{10} + Q_{13} + Q_{19}) \quad (10.2.8\text{-}6)$$

偶然地震组合：

$$Q_2^{\mathrm{IV}} = \Sigma(Q_1 + Q_2 + Q_3 + Q_4 + Q_5 + Q_6 + Q_7 + Q_8 + Q_9 + Q_{10} + Q_{13} + Q_{20}) \quad (10.2.8\text{-}7)$$

偶然人防组合：

$$Q_3^{\mathrm{IV}} = \Sigma(Q_1 + Q_2 + Q_3 + Q_4 + Q_5 + Q_6 + Q_7 + Q_8 + Q_9 + Q_{10} + Q_{13} + Q_{21}) \quad (10.2.8\text{-}8)$$

本类组合中：
1）基本可变荷载中，立交公路及立交铁路荷载不参与偶然荷载组合。
2）其他可变荷载不参与偶然荷载组合。
3）偶然荷载相互之间不组合。

5 验算荷载组合Ⅴ（QZH-Ⅴ）：用于承载能力极限状态校核，即在结构设计基准期内可能出现的全部永久荷载 + 在结构使用期间可能出现的基本可变荷载。该项荷载组合验算结构在形变压力、水压力及基础变位影响力参与作用下的可靠度。

$$Q^{\mathrm{V}} = \Sigma(Q_1 + Q_2 + Q_3 + Q_4 + Q_5 + Q_6 + Q_7 + Q_8 + Q_9 + Q_{10} + Q_{11} + Q_{12} + Q_{13}) \quad (10.2.8\text{-}9)$$

10.2.9 当采用分项安全系数法进行结构承载能力校核时，各类荷载的分项安全系数应参照表10.2.9取用，其作用效应用 N_F、Q_F、M_F 表示。

表10.2.9 在各类荷载作用下内力组合的分项系数

编号	荷载分类	荷载名称	QZH-Ⅰ	QZH-Ⅱ	QZH-Ⅲ	QZH-Ⅳ	QZH-Ⅴ
1	永久荷载	围岩形变压力或膨胀压力	1.0	1.2	1.1	1.0	1.35
2		围岩松散压力	1.0	1.35	1.2	1.0	1.2
3		结构自重	1.0	1.35	1.2	1.0	1.2
4		结构附加恒载	1.0	1.35	1.2	1.0	1.2
5		混凝土收缩和徐变影响力	1.0	1.35	1.2	1.0	1.2
6		水压力	1.0	1.0	1.0	1.0	1.0
7		水的浮力	1.0	1.0	1.0	1.0	1.0
8		结构基础变位影响力	1.0	1.2	1.2	—	1.35
9		地面永久建筑荷载影响力	1.0	1.35	1.2	—	1.2
10	基本可变荷载	通过隧道的公路车辆荷载、人群荷载	1.0	1.4	1.4	1.0	1.2
11		与隧道立交的公路车辆荷载	1.0	1.4	1.4	—	1.2
12		与隧道立交的铁路荷载	1.0	1.4	1.4	—	1.2
13		风机等设备引起的动荷载	1.0	1.4	1.4	1.0	1.2
14	其他可变荷载	与隧道立交的渡槽流水压力	1.0	—	1.4	—	—
15		温度变化影响力	1.0	—	1.4	—	—
16		冻胀力	1.0	—	1.4	—	—
17		地面施工荷载	—	—	1.4	—	—
18		隧道施工荷载	—	—	1.4	—	—
19	偶然荷载	落石冲击力	—	—	—	1.0	—
20		地震作用力	—	—	—	1.0	—
21		人防荷载	—	—	—	1.0	—

10.2.10 当采用综合安全系数法进行结构强度校核时,各类荷载的安全系数均应取1.0,其计算内力用 N_z、Q_z、M_z 表示。

10.3 隧道支护结构的内力计算

10.3.1 明洞、棚洞、整体式衬砌以及装配式衬砌等结构,应按极限状态进行设计计算,或按容许应力法进行弹性受力阶段内力分析与强度校核,充分保证结构设计的可靠性或具有规定的安全系数。

10.3.2 公路隧道复合衬砌设计中,可按表10.3.2对隧道各部分支护结构按照荷载—结构计算方法进行设计和计算,并对结构变形或混凝土构件裂缝宽度进行验算。

表 10.3.2 结构计算建议

项 目		围岩级别				备 注
		Ⅲ	Ⅳ	Ⅴ	Ⅵ	
双车道隧道	系统锚杆	—	—	○	○	
	喷射混凝土及钢架	—	—	—	△	
	二次衬砌	—	○	△	△	
	仰拱	—	—	○	△	
三车道隧道	系统锚杆	—	○	△	△	
	喷射混凝土及钢架	—	○		△	
	二次衬砌	—	○	△	△	
	仰拱	—	—	△	△	
连拱隧道	系统锚杆	—	○	△	△	
	喷射混凝土及钢架	—	○		△	
	二次衬砌	○	△	△	△	注意中隔墙
	仰拱	—	—	△	△	
小净距隧道	系统锚杆	—	○	△	△	注意对拉锚杆
	喷射混凝土及钢架	—	○		△	
	二次衬砌	○	△	△	△	注意中夹岩柱
	仰拱	—	—	△	△	

注：(1)△表示应进行计算，○表示必要时才进行计算。
(2)系统锚杆按其形成的承载拱进行计算，可将其与喷射混凝土层共同考虑。
(3)当二次衬砌为承受荷载的结构时，应进行强度校核。
(4)当为六车道连拱隧道或小净距隧道时，应适当扩大分析计算范围。
(5)当双洞隧道间距小于 5.0m 时，应适当扩大分析计算范围；当中夹岩柱宽度大于 1 倍隧道开挖宽度时，可参照分离式隧道处理。

10.3.3 双车道及三车道分离式隧道，采用复合式衬砌结构时，初期支护与二次衬砌的支护承载比例可参照表 10.3.3 的规定。

表 10.3.3 复合式衬砌的初期支护与二次衬砌承载比例（%）

围岩级别	初期支护承载比例		二次衬砌承载比例	
	双车道隧道	三车道隧道	双车道隧道	三车道隧道
Ⅰ、Ⅱ	100	100	安全储备	安全储备
Ⅲ	100	≥80	安全储备	≥20
Ⅳ	≥70	≥60	≥30	≥40
Ⅴ	≥50	≥40	≥50	≥60
Ⅵ	≥30	≥30	≥80	≥85
浅埋地段	≥50	≥30～50	≥60	≥60～80

当初期支护的设计承载比例小于设计荷载 50% 时，理论上不能保证施工过程中的长

期安全。此时,应采取合理的分步施工方案,给出二次衬砌的合理施作时间。

10.3.4 隧道结构计算时,应考虑隧道周边岩体或土体对结构的弹性抗力作用。弹性抗力的大小可按式(10.3.4)计算:

$$F_d = K_d \delta \tag{10.3.4}$$

式中:F_d——弹性抗力(kPa);
  K_d——弹性抗力系数(kPa/m);
  δ——结构变形量(m)。

隧道周边岩土体的弹性抗力系数可视为常数,但是当周边岩土体差异较大或隧道埋置深度较浅时也可取变化值。

10.3.5 对于隧道初期支护及仰拱,在结构计算时应验算压应力、拉应力、剪切应力;对设置有柔性防水层的复合衬砌的二次衬砌,可仅考虑围岩对结构的压应力作用。计入弹性抗力时应注意:

1 考虑弹性抗力作用出现拉应力的区段,应不超过结构与围岩的黏结力及岩体抗拉强度;在拱部90°范围内可不计入弹性抗力作用;当隧道为极浅埋结构或为明洞结构,且周边为相对软弱的土体时,侧边的最大弹性抗力与被动土压力大小相关,但不应超过被动土压力的50%;当为深埋隧道时,侧边的最大弹性抗力不应超过计算点土体的地基承载容许值。

2 影响弹性抗力大小及分布形式的因素有岩体强度、结构刚度与变形量、衬砌周边回填状况以及外荷载的大小与分布形式等。岩体强度越高,弹性抗力系数越大,弹性抗力作用越显著;结构刚度相对于岩体越大,弹性抗力分布越均匀,反之则越集中于结构产生最大变形量附近;衬砌回填越密实,弹性抗力越能发挥作用。

10.3.6 弹性抗力可采用假定分布函数法、弹性地基梁法、连杆单元法、弹性地基单元法等多种方法计算,应根据结构计算方法及结构工作状态合理选取。

1 弹性抗力分布函数法可假定拱部弹性抗力按抛物线分布,其中抗力零点位于拱顶两侧45°附近,抗力最大点位于拱脚。对于边墙的弹性抗力计算则有如下假定:

1)如为弹性地基刚梁,可假定弹性抗力按直线分布。

2)如为弹性地基短梁,可假定弹性抗力按负抛物线分布。

3)如为弹性地基长梁,可取上部换算长度为短梁的部分,其弹性抗力按负抛物线分布,其余部分为零。

2 弹性地基梁法可用于计算边墙及仰拱的弹性抗力作用。

3 连杆单元法将地层对结构的反作用简化为若干与围岩弹性抗力系数、结构计算宽度以及单元长度相关的弹簧,将弹簧刚度并入结构总刚度矩阵中求解。在不考虑拉抗力作用的部位,可将该部位弹簧连杆的刚度值取为零。

4 弹性地基单元法将结构视为与围岩共同变形的弹性地基上的梁,对于边墙及仰拱结构应是既考虑围岩对结构的压力又考虑围岩对结构的拉力的完全弹性地基梁,直接采用标准刚度矩阵法进行计算;二次衬砌则仅计入围岩对结构的压力作用,应作为不完全弹性地基梁,对标准刚度矩阵进行适当修正。

10.3.7 系统锚杆计算应符合以下规定:

1 系统锚杆计算适用于能在隧道周边形成稳定承载拱的Ⅲ、Ⅳ级围岩。

2 系统锚杆形成的承载拱(图10.3.7)的内力计算可分为两种状况:

1)当初期支护内设置有钢拱架时,仅计入系统锚杆与围岩的作用,而喷射混凝土的作用在计算钢拱架承载能力时再计入。

2)当喷射混凝土层内未设置钢拱架时,喷射混凝土层较薄(约5~15cm),喷射混凝土的承载能力通过与围岩联合作用来发挥。此时,不仅要计入系统锚杆与围岩的作用,而且还应计入喷射混凝土层的作用;承载拱应为由岩体及喷混凝土两种材料构成的组合拱。

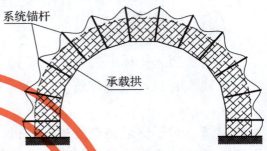

图10.3.7 系统锚杆形成的承载拱示意图

3 在计算内力过程中,承载拱的重度及弹性模量直接取用初始围岩的参数,但是进行强度校核时应计入系统锚杆的作用,对围岩相关强度值进行修正。

4 由系统锚杆及喷射混凝土层形成的承载拱厚度可近似按下式计算:

$$D_g = L_0 - B_s \cot\varphi_c - D_0 + D_{ph} \tag{10.3.7-1}$$

对于矩形布置的系统锚杆:

$$B_s = 0.5\sqrt{ab(1+L_0/R_0)} \tag{10.3.7-2}$$

对于梅花形布置的系统锚杆:

$$B_s = 0.3\sqrt{ab(1+L_0/R_0)} \tag{10.3.7-3}$$

式中:D_g——系统锚杆形成的承载拱厚度(m);

L_0——系统锚杆的设计入土长度(m);

D_{ph}——喷射混凝土层厚度(m),如果喷射混凝土内设置钢拱架,则不考虑喷射混凝土层的影响,此时$D_{ph}=0$;

a、b——系统锚杆纵向及环向间距(m);

B_s——系统锚杆外侧端部折算间距(m);

R_0——承载拱内轮廓线半径(m),可取设计开挖轮廓线半径;

D_0——承载拱厚度安全系数,与开挖质量有关,可取$D_0=0.1$~0.3m;

φ_c——岩体的计算内摩擦角(°)。

5 计算由系统锚杆形成的承载拱的内力时,应考虑其周边岩体的弹性抗力,弹性抗力的作用范围宜由计算确定。当锚杆承载拱的弹性抗力零点为35°~45°时,也可直接按经验确定弹性抗力作用范围。承载拱的基础可模拟为弹性铰支座支承方式。

6 系统锚杆宜紧随开挖面施作,所承受的形变荷载,由作用在承载拱之上的荷载侧压力系数进行计算。侧压力系数可取大于规范给出的松散岩土荷载的侧压力系数,小于(接近)地层初始侧压力系数。

10.3.8 初期支护钢拱架的内力计算应符合以下规定(图10.3.8):

1 Ⅳ~Ⅵ级围岩地段,喷射混凝土层内部需设钢拱架,喷射混凝土层厚度应为18~30cm,宜将喷射混凝土层与钢拱架视为整体进行内力计算,共同分析其承载能力。

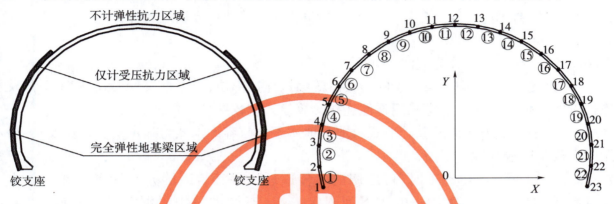

图10.3.8 初期支护喷射混凝土及钢拱架的简化

2 在计算喷射混凝土及钢拱架承载能力时,周边岩体对结构的弹性抗力应按完全的弹性地基梁计算。在边墙及拱部靠近边墙一定范围内,当结构在外荷载作用下具有压向围岩的位移时,应计算围岩对结构的压抗力作用;当结构具有远离围岩的位移时,应计算围岩对结构的拉力作用,作用力的大小与位移成正比。拱部弹性抗力作用范围应根据分析计算确定。

10.3.9 二次衬砌的内力计算应符合以下规定(图10.3.9):

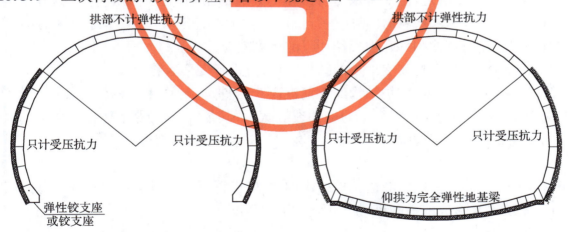

图10.3.9 二次衬砌结构计算简化图

1 当初期支护与二次衬砌之间设有防水层时,围岩对二次衬砌的弹性抗力作用仅计入径向压力。

2 当初期支护与二次衬砌间未设置防水层时,应按叠合梁结构计算内力,并根据刚度大小进行内力分配。

3 当二次衬砌基础较窄时,宜将其简化为完全铰支座;当二次衬砌基础较宽时,宜将其简化为弹性铰支座;如果二次衬砌设有仰拱,且先期施工的仰拱与边墙基础连接良好时,宜将其简化为封闭的受力结构,或将二次衬砌基础简化为完全固接的支座形式。

10.3.10 明洞、棚洞以及整体式衬砌的计算可参照复合衬砌之二次衬砌的计算方法进行计算,喷锚衬砌的计算可参照复合衬砌之初期支护的计算方法进行计算。

10.3.11 支护结构计算应注意如下几点:
1 钢支撑节点、仰拱与边墙的连接点等结构连接部位,应根据设计模式、施工工艺及连接点的实际工作状态确定采用弹性连接计算模式或铰接计算模式。
2 应根据支护结构的基础形式及地基地质条件与容许承载力确定支护计算模式:采用固定铰支座或弹性铰支座。
3 当仰拱为后期施工时,可应用内力传递理论将其与边墙分开计算。仰拱与边墙连接构造的支承计算公式可按下列规定采用:当仰拱采用素混凝土结构时,可采用铰接;仰拱采用钢筋混凝土结构,当钢筋贯通于仰拱与边墙时,应采用刚接,否则可采用铰接。

10.4 隧道支护结构的验算

10.4.1 隧道支护结构构件应采用承载能力极限状态和正常使用极限状态,分别按下列规定进行计算和验算:
1 承载能力及稳定性:所有承受荷载作用效应的结构构件均应进行承载力计算;当构件有可能产生倾覆和滑移时,则应进行抗倾覆和抗滑稳定验算;位于地震区的结构,还应按有关规定进行结构构件在地震作用下的抗力效应计算。
2 变形:使用要求控制变形量的结构构件,应进行变形验算。
3 抗裂及裂缝宽度:支护结构的钢筋混凝土构件,应计算受拉钢筋在使用荷载作用下的应力,并计算各类荷载组合下的构件裂缝宽度;其最大计算裂缝宽度,应小于所在环境类别下规定的裂缝宽度限值。

10.4.2 不同受力特性的隧道支护结构构件,应进行不同计算项目的极限状态校核:
1 系统锚杆形成的承载拱:抗压强度、抗剪强度。
2 钢拱架:抗压强度、抗剪强度、抗拉强度、基底应力及地基承载力。
3 二次衬砌:
1)砌体构件:抗压强度、抗剪强度、基底应力及地基承载力。
2)素混凝土构件:抗压强度、抗剪强度、抗拉强度、基底应力及地基承载力。
3)钢筋混凝土构件:抗压强度、抗剪强度、抗拉强度、最大变形量、裂缝宽度、基底应力及地基承载力。

4 明洞或棚洞:抗压强度、抗剪强度、抗拉强度、最大变形量、裂缝宽度、基底应力及地基承载力。

  5 仰拱:抗压强度、抗剪强度、抗拉强度。

10.4.3 边墙下部、边墙与仰拱连接点附近、棚洞的梁柱结构等构件截面形状或荷载变化的部位,应验算结构的抗剪强度;小净距隧道应验算中夹岩柱的稳定性及强度;连拱隧道应验算中隔墙的稳定性及强度。

10.4.4 隧道支护结构按承载能力极限状态校核时,可按综合安全系数法验算结构强度。结构强度应符合式(10.4.4)的规定:

$$KS(F_k, \alpha_d) \leq R(f_k, \alpha_d, C) \tag{10.4.4}$$

式中:$S(\cdot)$——与作用在结构之上的荷载相关的作用效应函数;

$R(\cdot)$——与结构材料强度及构件几何尺寸相关的结构抗力效应函数;

F_y——作用在结构之上的荷载组合值;

f_k——材料或围岩强度的标准值或极限值,见第 5 章及第 6 章相关规定;

α_d——结构的几何参数值;

C——结构的极限约束值;

K——综合安全系数,见表 10.4.4。

表 10.4.4 支护结构计算综合安全系数

	材料类型	强度类型	安全系数符号	QZH-Ⅱ 基本可变组合	QZH-Ⅲ 其他可变组合	QZH-Ⅳ 偶然组合	QZH-Ⅴ 验算组合
1	加固处理的岩体	达到抗压极限强度	K_{sy}	3.0	2.7	2.3	2.3
		达到抗剪极限强度	K_{sj}	3.0	2.7	2.3	2.3
2	砌体	达到抗压极限强度	K_{qy}	2.7	2.3	2.0	2.0
		达到抗剪极限强度	K_{qj}	2.7	2.3	2.0	2.0
3	混凝土	达到抗压极限强度	K_{hy}	2.4	2.0	1.8	1.8
		达到抗剪极限强度	K_{hj}	2.4	2.0	1.8	1.8
		达到抗拉极限强度	K_{hl}	3.6	3.0	2.7	2.7
4	钢筋混凝土	混凝土达到抗压标准强度	K_{hy}	2.0	1.7	1.5	1.5
		混凝土达到抗剪标准强度	K_{hj}	2.0	1.7	1.5	1.5
		混凝土达到抗拉标准强度	K_{hl}	2.4	2.0	1.8	1.8
		钢筋达到抗压标准强度	K_{gy}	2.0	1.7	1.5	1.5
		钢筋达到抗拉标准强度	K_{gl}	2.0	1.7	1.5	1.5
5	钢结构	达到抗压标准强度	K_{gy}	2.0	1.7	1.5	1.5
		达到抗拉标准强度	K_{gl}	2.0	1.7	1.5	1.5

注:表中钢结构指锚杆、钢拱架等支护结构及其他悬挂结构。

10.4.5 隧道结构按承载能力极限状态校核计算时,也可采用分项系数设计表达式进

行验算。此时,结构上的作用(荷载)效应组合应符合式(10.4.5)的规定:

$$\gamma_0\gamma_1 S(\gamma_m F_r, \alpha_k) \leq R\left(\frac{f_k}{\gamma_f}, \alpha_k, C\right) \quad (10.4.5)$$

式中:$S(\cdot)$——与作用在结构之上的荷载相关的作用效应函数;

$R(\cdot)$——与结构材料强度及几何尺寸相关的结构抗力效应函数;

F_r——作用在结构之上的作用组合标准值;

f_k——结构材料、岩土性能的标准值或极限值,见第5章及第6章相关规定;

α_k——结构的几何参数标准值;

C——结构的极限约束值;

γ_0——构件工作条件系数,见表10.4.5-1;

γ_1——结构附加安全系数,见表10.4.5-2;

γ_m——作用在结构之上的荷载分项系数,见表10.2.9;

γ_f——结构材料或岩土性能的分项系数,见表10.4.5-3。

表10.4.5-1 支护结构构件工作条件系数 γ_0

结构安全等级	工作条件系数	结构安全等级	工作条件系数
一级	1.1	三级	0.9
二级	1.0	施工阶段	0.8

表10.4.5-2 支护结构附加安全系数 γ_1

结构类型	分项系数
暗挖法修筑的结构	1.1
明洞、棚洞、洞门等结构	1.0

表10.4.5-3 材料的分项系数 γ_f

	材料类型	强度类型	符号	标准强度分项系数	极限强度分项系数
1	加固处理的岩体	抗压强度	γ_{sy}		1.8
		抗剪强度	γ_{sj}		1.8
2	砌体	抗压强度	γ_{qy}		1.6
		抗剪强度	γ_{qj}		1.6
3	混凝土	抗压强度	γ_{hy}		1.4
		抗剪强度	γ_{hj}		1.4
		抗拉强度	γ_{hl}		2.15
4	钢筋混凝土	混凝土抗压强度	γ_{hy}	1.35	1.55
		混凝土抗剪强度	γ_{hj}	1.35	1.55
		混凝土抗拉强度	γ_{hl}	1.50	1.65
		钢筋抗压强度	γ_{gy}	1.25	
		钢筋抗拉强度	γ_{gl}	1.25	
5	钢结构	抗压强度	γ_{gy}	1.25	
		抗拉强度	γ_{gl}	1.25	

10.4.6 使用要求控制变形的结构构件,其容许挠度应符合表10.4.6的规定。

表10.4.6 受弯构件的容许挠度

构件类型		容许挠度(m)
吊车梁		$L_0/600$
梁、板构件	$L_0 \leqslant 5m$	$L_0/250$
	$5m < L_0 \leqslant 8m$	$L_0/300$
	$L_0 > 8m$	$L_0/400$

注:(1)表中 L_0 为构件净计算跨度。
(2)如果为悬臂构件,则本表中的容许挠度应乘以2.0。

10.4.7 使用要求不允许出现裂缝的混凝土构件,应进行拉应力或抗拉强度验算;钢筋混凝土构件,应进行裂缝宽度验算。最大裂缝宽度应符合表10.4.7的规定。

表10.4.7 混凝土抗裂构件及钢筋混凝土构件的裂缝宽度容许值 $[w_f]$ (mm)

安全等级	内层衬砌	混凝土构件	钢筋混凝土构件		
			A、B环境	C、D环境	E、F环境
一级	拱部	$<[\sigma_{hl}]$	0.20	0.15	0.15
	边墙	$<[\sigma_{hl}]$	0.20	0.15	0.15
	其他构件	$<[\sigma_{hl}]$	0.25	0.20	0.15
二级	拱部	$<[\sigma_{hl}]$	0.25	0.20	0.15
	边墙	$<[\sigma_{hl}]$	0.25	0.20	0.15
	其他构件	$<[\sigma_{hl}]$	0.30	0.25	0.20
三级	拱部	$<R_{hl}$	0.30	0.25	0.20
	边墙	$<R_{hl}$	0.30	0.25	0.20
	其他构件	$<R_{hl}$	0.30	0.30	0.20

注:(1)特殊条件下的大跨度结构或特殊结构应根据具体情况确定裂缝宽度容许值。
(2)其他构件指隧道内边沟、电缆沟等附属设施的构件。
(3)变形验算及裂缝宽度验算均采用QHZ-I作用下的内力。
(4)$[\sigma_{hl}]$为混凝土的容许拉应力。
(5)R_{hl}为混凝土的设计抗拉强度。
(6)环境类别根据表3.0.7确定。

10.4.8 偏心受压系统锚杆承载拱及砌体结构,应对构件的抗压强度及抗剪强度进行校核。系统锚杆承载拱、半路堑式明洞的外墙、棚式明洞的边墙和砌体结构,当为偏心受压时,轴向力偏心距不应大于截面厚度的0.3倍。

10.4.9 未设置仰拱的隧道衬砌,基础底面最大压应力应小于地基承载力容许值。当基底最大压应力接近地基承载力容许值时,对基底偏心距有如下要求:当为土质地基时,基底合力偏心距应小于1/6基础宽度;当为软质岩石地基时,基底合力偏心距应小于1/5

基础宽度;当为硬质岩石地基时,基底合力偏心距应小于1/4基础宽度。

10.4.10 系统锚杆承载拱的抗压强度验算应符合式(10.4.10-1)或式(10.4.10-2)的规定:

综合安全系数法:

$$K_{sy}N_z \leqslant \alpha bh R_{sy} \qquad (10.4.10\text{-}1)$$

分项安全系数法:

$$\gamma_0 \gamma_1 N_F \leqslant \alpha bh \frac{R_{sy}}{\gamma_{sy}} \qquad (10.4.10\text{-}2)$$

$$\alpha = \frac{1.0 - \left(\frac{e_0}{y}\right)^8}{1 + \left(\frac{e_0}{y}\right)^2} = \left[1.0 + \left(\frac{e_0}{y}\right)^4\right]\left[1.0 - \left(\frac{e_0}{y}\right)^2\right] \qquad (10.4.10\text{-}3)$$

$$e_0 = \frac{M_z}{N_z} = \frac{M_F}{N_F} \qquad (10.4.10\text{-}4)$$

式中:K_{sy}——承载拱抗压安全系数,可按表10.4.4的规定采用;

α——轴向力偏心影响系数,当$e_0 < 0.3h$时按式(10.4.10-3)计算;

e_0——计算截面的偏心距(m),可按式(10.4.10-4)计算;

y——计算截面重心至受压边缘的距离(m);

b——承载拱计算宽度(m);

h——承载拱计算厚度(m);

γ_0——构件工作条件系数,按表10.4.5-1查取;

γ_1——地下结构附加安全系数,按表10.4.5-2查取;

N_z——构件验算截面的轴向合力(kN);

M_z——构件验算截面的弯矩合力(kN·m);

N_F——构件验算截面的轴向力组合设计值(kN);

M_F——构件验算截面的弯矩组合设计值(kN·m);

γ_{sy}——承载拱岩体的极限抗压强度的分项系数,按表10.4.5-3查取;

R_{sy}——承载拱岩体的极限抗压强度(kPa)。

10.4.11 系统锚杆承载拱的抗剪强度验算应符合式(10.4.11-1)或式(10.4.11-2)的规定:

综合安全系数法:

$$K_{sj}Q_z \leqslant N_z \tan\varphi + bhc \qquad (10.4.11\text{-}1)$$

分项安全系数法:

$$\gamma_0 \gamma_1 Q_F \leqslant \frac{N_F \tan\varphi + bhc}{\gamma_{sj}} \qquad (10.4.11\text{-}2)$$

式中：K_{sj}——承载拱抗剪安全系数，按表10.4.4查取；
　　　b——承载拱计算宽度（m）；
　　　h——承载拱计算厚度（m）；
　　　φ——岩体内摩擦角（°）；
　　　c——岩体黏聚力（kPa）；
　　　γ_{sj}——承载拱岩体的极限抗剪强度的分项系数，见表10.4.5-3。

10.4.12 系统锚杆承载拱强度校核时，需计入锚杆加固对提高承载拱岩体强度的作用效应，应根据修正后的岩体强度验算承载拱的承载能力。修正后的岩体强度可按下式计算：

$$R'_{sy} = R_{sy} + \frac{R_m \tan^2\left(45° + \frac{\varphi}{2}\right)}{ab} \tag{10.4.12}$$

式中：R'_{sy}——修正后岩体极限抗压强度（MPa）；
　　　R_m——锚杆设计抗拔力（kN），与锚杆长度、围岩级别以及锚杆类型有关，R_m = 50~150kN；
　　　a、b——系统锚杆纵向及环向间距（m）；
　　　φ——岩体的内摩擦角（°）；
　　　R_{sy}——承载拱岩体单轴极限抗压强度（kPa），宜计入爆破松动对抗压强度的影响。

10.4.13 砌体结构抗压强度验算应符合式（10.4.13-1）或式（10.4.13-2）的规定：
综合安全系数法：

$$K_{qy}N_z \leqslant \varphi\alpha bh R_{qy} \tag{10.4.13-1}$$

分项安全系数法：

$$\gamma_0\gamma_1 N_F = \varphi\alpha bh \frac{R_{qy}}{\gamma_{qy}} \tag{10.4.13-2}$$

$$e_0 = \frac{M_z}{N_z} = \frac{M_F}{N_F} \tag{10.4.13-3}$$

式中：K_{qy}——砌体抗压安全系数，按表10.4.4查取；
　　　b——计算截面宽度（m）；
　　　h——计算截面厚度（m）；
　　　φ——构件的纵向弯曲系数，按表10.4.13-1查取；
　　　α——轴向力的偏心影响系数，按表10.4.13-2查取；
　　　e_0——计算截面的偏心距（m），按式10.4.13-3计算；
　　　R_{qy}——砌体材料的极限抗压强度（kPa）；
　　　γ_{qy}——砌体材料的极限抗压强度分项系数，按表10.4.5-3确定；
　　　其他符号意义同式（10.4.10-2）、式（10.4.10-4）。

表 10.4.13-1 混凝土及砌体构件的纵向弯曲系数

H/h	<4	4	6	8	10	12	14	16
φ	1.00	0.98	0.96	0.91	0.86	0.82	0.77	0.72
H/h	18	20	22	24	26	28	30	
φ	0.68	0.63	0.59	0.55	0.51	0.47	0.44	

注：(1) H 为构件高度，h 为截面短边边长（轴心受压）或弯矩作用平面内的截面边长（偏心受压）。
(2) 当 H/h 为表列的中间值时，φ 可内插求得。

表 10.4.13-2 偏心影响系数

e_0/h	α	e_0/h	α	e_0/h	α	e_0/h	α	e_0/h	α
0	1.000	0.10	0.954	0.20	0.750	0.30	0.480	0.40	0.236
0.02	1.000	0.12	0.923	0.22	0.698	0.32	0.426	0.42	0.199
0.04	1.000	0.14	0.886	0.24	0.645	0.34	0.374	0.44	0.170
0.06	0.996	0.16	0.845	0.26	0.590	0.36	0.324	0.46	0.142
0.08	0.979	0.18	0.799	0.28	0.535	0.38	0.278	0.48	0.123

10.4.14 砌体结构抗剪强度验算应符合式（10.4.14-1）或式（10.4.14-2）的规定：

综合安全系数法：

$$KQ_z \leq bhR_{qj} + \mu N_z \tag{10.4.14-1}$$

分项安全系数法：

$$\gamma_0 \gamma Q_F \leq bh \frac{R_{qj}}{\gamma_{qj}} + \frac{\mu}{\gamma_{qj}} N_F \tag{10.4.14-2}$$

式中：K——砌体抗剪安全系数，按表10.4.4确定；
Q_z——验算截面上的最大剪力（kN）；
Q_F——验算截面上的剪力组合设计值（kN）；
μ——砌块之间的摩擦系数；
γ_{qj}——砌体材料的极限抗剪强度分项系数，按表10.4.5-3确定；
R_{qj}——砌体材料的极限抗剪强度（kPa）；
其他符号意义同式（10.4.13-1）、式（10.4.13-2）。

10.4.15 偏心受压混凝土结构，应对构件的抗压强度及抗拉强度进行校核。整体式衬砌的混凝土偏心受压构件，其轴向力的偏心距不宜大于截面厚度的0.45倍。当不容许混凝土构件出现裂缝时，应对其极限抗拉强度进行验算。

10.4.16 偏心受压混凝土结构的抗压强度验算应符合式（10.4.16-1）或式（10.4.16-2）的规定：

综合安全系数法：

$$KN_z \leq \varphi \alpha bh R_{hy} \tag{10.4.16-1}$$

分项安全系数法：

$$\gamma_0 \gamma_1 N_F \leqslant \varphi \alpha b h \frac{R_{hy}}{\gamma_{hy}} \quad (10.4.16\text{-}2)$$

式中：h——计算截面的高度（m）；

φ——构件纵向弯曲系数，按表10.4.13-1查取；

α——轴向力的偏心影响系数，按表10.4.13-2查取；

R_{hy}——混凝土抗压极限强度（kPa）；

γ_{hy}——混凝土材料极限抗压强度分项系数，按表10.4.5-3确定；

其他符号意义同式（10.4.13-1）、式（10.4.13-2）。

10.4.17 偏心受压混凝土结构的抗拉强度验算应按式（10.4.17-1）或式（10.4.17-2）计算。

综合安全系数法：

$$KN_z \leqslant \varphi \frac{1.75 R_{hl} b h}{\frac{6e_0}{h} - 1} \quad (10.4.17\text{-}1)$$

分项安全系数法：

$$\gamma_0 \gamma_1 N_F \leqslant \varphi \frac{1.75 \frac{R_{hl}}{\gamma_{hl}} b h}{\frac{6e_0}{h} - 1} \quad (10.4.17\text{-}2)$$

式中：R_{hl}——混凝土抗拉极限强度（kPa）；

γ_{hl}——混凝土抗拉极限强度分项系数，按表10.4.5-3确定；

其他符号意义同式（10.4.13-1）、式（10.4.13-2）。

10.4.18 混凝土结构的抗剪强度验算应符合式（10.4.18-1）或式（10.4.18-2）的规定：

综合安全系数法：

$$K_{hj} Q_z \leqslant 0.82 R_{hl} b h_0 \quad (10.4.18\text{-}1)$$

分项安全系数法：

$$\gamma_0 \gamma_1 Q_F \leqslant 0.82 \frac{R_{hl}}{\gamma_{hj}} b h_0 \quad (10.4.18\text{-}2)$$

式中：R_{hl}——混凝土抗拉极限强度（kPa）；

h_0——计算截面的有效高度（cm）；

γ_{hj}——混凝土材料极限抗剪强度分项系数，按表10.4.5-3确定；

K_{hj}——抗剪安全系数，按表10.4.4查取；

其他符号意义同式（10.4.14-1）、式（10.4.14-2）。

10.4.19 钢拱架与喷射混凝土进行强度较核时轴力由钢拱架与喷射混凝土共同承担，弯矩仅由钢拱架承担，可按下列公式计算：

喷射混凝土承担的轴力：

$$N_h = N \frac{A_h E_h}{A_h E_h + A_g E_g} \quad (10.4.19\text{-}1)$$

喷射混凝土承担的弯矩：

$$M_h = 0 \quad (10.4.19\text{-}2)$$

钢拱架承担的轴力：

$$N_g = N \frac{A_g E_g}{A_h E_h + A_g E_g} \quad (10.4.19\text{-}3)$$

钢拱架承担的弯矩：

$$M_z = M \quad (10.4.19\text{-}4)$$

式中：N、M——单位长度内验算截面的轴力及弯矩（kN，kN·m）；

A_h、A_g——喷射混凝土及钢拱架计算截面的面积；

E_h、E_g——喷射混凝土及钢拱架的弹性模量（kPa）；

N_h、N_g——喷射混凝土及钢拱架分别承担的轴力（kN）；

M_h、M_g——喷射混凝土及钢拱架分别承担的弯矩（kN·m）。

10.4.20 喷射混凝土及钢拱架强度校核应符合式（10.4.20-1）~式（10.4.20-3）或式（10.4.20-4）~式（10.4.20-6）的规定：

综合安全系数法：

喷射混凝土截面受压强度：

$$K_{hy} N_h \leq \alpha R_{hy} A_h \quad (10.4.20\text{-}1)$$

钢拱架受压强度：

$$K_g \left(\frac{N_g}{A_g} + \frac{M_g}{W_g} \right) \leq R_{gy} \quad (10.4.20\text{-}2)$$

钢拱架拉受拉强度：

$$K_g \left(\frac{N_g}{A_g} - \frac{M_g}{W_g} \right) \leq R_{gl} \quad (10.4.20\text{-}3)$$

分项安全系数法：

喷射混凝土截面受压强度：

$$\gamma_0 \gamma_1 N_h \leq \alpha \frac{R_h^a}{\gamma_{hy}} A_h \quad (10.4.20\text{-}4)$$

钢拱架受压强度：

$$\gamma_0 \gamma_1 \left(\frac{N_g}{A_g} + \frac{M_g}{W_g} \right) \leq \frac{R_{gy}}{\gamma_{gy}} \quad (10.4.20\text{-}5)$$

钢拱架拉受拉强度：

$$\gamma_0 \gamma_1 \left(\frac{N_g}{A_g} - \frac{M_g}{W_g} \right) \leq \frac{R_{gl}}{\gamma_{gl}} \quad (10.4.20\text{-}6)$$

式中：R_{gy}——拱架钢材的抗压极限强度（kPa）；
R_{gl}——拱架钢材的抗拉极限强度（kPa）；
K_{hy}——喷射混凝土的抗压强度综合安全系数；
K_g——钢拱架的抗压、抗拉强度综合安全系数，按表10.4.4确定；
W_g——钢拱架验算截面抗弯刚度（m³）；
α——偏心影响系数，按表10.4.13-2查取；
γ_{hy}——混凝土材料抗压强度分项系数；
γ_{gy}——钢材抗压强度分项系数；
其他符号意义同式（10.4.18-2）、式（10.4.19-1）~式（10.4.19-3）。

10.4.21 钢支撑强度校核时，应验算连接点强度及地基承载能力。

10.4.22 钢筋混凝土轴心受压构件，其正截面强度应符合式（10.4.22-1）或式（10.4.22-2）的规定：

综合安全系数法：
$$K_{hy}N_z \leqslant \varphi(R_{hy}A + R'_{gy}A'_g) \quad (10.4.22\text{-}1)$$

分项安全系数法：
$$\gamma_0\gamma_1 N_F \leqslant \varphi\left(\frac{R_{hy}}{\gamma_{hy}}A + \frac{R'_{gy}}{\gamma_{gy}}A'_g\right) \quad (10.4.22\text{-}2)$$

式中：N_z、N_F——计算截面的轴向力；
φ——钢筋混凝土构件的纵向弯曲系数，按表10.4.22查取；
R_{hy}——混凝土抗压标准强度；
A——构件截面面积；
R'_{gy}——纵向钢筋抗压标准强度；
A'_g——纵向钢筋截面面积；
K_{hy}——钢筋混凝土构件的混凝土或钢筋抗压强度综合安全系数，按表10.4.4确定。

当纵向钢筋配筋率大于3%时，式中A应改用净截面面积A_{h0}，$A_{h0} = A - A'_g$。

表10.4.22 钢筋混凝土构件的纵向弯曲系数 φ

l_0/b	≤8	10	12	14	16	18	20	22	24	26	28
l_0/d	≤7	10.5	10.5	12	14	15.5	17	19	21	22.5	24
l_0/r	≤28	35	42	48	55	62	69	76	83	90	97
φ	1.0	0.98	0.95	0.92	0.87	0.81	0.75	0.70	0.65	0.60	0.56
l_0/b	30	32	34	36	38	40	42	44	46	48	50
l_0/d	26	28	29.5	31	33	34.5	36.5	38	40	41.5	43
l_0/r	104	111	118	125	132	139	146	153	160	167	174
φ	0.52	0.48	0.44	0.40	0.36	0.32	0.29	0.26	0.23	0.21	0.19

注：（1）表中 l_0 为构件计算长度，b 为矩形截面短边尺寸，d 为圆形截面直径，r 为截面最小回转半径。
（2）构件计算长度 l_0 的确定：两端固定为 $0.5l$；一端固定，一端为不移动的铰为 $0.7l$；两端均为不移动的铰为 l；一端固定，一端自由为 $2l$（l 为构件支点间长度）。

10.4.23 钢筋混凝土矩形截面或翼缘位于受拉区的 T 形截面受弯构件,其正截面强度应符合式(10.4.23-1)或式(10.4.23-2)的规定(图 10.4.23):

综合安全系数法:

$$KM_z \leq f_{ck}bx\left(h_0 - \frac{x}{2}\right) + R'_g A'_g (h_0 - a'_g) \quad (10.4.23\text{-}1)$$

分项安全系数法:

$$\gamma_0 \gamma_1 M_F \leq \frac{f_{ck}}{\gamma_{hy}} bx\left(h_0 - \frac{x}{2}\right) + \frac{R'_g}{\gamma_{gy}} A'_g (h_0 - a'_g) \quad (10.4.23\text{-}2)$$

此时,中性轴的位置按下列公式确定:

$$R_g A_g - R'_g A'_g = f_{ck} bx \quad (10.4.23\text{-}3)$$

混凝土受压区高度应符合下列条件:

$$x \leq \xi_{jg} h_0 \quad (10.4.23\text{-}4)$$

$$x \geq 2a'_g \quad (10.4.23\text{-}5)$$

式中:f_{ck}——混凝土抗压标准强度;
　　　R_g——纵向受拉钢筋抗拉标准强度;
　　　A_g——纵向受拉钢筋截面面积;
　　　R'_g——纵向受压钢筋抗压标准强度;
　　　A'_g——纵向受压钢筋截面面积;
　　　b——矩形截面宽或 T 形截面腹板宽;
　　　x——混凝土受压区高度;
　　　h_0——截面有效高度;
　　　ξ_{jg}——混凝土受压区高度界限系数,按表 10.4.23 采用;
　　　a'_g——受压钢筋合力点至受压边缘的距离。

注:在构件中,如无受压钢筋或不考虑受压钢筋时,不需要符合公式(10.4.23-5)的要求。

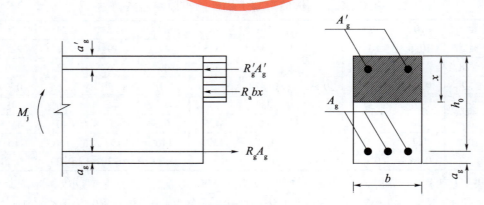

图 10.4.23　矩形截面钢筋混凝土受弯构件正截面强度计算图

表 10.4.23 混凝土受压区高度界限系数 ξ_{jg}

混凝土强度等级 钢筋种类	C50 及其以下	C55、C60	C65、C70	C75、C80
R235	0.62	0.6	0.58	—
HRB335	0.56	0.54	0.52	—
HRB400、KL400	0.53	0.51	0.49	—
钢绞线、钢丝	0.40	0.38	0.36	0.35
精轧螺纹钢筋	0.40	0.38	0.36	—

注：(1) 截面受拉区内配置不同种类钢筋的受弯构件，其 ξ_{jg} 值应选用相应于各种钢筋的较小者。

(2) $\xi_{jg}=x_b/h_0$，x_b 为纵向受拉钢筋和受压区混凝土同时达到其强度设计值时的受压区高度。

10.4.24 钢筋混凝土矩形、T 形和工字形截面的受弯构件，其截面尺寸应符合式 (10.4.24-1) 或式 (10.4.24-2) 的要求：

综合安全系数法：

$$KQ_z \leqslant 0.066\sqrt{R}bh_0 \tag{10.4.24-1}$$

分项安全系数法：

$$\gamma_0\gamma_1 Q_F \leqslant 0.066\frac{\sqrt{R}}{\gamma_{hj}}bh_0 \tag{10.4.24-2}$$

式中：Q_z、Q_F——计算截面上的最大剪力或最大剪力组合设计值（kN）；

b——计算截面的宽度（cm）；

h_0——计算截面的有效高度（cm）；

γ_{hj}——混凝土抗剪分项系数，按表 10.4.5-3 确定；

R——混凝土标号或换算强度等级（MPa）。

10.4.25 钢筋混凝土矩形截面偏心受压构件的正截面强度应按下列公式计算（图 10.4.25）：

综合安全系数法：

$$KN_z \leqslant R_a bx + R'_g A'_g - \sigma_g A_g \tag{10.4.25-1}$$

或

$$KN_z e \leqslant R_a bx\left(h_0 - \frac{x}{2}\right) + R'_g A'_g (h_0 - a'_g) \tag{10.4.25-2}$$

分项安全系数法：

$$\gamma_0\gamma_1 N_F \leqslant \frac{R_a}{\gamma_{hy}}bx + \frac{1}{\gamma_g}(R'_g A'_g - \sigma_g A_g) \tag{10.4.25-3}$$

或

$$\gamma_0\gamma_1 N_F e \leqslant \frac{R_a}{\gamma_{hy}}bx\left(h_0 - \frac{x}{2}\right) + \frac{R'_g}{\gamma_{gy}}A'_g (h_0 - a'_g) \tag{10.4.25-4}$$

此时,中性轴位置按下式确定:

$$R_a bx\left(e - h_0 + \frac{x}{2}\right) = \sigma_g A_g e \mp R'_g A'_g e' \qquad (10.4.25\text{-}5)$$

当 $\xi = \dfrac{x}{h_0} \leqslant \xi_{jg}$ 时,构件属于大偏心受压,式(10.4.25-1)~式(10.4.25-4)中的 σ_g 应采用 R_g;当 $\xi > \xi_{jg}$ 时,构件属于小偏心受压,σ_g 则按下式计算,但不应大于 R_g 值。

$$\sigma_g = 0.003 E_g \left(\frac{0.9}{\xi} - 1\right) \qquad (10.4.25\text{-}6)$$

当纵向力作用在钢筋 A'_g 的合力点与钢筋 A_g 的合力点之间时,式(10.4.25-5)等号右边第二项取正号;反之,取负号。

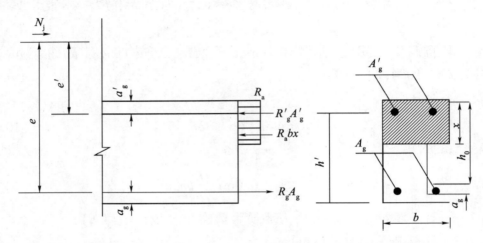

图 10.4.25 矩形截面钢筋混凝土偏心受压构件的正截面强度计算图

对于大偏心受压构件,如在计算中考虑受压钢筋时,则混凝土受压区高度应符合下列条件:

$$x \geqslant 2a'_g \qquad (10.4.25\text{-}7)$$

如不符合公式(10.4.25-7),则构件正截面强度可按下式计算:

综合安全系数法:

$$KN_z e' \leqslant R_g A_g (h_0 - a'_g) \qquad (10.4.25\text{-}8)$$

分项安全系数法:

$$\gamma_0 \gamma_1 N_F e' \leqslant \frac{R_g}{\gamma_{gy}} A_g (h_0 - a'_g) \qquad (10.4.25\text{-}9)$$

如按式(10.4.25-8)或(10.4.25-9)求得的构件强度比不考虑受压钢筋更小时,则在计算中不应考虑受压钢筋。

对于小偏心受压构件,如纵向力作用于钢筋 A_g 合力点与 A'_g 合力点之间时,尚应符合下列条件:

综合安全系数法:

$$KN_z e' \leqslant 0.5 R_a b h_0'^2 + R'_g A_g (h'_0 - a_g) \qquad (10.4.25\text{-}10)$$

分项安全系数法:

$$\gamma_0 \gamma_1 N_F e' \leqslant 0.5 \frac{R_a}{\gamma_{hy}} b h_0'^2 + \frac{R'_g}{\gamma_{gy}} A_g (h_0' - a_g) \tag{10.4.25-11}$$

以上式中：N_z、N_F——计算截面的纵向力或纵向力组合设计值；

σ_g——小偏心受压构件中受拉（或受压较小边）钢筋的应力；

e、e'——纵向力作用点至受拉及受压钢筋合力点之间的距离；

a'_g——受压钢筋合力点至受压边缘的距离；

A_g——受拉钢筋合力点至受拉边缘的距离；

ξ_{jg}——钢筋混凝土大、小偏心构件受压区高度界限系数，按表 10.4.23 采用；

h_0'——受压钢筋 A'_g 合力点至靠近受拉钢筋 A_g 的截面边缘之间的距离。

10.4.26 计算钢筋混凝土偏心受压构件时，对于矩形截面 $l_0/h > 8$（h 为弯矩作用平面内的截面高度），对于圆形截面 $l_0/d > 7$（d 为圆形截面直径），对于任意截面 $l_0/r_w > 28$（r_w 为弯矩作用平面内截面的回转半径），均应考虑构件在弯矩作用平面内的挠度对纵向力偏心距的影响。此时，应将纵向力对截面重心轴的偏心距 e_0 乘以偏心距增大系数 η。

$$\eta = \frac{1}{1 - \dfrac{\gamma_1 N_j}{10 \alpha_e E_h I_h \gamma_b} l_0^2} \tag{10.4.26-1}$$

$$\alpha_e = \frac{0.1}{0.3 + \dfrac{e_0}{h}} + 0.143 \tag{10.4.26-2}$$

当 $e_0/h \geqslant 1$ 时，取 $\alpha_e = 0.22$。

当为圆形截面时，式中 e_0/h 用 e_0/d 代替（d 为直径）。

式中：E_h——混凝土的弹性模量；

I_h——混凝土截面惯性矩；

α_e——考虑偏心距对 η 值的影响系数；

l_0——构件计算长度（m）。

当全部纵向钢筋的配筋率大于 3% 时，公式（10.4.26-1）中的 I_h 应乘以系数 1.2。

当公式（10.4.26-1）求得的 η 值为负值或大于 3 时，应加大截面尺寸。

10.4.27 钢筋混凝土偏心受压构件除应计算弯矩作用平面的强度外，尚应按轴心受压构件验算垂直于弯矩作用平面的强度。此时不考虑弯矩的作用，但应考虑纵向弯曲的影响。

11 隧道洞门与洞口构造物设计

11.1 一般规定

11.1.1 隧道洞口位置应根据地形、地质条件,结合环境保护、洞外工程、施工条件及运营要求等,通过经济、技术比较后确定。洞口设计宜避免过多人工装饰,减少人工痕迹,保护和最大限度地恢复原有地形地貌。

11.1.2 隧道洞口位置应尽量避让沟谷地形和傍山地形,避开滑坡、崩塌、泥石流等不良地质地段,避免洞口出现较大偏压受力状态。当无法完全避开不良地质区时,应对滑坡进行治理,对危石应进行清除或锚固,对泥石流地区应采取延伸洞口、设置明洞或支挡构造等防护措施。

11.1.3 洞口边坡、仰坡顶面及其周围区域,应根据地表径流情况设置排水沟、截水沟或急流槽等排水构造物,并与路基排水工程、天然沟渠共同组成有效的综合排水系统。

11.1.4 隧道进洞方式和构造应保证安全可靠,兼顾环保。洞口开挖后,应对边坡、仰坡及时防护,尽早完成明洞、洞门等洞口工程,严禁长时间暴露开挖坡面。洞口边坡、仰坡应根据实际地形、地质情况采取加固和防护措施,有条件时宜优先采用植被护坡工程技术。

11.1.5 隧道洞口可根据景观及洞口环境亮度情况设置遮光棚等视觉明、暗适应构造措施。洞门墙的建筑材料宜按照就地取材的原则选取。

11.1.6 洞口联络通道和管理用房应合理布设,既满足救援及运营需要,又不得对洞口行车造成不利影响。

11.2 洞门设计

11.2.1 公路隧道洞门可根据所处的地形地质条件、自然环境、人文特点设计为墙式洞门或明洞式洞门。墙式洞门可采用端墙、翼墙、柱式三种基本形式,或由其变化的台阶式、城墙式、单圆弧形和多圆弧形等形式;明洞式洞门可采用削竹式、喇叭式、棚洞式三种基本形式,或由其变化的环框式及倒削竹式等形式。

11.2.2 墙式洞门适用于地形较为陡峭、偏压较大或横断面地形复杂条件下的洞口。墙式洞门宜参照以下原则设计:

1 宜优先选择重力式洞门。重力式洞门宜采用仰斜式墙体结构,特殊情况下可采用衡重式结构。墙身材料可采用浆砌片石、现浇片石混凝土或混凝土,洞门基础宜采用现浇（片石）混凝土。

2 高烈度地震区,应采用抗震性能较好的轻型钢筋混凝土洞门。

3 混凝土墙式洞门墙与主洞衬砌之间应设置保证结构完整性的连接钢筋。

4 墙式洞门顶部宜设置墙帽,其外挑宽度为10～20cm,可采用料石砌筑或以混凝土浇筑。

5 墙式洞门墙主要尺寸可参考表11.2.2采用,并根据洞门高度、洞口地质条件、地震力等影响因素进行验算后确定。

表11.2.2 墙式洞门墙主要尺寸

项 目		墙面坡度	重力式洞门墙体厚度（cm）	轻型钢筋混凝土式洞门墙体厚度（cm）
分离式隧道及小净距隧道	明洞洞门	1:0.1～1:0.25	140～200	80～120
	洞口段围岩Ⅳ～Ⅴ级	1:0.1～1:0.25	140～200	80～120
	洞口段围岩Ⅰ～Ⅲ级	1:0.05～1:0.1	100～160	40～80
连拱隧道	明洞洞门	1:0.1～1:0.25	140～160	60～100
	洞口段围岩Ⅳ～Ⅴ级	1:0.1～1:0.25	140～160	60～100
	洞口段围岩Ⅰ～Ⅲ级	1:0.05～1:0.1	80～140	30～60

11.2.3 明洞式洞门适用于地形平缓、山体稳定或单侧边坡较高等地形条件下的洞口。明洞式洞门可参照以下原则设计:

1 宜优先选择削竹式洞门或喇叭式洞门形式。当洞口位于冲沟侧或冲沟底时,不宜采用削竹式或喇叭式洞门形式。

2 削竹式或喇叭式洞门可采用明洞衬砌,衬砌坡面的坡率宜采用1:0.75～1:1.0;回填坡面的坡率宜采用1:1.25～1:1.5,尽量使其与自然坡面同坡率,坡面宜采用植草或三维植物网等防护措施。

3 棚洞式洞门为设置于棚洞端部的洞门结构形式,适用于无落石危险地段,宜采用与棚洞连为一体的现浇钢筋混凝土结构。棚洞式洞门的结构形式可分为拱形、框架式、组合式等。

11.2.4 洞门构造应符合如下要求:

1 洞口仰坡坡脚至洞门墙背的水平距离不宜小于1.5m,洞门与仰坡之间的排水沟底部至衬砌外缘的高度应不小于1.0m,洞门墙顶高出仰坡脚应不小于0.5m。

2 洞门与仰坡之间的排水沟宜设置于洞门墙体上;当设置于回填土上时,回填土应夯填密实(压实度要求不小于90%)或用强度等级较低的混凝土、砌体筑填,并在沟底设置防渗层。

3 应保证洞门墙结构的强度、稳定性和抗震性。

4 根据实际需要,洞门墙可设置伸缩缝、沉降缝、泄水孔。伸缩缝的宽度宜为2cm,缝内沿墙的内、外、顶三边均需填塞沥青麻絮,填塞深度不小于20cm。

5 洞门墙背应作防排水设计,在洞门墙背与回填土体之间宜设置砂砾透水层或纵横透水管,并在墙身底部(路面以上约30cm高度处)设置一排泄水孔,在多雨水地区可设多排泄水孔。泄水孔间距宜为2m×2m,泄水孔径宜为ϕ10cm。墙背泄水孔底部应设隔水层,不容许积水渗入墙基底部。

6 端墙式洞门宜设计为仰斜式或衡重式墙身,墙面坡率宜取1:0.05~1:0.25。仰斜式洞门墙的最小厚度宜符合表11.2.4的规定。

表11.2.4 仰斜式洞门墙的最小厚度

建筑材料	最小厚度(cm)	建筑材料	最小厚度(cm)
钢筋混凝土、混凝土	30	浆砌粗料石、混凝土预制块	80
片石混凝土	50	浆砌片、块石	80

7 无端墙的洞门,宜设置利于排水及防仰坡碎落的门檐(挡块)构造,门檐设置宜与洞门建筑及洞口景观相协调。

8 墙式洞门的墙身嵌入路堑边坡的深度,硬质岩层不宜小于0.3m,软岩或土层不宜小于0.5m。

9 洞门设计中宜设置维修阶梯,维修阶梯可与截水沟(或急流槽)结合设置或单独设置。

11.2.5 洞门基础设置应符合以下规定:

1 洞门基础必须置于稳固的地基上。当洞门地基承载力不足时,可根据具体情况,采用换填、地基改良及加固等措施或采用加筋扩大基础。

2 墙式洞门基础底面埋入土质地基的深度不应小于1.0m,埋入石质地基的深度不应小于0.5m,并应低于洞门墙脚各种沟槽的基底。位于斜坡地面上的洞门墙趾的埋置条件应符合表11.2.5的要求。

3 冻土地区的墙式洞门基底高程应置于最大冻结线以下不小于0.25m;当冻结深度超过1m时,可将基底至冻结线以下0.25m处换填为砂砾石垫层,但应符合基底应力的要求。当地基为冻胀土层时,应进行防冻胀处理。

4 洞门扩大基础的台阶坡线与竖直线之间的夹角(刚性角),对于砌体基础不应大于35°,对于混凝土基础不应大于45°。

表 11.2.5 斜坡地面上洞门墙趾的埋置条件

地 层	埋入深度 h (m)	水平距离 L (m)	示 意 图
较完整的硬质岩层	0.5	≥1.0	
一般硬质岩层	0.8	≥1.50	
软质岩层	1.0	≥2.0	
土层	≥1.0	≥3.0	

11.2.6 应综合洞口地形、地质条件,合理选择进洞位置(成洞面)及辅助施工措施。成洞面位置的确定应符合下列规定:

1 应避免洞口开挖造成较大环境破坏和成洞面的失稳,成洞面的边仰坡高度应严格控制,洞顶以上仰坡高度应小于或等于3~5m。

2 成洞面应具有稳定的地面坡度并采取必要的防护措施。

11.2.7 隧道的进洞方式可在以下几种方法中选择:

1 贴壁进洞法:首先清除洞口上方地表的危石,对进洞坡面进行适当的防护后,依托钢拱架辅以超前小导管或锚杆实施进洞。本法适用于进洞面山坡较为陡峭、地质条件相对较好的Ⅰ~Ⅲ级石质围岩隧道洞口。

2 套拱加短管棚进洞法:沿隧道周边开挖轮廓线外钻孔打入短管棚,钢管环向间距为30~40cm,长度为10~15m,外插角为3°~5°,管径采用 $\phi 76mm$ 或 $\phi 89mm$,管内应注浆,对岩体进行加固。管棚端头宜外露1m左右,直接浇注在混凝土套拱内,或先修筑套拱后再钻进管棚孔,待套拱达到一定强度后开挖进洞。本法适用于岩质较破碎的Ⅲ~Ⅳ级围岩洞口。

3 套拱加长管棚进洞法:先修筑套拱,利用套拱内预埋的导向管钻管棚孔(环向间距为40~50cm),长管棚采用20~40m长、直径 $\phi 108mm$ 或 $\phi 127mm$ 的钢管高压注浆固结岩体,在管棚的保护下开挖进洞。本法适用于Ⅴ~Ⅵ级围岩或存在偏压等的特殊情况洞口。

4 地表锚杆(或小导管注浆)预加固进洞法:设计中需首先确定浅埋隧道土体松动压力范围,利用锚杆或小导管的剪切抗力效应和悬吊效果,控制地表沉降,提高工作面自稳性,使围岩具备成拱自承条件后,暗挖进洞,在掘进过程中需辅以超前支护或设套拱、喷、锚、网与钢拱架支护。本法适用于洞口段覆盖较浅、地层破碎或偏压地形的洞口。

5 回填暗挖进洞法:可在覆盖较薄或拱肩露空的一侧先回填一定厚度的水泥土或施作混凝土(浆砌片石)挡墙,使其符合暗挖的要求,进洞开挖时需辅以套拱与长(短)管棚预加固。本法适用于两侧地面横坡很陡,或洞口地处一边露空、另侧地面横坡很陡的傍山地形区洞口。

6 半明半暗进洞法:先施工洞口套拱,即露空部分(低侧)采用混凝土套拱配护拱(盖挖法),通过锚杆使其与岩体紧密连接,暗挖靠山部分(高侧)则采用普通套拱,利用套拱(护拱)内预埋的导向管钻孔施作管棚及注浆后开挖进洞。在逐榀架设钢拱架时,钢拱架应布设在暗挖围岩壁和露空部分的混凝土护拱内侧,当其全断面封闭后施作喷射混凝土,形成连续的初期支护,在该初期支护的保护下逐步向前推进。本法适用于地质条件相对较好、洞口轴线与地面线斜交的洞口。

7 斜交进洞法:可先顺地形设置斜交套拱,并根据地质情况设计洞口超前支护(长管棚、短管棚、小导管或锚杆),顺应地形斜交进洞开挖,其钢架应设计成扇形,分榀从斜交布置逐渐过渡到正交布置,并延长明洞,将洞门设计成正交洞门。本法适用于隧道轴线与等高线斜交的较为陡峭的地形及地质条件较好的洞口。本进洞法施工风险较大,应谨慎使用。

11.2.8 桥隧相连的洞口,应保证桥台与洞口段的施工安全及边坡永久稳定,避免桥台施工对隧道洞口产生不良影响,必要时可将桥台设置于隧道内。

11.3 洞门墙计算

11.3.1 洞门墙计算应符合以下规定:

1 洞门墙宜按照工程类比法初步拟订洞门墙尺寸,对墙身截面强度、偏心距、基底应力、抗滑和抗倾覆稳定性进行验算后,根据验算结果调整墙身厚度,直至选定一个安全、经济的墙身厚度。

2 洞门墙的墙身强度、偏心距、抗滑稳定性、抗倾覆稳定性及基底应力应符合表11.3.1的规定。

表11.3.1 洞门墙验算主要规定

项 目	主 要 规 定	项 目	主 要 规 定
墙身截面应力	≤材料容许应力	基底偏心距 e	岩石地基≤0.2B,土质地基≤0.16B
墙身截面偏心距	≤0.3倍截面厚度	滑动稳定系数 K_c	≥1.3
基底应力 σ	≤地基承载力容许值	倾覆稳定系数 K_0	≥1.6

注:B 为基础宽度。

3 洞门墙计算时,应根据地质勘察报告所提供的地质资料取用设计参数;当缺乏勘察资料时,可参照本细则第6.4节的规定取用。

4 洞门墙上的主要作用为:墙背土压力、墙身自重和地震作用力。作用于洞门墙墙背上的主动土压力可按库仑理论计算,以土压力的水平分力控制设计,墙前部的被动土压力可不计入。

11.3.2 洞门墙的抗倾覆稳定性可按式(11.3.2)计算。

$$K_0 = \frac{\sum M_y}{\sum M_0} \tag{11.3.2}$$

式中：K_0——倾覆稳定系数；
　　　M_y——垂直力对墙趾的稳定力矩；
　　　M_0——水平力对墙趾的倾覆力矩。

11.3.3 洞门墙的抗滑稳定性可按式(11.3.3)计算。

$$K_c = \frac{(\sum N + \sum E\tan\alpha)f}{\sum E - \sum N\tan\alpha} \tag{11.3.3}$$

式中：K_c——滑动稳定系数；
　　　N——作用于基底上的垂直力；
　　　E——墙后主动土压力的水平分力；
　　　f——基底摩擦系数；
　　　α——基底倾斜角。

11.3.4 洞门墙基底合力的偏心距可按式(11.3.4-1)～式(11.3.4-5)计算。
　　1　水平基底

$$e = \frac{B}{2} - c \tag{11.3.4-1}$$

　　2　倾斜基底

$$e' = \frac{B'}{2} - c' \tag{11.3.4-2}$$

其中：

$$c = \frac{\sum M_y - \sum M_0}{\sum N} \tag{11.3.4-3}$$

$$c' = \frac{\sum M_y - \sum M_0}{\sum N'} \tag{11.3.4-4}$$

$$N' = \sum N\cos\alpha + \sum E\sin\alpha \tag{11.3.4-5}$$

式中：e——水平基底偏心距；
　　　e'——倾斜基底偏心距；
　　　B——水平基底宽度；
　　　B'——倾斜基底宽度；
　　　其他符号意义同式(11.3.2)、式(11.3.3)。

11.3.5 洞门墙的基底应力可按式(11.3.5-1)～式(11.3.5-4)计算。
　　1　水平基底

$$e \leq \frac{B}{6} \text{时} \quad \sigma_{\min}^{\max} = \frac{\sum N}{B}\left(1 \pm \frac{6e}{B}\right) \qquad (11.3.5\text{-}1)$$

$$e > \frac{B}{6} \text{时} \quad \sigma_{\max} = \frac{2}{3}\frac{\sum N}{c} \qquad (11.3.5\text{-}2)$$

2 倾斜基底

$$e' \leq \frac{B'}{6} \text{时} \quad \sigma_{\min}^{\max} = \frac{\sum N'}{B'}\left(1 \pm \frac{6e'}{B'}\right) \qquad (11.3.5\text{-}3)$$

$$e > \frac{B'}{6} \text{时} \quad \sigma_{\max} = \frac{2}{3}\frac{\sum N'}{c'} \qquad (11.3.5\text{-}4)$$

以上式中：$\sigma_{\max}$——基底最大压应力；
　　　　　$\sigma_{\min}$——基底最小压应力；
　　其他符号意义同式(11.3.4-1)~式(11.3.4-4)。

11.3.6 洞门墙的墙身截面偏心距及强度可按式(11.3.6-1)、式(11.3.6-2)计算。

1 偏心距 e_b

$$e_b = \frac{M}{N} \qquad (11.3.6\text{-}1)$$

式中：M——计算截面之上各力对截面形心力矩的代数和；
　　　N——作用于计算截面之上垂直力之和。

2 截面应力 σ

$$\sigma = \frac{N}{A} \pm \frac{M}{W} \qquad (11.3.6\text{-}2)$$

式中：A——计算截面的面积；
　　　W——计算截面抵抗矩；
　　M、N——意义同式(11.3.6-1)。

当截面偏心矩符合本细则第 10 章规定，但截面出现拉应力时，若拉应力值不大于墙体材料的容许拉应力，则截面强度符合规定；当拉应力值大于墙体材料的容许拉应力时，可不考虑墙体拉应力，按受压区应力重分布重新验算最大压应力，其值不得大于墙体材料的容许压应力。

11.4 洞口景观设计

11.4.1 隧道洞口景观设计应符合以下基本原则：
1 应简洁实用，与隧道洞口周围的地形、植被及洞口接线线形相协调，有利于环境保护。
2 应尽可能降低洞口亮度，改善驾乘人员的视觉适应条件，为驾乘人员提供安全舒适的行车环境。
3 在满足使用功能的情况下，宜在造型上适当反映洞口所在地区的人文环境与文化传统等因素。

11.4.2 洞口景观设计前应进行必要的环境调查，包含以下内容：
1 隧道洞口所处的地理位置及朝向。
2 洞口所处的地形类型，如山鼻、山凹、台地、沟底等。
3 洞口周边植被的种类、高矮、疏密程度、地表径流的流向和流量等。
4 常年主导风向、最低最高气温、日照、年降雨情况以及雾天等气候情况。
5 洞口周边的构造物、居民点及人文环境。

11.4.3 洞口景观设计应符合以下规定：
1 在公路路线平纵面设计时，应将隧道洞口的景观作为设计要素，使洞口景观设计融入路线的总体设计中。
2 洞口景观设计应与结构使用功能设计相结合。景观设计时，可利用景观构造物实施减少洞口亮度、洞口防废气串流及支护边坡等功能，洞口植树绿化、人工减光措施、废气防串隔离结构、支挡结构等设计，也应纳入景观设计总体规划之中。
3 应将洞口区域周边一定范围内的地形、地质、植被等条件，人工构造物及人文环境等因素，纳入景观设计规划，避免破坏原有的自然景观或人文景观。
4 洞口景观设计应力求简洁明快，与周围的自然环境融为一体，绿化工程应尽量采用原地植被的树种或相近的种类。
5 洞口景观设计应与洞门结构形式相协调。

11.5 洞口构造物设计

11.5.1 隧道洞口需设置管理用房时，宜尽量靠近洞口，规划好进出的联络通道，并与洞口景观设计相协调。

11.5.2 上、下行分离隧道的两端洞口，应选择适当位置设置联络线（转向车道），供转向和抢险救灾使用。转向车道应符合下列要求：
1 特长、长隧道应设置转向车道，中、短隧道有条件时宜设置转向车道，隧道群可在起止两端洞口设置转向车道；当受条件限制，无法设置转向车道时，可在中央分隔带处设置开口部。
2 转向车道口应保证良好的视距。
3 转向车道口应满足超长车辆的转弯要求。
4 转向车道路面宽不小于3.5m，平面宜采用"米"字形布设，场地限制时可采用"K"形布设，纵坡不宜大于7%。

11.5.3 隧道洞口是否设置遮光棚，应以保证行车安全、舒适及节能为前提，可根据隧道洞口环境的亮度条件、景观要求,结合照明、景观设计综合考虑后确定。遮光棚可采用拱式和棚架式两种形式,其材料可采用钢筋混凝土或钢构件,造型设计时应综合考虑隧道洞门形式、洞口地形及人文环境。遮光棚的长度宜为 2~3s 行车速度下的行程。遮光棚的透光率,应根据洞口环境亮度和照明设计确定。

11.5.4 使用机械通风的双洞单向行驶隧道,当左、右洞口间距较近时,洞口设计应考虑防串流措施,宜采用下列几种方式:

1 在洞口地形及环境条件允许的情况下,结合洞口的综合规划,尽量将两隧道洞门的纵向布置位置错开 10m 以上。

2 根据地形、地质条件,可设置通风横洞,改变一条隧道的风流方向。

3 洞口接线路基中央分隔带处,宜设置墙式或棚架式隔离措施,设置长度不宜小于 15m,高度应高出隧道洞顶高度 3m。

11.5.5 严寒地区,可能产生较严重积雪的洞口,应设置防雪棚。防雪棚的构造可参照棚洞,计入雪荷载进行设计。

11.5.6 当桥隧相叠、相邻或相接时,隧道洞口设计应综合考虑地形、地质条件、桥梁形式及布置等,拟定合理的桥隧连接方式及施工工序,并符合下列要求:

1 当桥隧相叠时,与桥梁重合的洞口段净空轮廓,除应考虑桥台、梁体及桥面系结构的布置空间外,还应预留更换支座等时效性构件的施工操作空间。

2 当桥梁与隧道相接时,隧道与桥台设计应考虑施工时相互间的影响,根据桥台和洞口段的结构形式,地形、地质条件,合理规划两者的施工工序及施工组织计划。

3 当桥隧相邻时,隧道洞口排水系统设计应与桥面排水设计综合考虑,防止隧道排水对桥台造成不利影响。

4 当桥梁与隧道相接(或相叠)时,桥梁与隧道的硬路肩宽度不同,应设置变宽过渡段,宜在桥梁桥面上采用画线过渡或设置隔离构造物等平顺渐变过渡措施。

12 明洞设计

12.1 一般规定

12.1.1 明洞结构可分为拱形明洞、框架式明洞及棚洞等类型，设计时应根据地形、地质、施工条件，考虑结构安全、经济实用、美观等因素，综合分析后确定。

1 边坡一次塌方量大、落石较多且基底地质条件较好时，宜采用拱形明洞。

2 建筑高度受到限制或地基较为软弱时，可采用框架式明洞。

3 路基外侧地形狭窄、内外侧墙基底地质构造明显不同，外侧基础工程量较大或洞顶荷载较小时，可采用棚洞。

4 需保护洞口自然环境或防范洞口边、仰坡滚石时，应加长隧道修建拱形明洞或棚洞，洞顶可采用植草、植树等绿化措施。

5 连拱隧道洞口所处地形特别陡峭，采用整体式明洞将使一侧路堑边坡或仰坡较高时，洞口段宜采用明暗组合的结构形式。

6 小净距隧道成洞面不在同一断面时，一侧洞口宜采用明洞，将两侧洞门设在同一断面上。

7 滑坡地段不宜修建明洞，但若采取综合整治措施能确保明洞结构安全稳定时，可修建抗滑明洞。抗滑明洞应按支挡工程设计，其构造应确保滑坡体稳定与明洞安全。

12.1.2 明洞衬砌设计应符合下列规定：

1 明洞应采用钢筋混凝土结构，当衬砌边墙侧压较大、地层松软或有抗震要求时，宜设仰拱。

2 拱形明洞可按整体式衬砌设计。

3 地形偏压的拱形明洞衬砌的外侧边墙宜适当加厚。当地形条件允许时，可采用反压回填、设反压墙或反压路堤等消减偏压措施。

4 明洞长度较短、洞口地层松软、开挖仰坡和边坡时易引起塌方时，或在已塌方的地段，宜先做明洞后挖暗洞；地层较为稳定，设有较长明洞的长或特长隧道，在工期较紧时，可采用先进暗洞后做明洞的施工方法。

5 当采用棚洞结构时，应先清除山体一侧的危石、孤石，视地质条件加固其边坡，消除可能存在的不安全因素。

12.1.3 当明洞位于地质变化较大地段时，应设置沉降缝。在温差较大地区，应结合地基的地质情况设置伸缩缝,石质地基伸缩缝间距宜为 20～30m,土质地基宜为 10～20m。沉降缝、施工缝或伸缩缝应设于同一横断面上。

12.2 明洞设计

12.2.1 明洞结构设计应符合以下规定:

1 拱形明洞按其结构受力特点可分为路堑对称型、路堑偏压型。拱形明洞的拱圈可采用等截面或变截面,拱脚厚度宜为拱顶厚度的 1～1.5 倍,基础宜采用直墙式。

2 棚洞的结构形式和构件截面尺寸应根据地形、地质条件和荷载情况,经结构验算后确定。棚洞基础应置于稳固的地基上,其埋置深度可参照本细则第 11.2.5 条的规定执行。

3 棚洞结构的顶板可采用 T 形截面板、Ⅱ 形截面板或空心板构件。内边墙可采用挡土墙结构,当内侧岩体完整、坚固、无地下水时,可采用锚杆挡土墙;外侧边墙可视地形、地基条件,边坡塌方、落石等情况,选用墙式、柱式、刚架等结构类型。当棚洞外侧地形陡峻狭窄时,棚洞顶外侧应设安全防护栏杆,行车道或检修道外侧也宜采取相应安全措施。

4 明洞衬砌应敷设具有防渗、防积水、防冰冻功能的外贴式防水板和隔水层。

12.2.2 特殊、软弱地基的明洞基础可采用以下地基处理措施、基础形式:

1 软弱地基处理:

1)换填砂砾垫层:适用于淤泥、淤泥质土、素填土、杂填土等的浅层处理。砂砾垫层材料可采用中砂、粗砂、砂砾和碎(卵)石。垫层材料不得含有植物残体等杂质,黏粒含量不应大于 5%,粉粒含量不应大于 25%,砾料砾径不宜大于 50mm。砂砾垫层顶面的每边长度应比基底每边长度增加 0.3m 以上。垫层厚度不宜小于 0.5m,也不宜大于 3m。

2)砂桩:适用于挤密松散砂土、素填土和杂填土地基。砂桩内填料宜采用砂砾、粗砂、中砂、圆砾、角砾、卵石碎石等。砂桩填料中含泥量不应大于 5%,不宜含有粒径大于 50mm 的粒料。砂桩直径可采用 0.3～0.8m,需根据地基土质和成桩设备确定。砂桩挤密地基宽度应超出基础宽度,每边放宽宜为 1～3 排。砂桩用于防止砂层液化时,每边放宽不宜小于处理深度的 1/2,并且不应小于 5m;当可液化层上覆盖有厚度大于 3m 的非液化层时,每边放宽不宜小于液化层厚度的 1/2,且不应小于 3m。砂桩平面布置可按等边三角形或正方形排列。

3)砂井:适用于处理淤泥质土、淤泥和充填土等饱和黏性土地基。砂井预压方法有普通砂井、袋装砂井和塑料排水板等。普通砂井直径可取 300～500mm,袋装砂井直径可取 70～100mm。砂井平面布置可按等边三角形或正方形排列。

2 特殊、软弱地基的明洞基础形式:

1)仰拱基础:适用于基础处于稳定状态的软弱地层,是软弱地层明洞基础的首选形式;可不进行软弱地基处理,或仅适当换填砂砾垫层。

2)整体基础:适用于基础位于稳定的软弱地层,但不宜于设仰拱时。整体基础应采用钢筋混凝土结构,且明洞边墙底部宜适当加大尺寸。整体基础下的软弱地基应进行加固处理。

　　3)深(高)基础:适用于横断面为陡坡且基岩埋藏较浅的地段。明洞两边墙基础可为高低基础,高侧为浅(低)基础,低侧则为深(高)基础。若深基础较高,可以在基础中部挖洞掏空。当深基础高度超过3m时,应在路基面以下设置钢筋混凝土拉杆,拉杆应锚固于内墙基础中或基岩内。

　　4)桩基础:适用于横断面为斜坡但基岩埋藏深,上覆厚软弱土、堆积土或风化土等土层地段,或地基承载力较差,挖基不安全,不宜采用扩大基础时。

12.2.3 明洞洞顶回填、拱背处理措施,应根据明洞设置的目的、作用及地形条件、山坡病害等而定,并应符合下列规定:

　　1 当边坡有严重的危石、崩坍威胁时,应清除危石或对边坡作加固处理。当存在一般落石、崩坍危害时,明洞拱背的回填土厚度不宜小于1.5m,填土表面应设置排水坡度。

　　2 当明洞不设洞门墙时,可采用拱背部分裸露、按自然山坡坡度填土,填土表面一般应植草。

　　3 立交明洞的回填土厚度应根据公路、铁路、沟渠及其他人工构造物的高程,考虑自然环境、美化要求、结构设计需要等综合确定,按设计条件也可增设护拱或不设回填土层。

　　4 当明洞顶设置过水渡槽、泥石流渡槽、沟渠及其他穿越构造物时,设计时应考虑其对明洞的影响。过水沟渠或普通截水沟沟底距洞顶外缘厚度不宜小于1.0m。排洪、导引泥石流的渡槽底面,距洞顶外缘厚度不宜小于1.5m。

　　5 洞顶回填土的面坡坡度,可根据防御落石、坍塌的功能需要和支撑边坡的稳定性,结合填料、地形和排水要求,综合确定。

　　6 按洞顶排水需要,回填土坡度不宜小于2%;一般落石、坍塌情况下,回填土石坡度宜为1:5~1:3;山坡可能发生的较大塌方、泥石流、滑坡时,回填土石坡度宜为1:3~1:1.5。回填土与挖方边坡接触处,宜开挖成台阶,并用粗糙透水性材料填塞,防止回填土石沿边坡滑动。

12.2.4 明洞边墙背后回填,应根据明洞类型、地质条件、设计要求和施工方法,综合确定。回填材料种类可采用浆砌片石、片石混凝土、素混凝土或透水性材料。

　　1 衬砌设计考虑地层弹性抗力时,边墙背后超挖部分应采用素混凝土、片石混凝土或浆砌片石回填。

　　2 衬砌设计只计墙背地层或回填土主动土压力时,边墙背后所采用的回填材料的内摩擦角,应大于地层的内摩擦角或设计要求的填料内摩擦角。

12.2.5 明洞衬砌施工应符合以下基本施工工艺要求:

　　1 边墙、拱圈混凝土强度等级达到设计强度的70%时,才能施作防水层、墙脚盲沟及回填。

2 明洞拱背回填应对称分层夯实,每层厚度不宜大于 0.3m,两侧回填土顶面高差不应大于 0.5m;回填至拱顶后需满铺分层填筑,严禁任意抛填。

3 采用推土机等大型机械回填时,应先用人工夯填,当厚度大于 1.0m 后大型机械设备方可在顶部进行作业。洞顶回填土石的压实度不宜小于 90%。

4 边墙施工应尽量减少超挖,超挖回填应按设计要求实施。超挖数量较小时,边墙圬工紧贴开挖面砌筑;超挖数量较大时,超挖部分用浆砌片石回填。当设计要求墙背回填干砌片石时,必须分层码砌,填塞紧密。

12.3 明洞结构计算

12.3.1 明洞衬砌应采用荷载—结构法计算,当墙背和仰拱岩体对边墙有约束时,应计入围岩约束衬砌变形的弹性抗力。作用于回填密实的明洞衬砌构件的围岩弹性抗力可采用局部变形理论计算。

明洞计算时,除计入结构自重、拱部及侧边墙的回填土压力、拱部上方车辆荷载及其引起的土压力等荷载外,还应计入高陡边坡落石冲击力及基础不均匀沉降等作用。

12.3.2 明洞衬砌应按破损阶段计算钢筋混凝土构件的截面强度,按不同荷载组合,采用不同的强度安全系数。强度安全系数应符合表 12.3.2 的规定。

表 12.3.2 钢筋混凝土结构的强度安全系数

强度状态	荷载组合	
	永久荷载+基本可变荷载	永久荷载+基本可变荷载+其他可变荷载
钢筋达到强度的标准值,混凝土达到抗压或抗剪强度的极限值	2.0	1.7
混凝土达到抗拉强度的极限值	2.4	2.0

注:(1)验算施工阶段的构件强度时,钢筋混凝土结构的强度安全系数可按表中"永久荷载+基本可变荷载+其他可变荷载"栏内的数值乘以折减系数 0.9。
(2)特殊明洞除进行结构强度验算外,尚应进行抗滑、抗倾覆稳定验算。

12.3.3 拱圈回填土石压力可按下列公式计算:

1 拱圈回填土石的垂直土压力可按式(12.3.3-1)计算:

$$q_i = \gamma_1 h_i \tag{12.3.3-1}$$

式中:q_i——明洞结构上计算点 i 的回填土石垂直压力值(kN/m^2);

γ_1——拱背回填土石重度(kN/m^3);

h_i——明洞结构上计算点 i 的土体高度值(m)。

2 拱圈回填土石的土侧压力可按式(12.3.3-2)计算:

$$e_i = \gamma_1 h_i \lambda \tag{12.3.3-2}$$

土侧压力系数 λ，分两种情况计算：

1）当填土坡面向上倾斜（图 12.3.3-1）时，按无限土体计算：

$$\lambda = \cos\alpha \frac{\cos\alpha - \sqrt{\cos^2\alpha - \cos^2\varphi_c}}{\cos\alpha + \sqrt{\cos^2\alpha - \cos^2\varphi_c}} \qquad (12.3.3\text{-}3)$$

2）当填土坡面向上倾斜（图 12.3.3-2）时，按有限土体计算：

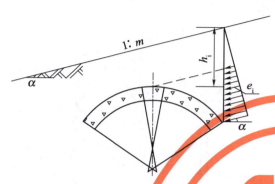 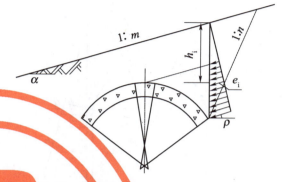

图 12.3.3-1　拱圈回填土石的土侧压力系数　　　图 12.3.3-2　拱圈回填土石的土侧压力系数
　　　　　　λ 计算简图一　　　　　　　　　　　　　　　　　　　λ 计算简图二

$$\lambda = \frac{mu(1-\mu n)}{(m-n)[(\mu+n)\cos\rho + (1-\mu n)\sin\rho]} \qquad (12.3.3\text{-}4)$$

以上式中：e_i——计算点 i 的土侧压力值（kN/m^2）；
　　　　　γ_1、h_i——意义同式（12.3.3-1）；
　　　　　α——设计填土面坡度角（°）；
　　　　　φ_c——拱背回填土石计算摩擦角（°）；
　　　　　ρ——土侧压力作用方向与水平线的夹角（°）；
　　　　　n——开挖边坡坡率；
　　　　　m——回填土石面坡率；
　　　　　μ——回填土石与开挖边坡面间的摩擦系数。

12.3.4　边墙回填土石的土侧压力可按式（12.3.4-1）计算：

$$e_i = \gamma_2 h'_i \lambda \qquad (12.3.4\text{-}1)$$

$$h'_i = h''_i + \frac{\gamma_1}{\gamma_2} h_1 \qquad (12.3.4\text{-}2)$$

填土石的土侧压力系数 λ，按下列三种工况分别计算：

1）填土坡面向上倾斜时（图 12.3.4-1）：

$$\lambda = \frac{\cos^2\varphi_c}{\left[1 + \sqrt{\dfrac{\sin\varphi_c \sin(\varphi_c - \alpha')}{\cos\alpha'}}\right]^2} \qquad (12.3.4\text{-}3)$$

2）填土坡面向下倾斜时（图 12.3.4-2）：

$$\lambda = \frac{\tan\theta_0}{\tan(\theta_0 + \varphi_c)(1 + \tan\alpha' \tan\theta_0)} \qquad (12.3.4\text{-}4)$$

$$\alpha' = \arctan\left(\frac{\gamma_1}{\gamma_2}\tan\alpha\right) \tag{12.3.4-5}$$

$$\tan\theta_0 = \frac{-\tan\varphi_c + \sqrt{(1+\tan^2\varphi_c)(1+\tan\alpha'/\tan\varphi_c)}}{1+(1+\tan^2\varphi_c)\tan\alpha'/\tan\varphi_c} \tag{12.3.4-6}$$

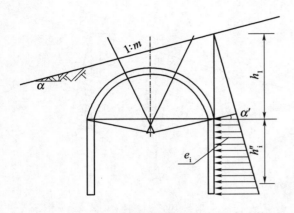

图 12.3.4-1 边墙回填土石的土侧压力系数 λ 计算简图一

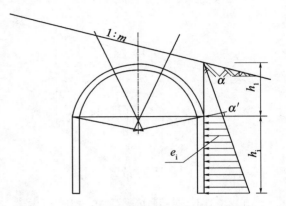

图 12.3.4-2 边墙回填土石的土侧压力系数 λ 计算简图二

3）填土坡面水平时：

$$\lambda = \tan^2\left(\frac{\pi}{4} - \frac{\varphi_c}{2}\right) \tag{12.3.4-7}$$

以上式中：γ_1——拱背回填土石重度（kN/m^3）；

γ_2——墙背回填土石重度（kN/m^3）；

h'_i——边墙计算点换算高度（m）；

h''_i——墙顶至计算位置的高度（m）；

h_1——填土坡面至墙顶的垂直高度（m）；

φ_c——墙背回填土石的计算摩擦角（°）；

α、α'——如图 12.3.4-1、图 12.3.4-2 所示。

12.3.5 车辆荷载、人群荷载可按下列公式计算：

1　车辆荷载、人群荷载的垂直压力：

$$P_V = \frac{3PH^3}{2\pi R^5} \tag{12.3.5-1}$$

式中：P_V——某计算点的垂直应力（kPa）；

P——集中荷载（kN）；

H——半无限体内某点距地面的深度（m）；

R——施力点与计算点的距离（m）。

2　车辆荷载、人群荷载的水平压力：

$$e_H = \lambda P_V \tag{12.3.5-2}$$

$$\lambda = \tan^2\left(45° - \frac{\varphi_c}{2}\right) \tag{12.3.5-3}$$

式中：e_H——车辆荷载、人群荷载引起的水平压力(kPa)；

λ——土的侧压力系数；

P_V——车辆荷载、人群荷载的垂直压力(kPa)；

φ_c——土的计算内摩擦角(°)。

3 车辆荷载冲击力：若明洞上方为立交公路，且洞顶填料厚度小于0.5m，则应计汽车荷载冲击作用。汽车荷载的冲击力标准值为汽车荷载标准值乘以冲击系数μ。冲击系数μ与结构基频f(Hz)相关：当$f<1.5$Hz时，$\mu=0.05$；当$1.5\text{Hz}\leqslant f\leqslant 14$Hz时，$\mu=0.1767\ln f - 0.0157$；当$f>14$Hz时，$\mu=0.45$。

4 汽车荷载制动力：若明洞上方为立交公路，且洞顶无填土，则应考虑汽车荷载制动力。汽车荷载的制动力，按明洞顶加载长度区内同向行驶的汽车荷载总重力的10%计算。同向行驶双车道的汽车荷载制动力标准值，为一个设计车道汽车制动力标准值的两倍；同向行驶三车道的汽车荷载制动力，为一个设计车道汽车制动力标准值的2.34倍；同向行驶四车道的汽车荷载制动力，为一个设计车道汽车制动力标准值的2.68倍。

12.3.6 列车荷载可按下列公式计算：

1 列车活载产生的垂直压力：列车活载在轨底平面上的横向分布宽度为2.5m，在路基内与竖直线成一角度(正切值为0.5)向外扩散，活载在明洞上产生的竖直压力可按下式计算：

$$q_h = \frac{165}{2.5+h} \tag{12.3.6-1}$$

式中：q_h——在轨底以下深度h(m)处，列车活载的竖向压力强度(kPa)；

h——轨底以下深度(m)。

2 列车活载产生的水平压力：

$$e = \lambda q_h$$
$$\lambda = \tan^2\left(45° - \frac{\varphi_c}{2}\right) \tag{12.3.6-2}$$

式中：λ——水平压力系数；

e——列车活载产生的水平力；

q_h——同式(12.3.6-1)；

φ_c——回填土石的计算内摩擦角(°)。

3 列车活载冲击力及制动力：

若明洞上方为立交铁路，且洞顶填土厚度$h<1$m(从轨底算起)，则应计列车活载冲击力和制动力。竖向活载计入冲击力时，应将列车活载竖向压力乘以冲击系数$(1+\mu)$，μ可按式(12.3.6-3)计算。

$$\mu = \frac{6a}{30 + L} \quad (12.3.6\text{-}3)$$

$$a = 4(1 - h) \leq 2 \quad (12.3.6\text{-}4)$$

式中：L——计算跨度(m)；

h——洞顶填土厚度(m)。

制动力或牵引力按竖向活载的10%计算；若与冲击力同时计算，按竖向活载的7%计算。制动力或牵引力的作用点在轨顶以上2m处；计算棚洞的简支边墙时，移至支座中心处；计算墙顶活载的制动力或牵引力时，移至轨底；计算拱形或刚架式明洞时，移至拱顶或横杆中心处。移动作用点所产生的竖向力或力矩均不计入。

12.3.7 落石冲击力计算宜符合下列规定：

1 落石冲击力 P 可按式(12.3.7-1)计算。

$$P = \frac{Qv_0}{gt} \quad (12.3.7\text{-}1)$$

式中：P——落石冲击力(kN)；

Q——落石重力(kN)；

g——重力加速度，取9.81m/s^2；

v_0——冲击时的速度(m/s)；

t——冲击持续时间(s)。

2 落石冲击速度 v_0 可按式(12.3.7-2)计算。

$$v_0 = \mu \sqrt{2gH} \quad (12.3.7\text{-}2)$$

$$\mu = \sqrt{1 - K\cot\alpha} \quad (12.3.7\text{-}3)$$

式中：H——落石高度(m)；

μ——系数，可按式(12.3.7-3)计算；

g——重力加速度，取9.81m/s^2；

α——山坡坡度角(°)；

K——石块沿山坡滚动阻力系数，可由图12.3.7查得。

3 落石冲击持续时间 t 可按式(12.3.7-4)计算。

$$t = \frac{2h}{c} \quad (12.3.7\text{-}4)$$

$$c = \sqrt{\frac{(1 - \mu)E}{(1 + \mu)(1 - 2\mu)\rho}} \quad (12.3.7\text{-}5)$$

式中：h——缓冲回填土计算厚度(m)；

c——压缩波在缓冲回填土中的往复速

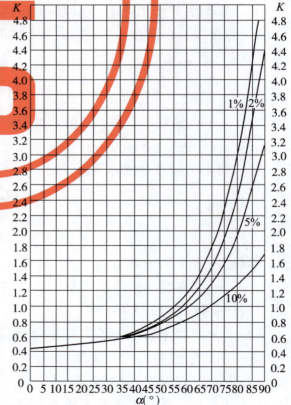

图12.3.7 $K = f(\alpha)$ 系数曲线图(保证率 $p = 1\%、2\%、5\%$ 和 10%)

度(m/s);

μ——回填土的泊松比,见表12.3.7-1;

E——回填土的弹性模量,见表12.3.7-2;

ρ——回填土的重度(kN/m^3)。

表12.3.7-1 回填土的泊松比

按颗粒成分区分的土的名称	泊松比(横向变形系数)μ
砂砾碎石	0.12～0.17
砂	0.17～0.29
黏砂土	0.21～0.29
砂黏土	0.30～0.37
黏土	0.36～0.39
重黏土	0.40

表12.3.7-2 回填土的弹性模量

土 壤 名 称		E(MPa)	
粗碎土壤	砾石及卵石	65～54	
	碎石	65～29	
	角砾	42～14	
砂质土壤	密实程度	密实的	中等密实的
	粗砂土和砾石砂土,不受湿度影响	48	38
	中粒砂土,不受湿度影响	42	31
	细粒干砂土	36	25
黏土质土壤	塑性	硬的	塑性的
	黏土	59～16	16～4
	砂黏土	39～16	16～4

13 隧道衬砌设计

13.1 一般规定

13.1.1 公路隧道可根据隧道围岩地质条件、施工条件和使用要求，分别采用喷锚衬砌、整体式衬砌、复合式衬砌、离壁式衬砌、预制管片衬砌等衬砌类型。高速公路、一级公路、二级公路的隧道宜采用复合式衬砌；三级及三级以下公路的隧道，隧道洞口段宜采用复合式衬砌或整体式衬砌，洞身为Ⅰ、Ⅱ、Ⅲ级围岩条件下可采用喷锚衬砌；特殊情况下可采用预制管片衬砌或离壁式衬砌。

13.1.2 衬砌断面宜采用曲边墙拱形断面；车行横洞、人行横洞、通风道等断面较小的隧道及风机洞室、工作室，若地质条件较好，可采用直墙拱形断面。

13.1.3 衬砌结构应在洞口段、浅埋地段、断层破碎带前后、硬软地层分界处及荷载发生较大变化处设置环向变形缝。变形缝纵向间距宜为10~25m，双车道隧道可取低值，三车道隧道可取高值；地形、地质条件变化显著地段取低值，变化较小地段可取高值。

13.1.4 隧道洞口段衬砌应予以加强。加强范围应根据地形、地质和环境条件确定，双车道隧道不宜小于10m，三车道不宜小于15m。当洞口围岩级别确定已考虑地形影响的修正时，可按照降低后的围岩级别拟订衬砌支护参数，不需另行加强。

13.1.5 车行横洞、Ⅳ级围岩或Ⅴ级围岩人行横洞、车行横洞、通风联络通道等与主洞的交叉段衬砌，均应加强。加强衬砌应向各交叉洞延伸，主洞延伸长度不小于5.0m，横通道延伸长度不小于3.0m。Ⅰ~Ⅲ级围岩的人行横洞、消防设备洞、控制柜等断面较小的洞室，与主洞边墙部位相交时，可不做特殊处理。

13.1.6 围岩较差地段的衬砌应向围岩较好地段延伸，双车道隧道不宜小于5m，三车道隧道不宜小于10m。偏压衬砌段应向一般衬砌段延伸。延伸长度应按偏压情况确定，双车道隧道不宜小于10m，三车道隧道不宜小于15m。

13.2 整体式衬砌设计

13.2.1 整体式衬砌适用于隧道洞口段、浅埋段及围岩条件较差的软弱围岩地段。根据隧道围岩地质特点的不同，整体式混凝土衬砌可采用半衬砌、落地拱衬砌、厚拱薄墙衬

砌、直墙拱形衬砌和曲墙拱形衬砌等形式,可参照下列规定选用:
    1 岩层较坚硬并且整体稳定或基本稳定的围岩,可采用半衬砌。
    2 侧压力大的较软岩层或土层,可采用落地拱衬砌。
    3 水平压力较小时,可采用厚拱薄墙衬砌。
    4 竖向压力较大,水平侧压力不大时,宜采用直墙拱形衬砌。
    5 地质条件差,岩石破碎、松散和易于坍塌的地段以及洞底板支护较弱、具有膨胀特性或有较大围岩压力时,应采用曲墙拱形衬砌。

13.2.2 整体式衬砌一般规定如下:
    1 整体式衬砌截面可设计为等截面或变截面。当衬砌承受偏压荷载或承受较大垂直荷载时,宜采用变截面形式。
    2 设置仰拱的整体式衬砌,不应急剧弯曲和出现棱角,边墙衬砌与仰拱宜采用小半径曲线连接,仰拱厚度宜与边墙厚度相同。
    3 明洞衬砌与洞内衬砌交界处以及洞口段衬砌,应在距洞口 10~15m 的位置设置沉降缝;在洞内,软硬地层明显分界处宜设沉降缝;在连续Ⅴ、Ⅵ级围岩中,每 30~80m 应设沉降缝一道。
    4 严寒与酷热温差变化大的地区、月平均最低温度低于 -15℃ 的寒冷地区,洞口 100~200m 范围应设伸缩缝。
    5 沉降缝、伸缩缝缝宽度应大于 20mm,缝内可以嵌填浸沥青木板或沥青麻丝。沉降缝、伸缩缝应垂直于隧道轴线设置。
    6 沉降缝、伸缩缝可兼作施工缝。沉降缝、伸缩缝及施工缝应统筹设置。
    7 不设仰拱的地段,衬砌边墙的基底应置于稳固的地基上。在洞门墙厚度范围内,边墙基础底面高程应与洞门墙基础底面高程相同。
    8 明显偏压地段应采用抗偏压衬砌。抗偏压衬砌宜采用钢筋混凝土结构。
    9 隧道横洞与主洞的交叉口段的衬砌宜采用钢筋混凝土结构。
    10 地震动峰值加速度大于 $0.2g$ 的地区,洞口段及软弱围岩段的衬砌应采用钢筋混凝土结构。
    11 当衬砌采用钢筋混凝土结构时,混凝土强度等级不应小于 C25,受力主筋的净保护层厚度不应小于 40mm。

13.2.3 公路隧道整体式衬砌支护参数可采用工程类比法或数值计算法确定,设计参数可按表 13.2.3 值取。

表 13.2.3 整体式衬砌设计参数

围岩级别	设 计 参 数	
	单车道隧道	双车道隧道
Ⅳ	边墙、拱部:35~40cm 混凝土; 仰拱:35~40cm 混凝土	边墙、拱部:40~50cm 钢筋混凝土; 仰拱:40~50cm 混凝土

续上表

围岩级别	设 计 参 数	
	单车道隧道	双车道隧道
Ⅴ	边墙、拱部:40~45cm 钢筋混凝土； 仰拱:40~45cm 混凝土	边墙、拱部:50~60cm 钢筋混凝土； 仰拱:50~60cm 钢筋混凝土
Ⅵ	边墙、拱部:45~50cm 钢筋混凝土； 仰拱:45~50cm 钢筋混凝土	边墙、拱部:60~80cm 钢筋混凝土； 仰拱:60~80cm 钢筋混凝土

13.3 喷锚衬砌

13.3.1 在下列条件下可采用喷锚衬砌：
1 作为施工使用的导洞。
2 低等级公路隧道内的Ⅰ~Ⅲ级围岩段。
3 Ⅰ~Ⅲ级围岩段的紧急救援通道、泄水洞等。
4 施工用竖井、斜井。

13.3.2 下列情况下，不应采用喷锚衬砌：
1 地下水发育或大面积淋水地段。
2 能造成衬砌腐蚀或膨胀性围岩的地段。
3 月平均最低气温低于-5℃地区的冻害地段。
4 有其他特殊要求的隧道。

13.3.3 围岩自稳能力较差的Ⅳ~Ⅵ级围岩区，不宜单独采用喷锚衬砌作为永久衬砌。安全等级为一级的隧道也不宜采用喷锚衬砌。隧道进出口段、浅埋段以及围岩条件较差的软弱围岩段，不宜直接使用喷锚衬砌作为衬砌结构。

13.3.4 喷射混凝土的一般规定如下：
1 公路隧道喷射混凝土的设计强度等级不应低于C20；重要隧道及竖井、斜井工程，喷射混凝土的设计强度等级不宜低于C25。
2 喷射混凝土的厚度不应小于50mm，不宜大于300mm。在含水较丰富的地层中，喷射混凝土支护厚度不应低于80mm，且抗渗等级不应低于S8。
3 喷射混凝土宜采用普通硅酸盐水泥配制，水泥强度等级不得低于32.5级；有特殊设计需要时，可采用特种水泥配制。细集料可采用中砂或粗砂，细度模数宜大于2.5，含水率宜控制在5%~7%；粗集料可采用砾石或碎石，粒径不应大于15mm。
4 当防水要求较高时，可采用强度等级大于C30的高性能喷射混凝土。

13.3.5 钢筋网喷射混凝土设计应符合下列规定：

1 钢筋网喷射混凝土厚度不宜大于 300mm,单层钢筋网喷射混凝土厚度不得小于 80mm,双层钢筋网喷射混凝土厚度不得小于 150mm。

2 钢筋网材料宜采用 HPB235 钢筋,钢筋直径宜为 6~12mm。

3 钢筋网网格应按矩形布置,钢筋间距宜为 150~300mm。

4 钢筋网钢筋的搭接长度应不小于一个网格间距或 30d（d 为钢筋直径）。

5 钢筋网的保护层厚度应不小于 20mm。当采用双层钢筋网时,两层钢筋网之间的间距应不小于 60mm。

6 钢筋网宜配合锚杆一起使用,钢筋网应与锚杆绑扎连接或焊接。

13.3.6 在膨胀性围岩地段或可能产生较大收敛变形地段,隧道初期支护宜采用钢纤维喷射混凝土。钢纤维喷射混凝土的设计强度等级不应低于 C25,其抗拉强度标准值不应低于 2MPa,抗弯强度标准值不应低于 6MPa。

钢纤维喷射混凝土用的钢纤维应符合以下规定：

1 普通碳素钢纤维的抗拉强度不得低于 380MPa,且不应有油渍和明显的锈蚀。

2 钢纤维的直径宜为 0.3~0.5mm。

3 钢纤维的长度宜为 20~25mm,不得大于 25mm。

4 钢纤维掺量宜为干混合料质量的 1.5%~4.0%（33~96kg/m³）。

5 钢纤维的体积率宜为 0.5%~2.0%,长径比为 40~100。

为了提高喷射混凝土的抗裂性能,喷射混凝土也可添加合成纤维。合成纤维喷射混凝土的设计强度等级不应低于 C20,根据试验资料确定合成纤维掺量。

13.3.7 锚杆支护设计时应根据隧道围岩条件、隧道断面尺寸、作用部位、施工条件等合理选择锚杆设计参数。锚杆可选用如下形式：

1 全长黏结型锚杆：普通水泥砂浆锚杆、早强水泥砂浆锚杆、树脂药卷锚杆、水泥药卷锚杆、中空注浆锚杆、自钻式注浆锚杆等。

2 端头锚固型锚杆：机械锚固锚杆、树脂锚固锚杆、快硬水泥卷锚固锚杆等。

3 摩擦型锚杆：缝管锚杆、楔管锚杆、水胀式锚杆等。

4 预应力锚杆。

13.3.8 永久支护的锚杆应为全长黏结型锚杆或预应力注浆锚杆。其他类型的锚杆不宜作为永久支护；当需作为永久支护时,锚孔内必须注满水泥砂浆或树脂。

锚杆露头均应设置托板。托板可用 Q235 钢,厚度不宜小于 6mm,尺寸不宜小于 150mm×150mm。

13.3.9 全长黏结型锚杆设计应符合以下规定：

1 杆体材料宜采用 HRB335、HRB400 钢。

2 杆体钢筋直径宜为 16~32mm。

3 杆体钢筋保护层厚度,采用水泥砂浆时不小于8mm,采用树脂时不小于4mm。

4 杆体直径大于32mm的锚杆,应采取杆体居中的构造措施。

5 水泥砂浆的强度等级不应低于M20。

6 对于自稳时间短的围岩,宜用树脂锚杆或早强水泥砂浆锚杆。

13.3.10 端头锚固型锚杆的设计应符合以下规定:

1 杆体材料宜用HRB335、HRB400钢,杆体直径为16~32mm。

2 树脂锚固剂的固化时间不应大于10min,快硬水泥的终凝时间不应大于12min。

3 树脂锚杆锚头的锚固长度宜为200~250mm,快硬水泥卷锚杆锚头的锚固长度宜为300~400mm。

4 锚头的设计锚固力不应低于50kN。

13.3.11 摩擦型锚杆的设计应符合以下规定:

1 缝管锚杆的管体材料宜用HRB335、HRB400钢管,壁厚为2.75~3.25mm;楔管锚杆的管体材料可用Q235钢,壁厚为2.75~3.25mm。

2 缝管锚杆的外径为30~45mm,缝宽为13~18mm;楔管锚杆缝管段的外径为40~45mm,缝宽宜为10~18mm,圆管段内径不宜小于27mm。

3 钻孔直径应小于摩擦型锚杆的外径,其差值可按表13.3.11选取。

4 杆体极限抗拉力不宜小于120kN,挡环与管壁焊接处的抗脱力不应小于80kN。

5 缝管锚杆的初锚固力不应小于25kN/m。当需要较高的初锚固力时,可采用带端头锚塞的缝管锚杆或楔管锚杆。

6 水胀式锚杆材料宜选用直径为48mm、壁厚2mm的无缝钢管,并加工成外径为29mm、前后端套管直径为35mm的杆体。

表13.3.11 缝管锚杆、楔管锚杆与钻孔的径差

岩石单轴饱和抗压强度(MPa)	径差(mm)	岩石单轴饱和抗压强度(MPa)	径差(mm)
>60	1.5~2.0	<30	2.5~3.5
30~60	2.0~2.5		

13.3.12 软岩、收敛变形较大的围岩地段以及小净距隧道中夹岩柱加固,可采用预应力锚杆。预应力锚杆的预加力应不小于100kN,其锚固端必须锚固在稳定岩层内。预应力锚杆设计应符合以下规定:

1 硬岩锚固宜采用拉力型锚杆;软岩锚固宜采用压力分散型或拉力分散型锚杆。

2 设计锚杆锚固体的间距应考虑锚杆相互作用的不利影响。

3 锚杆与水平面的倾角不宜采用-10°~+10°。

4 锚杆材料宜用钢绞线、高强钢丝或高强精轧螺纹钢筋。对穿型锚杆及压力分散型锚杆的预应力筋宜采用无黏结钢绞线。当预应力值较小或锚杆长度小于20m时,预应力筋也可采用HRB335、HRB400钢。

5 预应力筋的截面尺寸应按下式确定。

$$A = \frac{KN_t}{f_{ptk}} \quad (13.3.12\text{-}1)$$

式中：A——预应力筋的截面积（mm^2）；

N_t——锚杆轴向拉力设计值（kN）；

f_{ptk}——预应力筋抗拉强度标准值（MPa）；

K——预应力筋截面设计安全系数，临时锚杆取 1.6，永久锚杆取 1.8。

6 预应力锚杆的锚固段灌浆体宜选用水泥浆或水泥砂浆等胶结材料，其抗压强度不宜低于 30MPa。压力分散型锚杆锚固段灌浆体抗压强度不宜低于 40MPa。

7 预应力锚杆的自由段长度不宜小于 5.0m。

8 预应力锚杆采用黏结型锚固体时，锚固段长度可按式（13.3.12-2）和式（13.3.12-3）计算，并取其中的较大值。

$$L_a = \frac{KN_t}{\pi D q_r} \quad (13.3.12\text{-}2)$$

$$L_a = \frac{KN_t}{n\pi d \xi q_s} \quad (13.3.12\text{-}3)$$

式中：L_a——锚固段长度（mm）；

N_t——锚杆轴向拉力设计值（kN）；

K——安全系数，应按表 13.3.12-1 的规定取值；

D——锚固体直径（mm）；

d——单根钢筋或钢绞线直径（mm）；

n——钢绞线或钢筋根数；

q_r——水泥结石体与岩石孔壁间的黏结强度，可取表 13.3.12-2 所列标准值的 0.8 倍；

q_s——水泥结石体与钢绞线或钢筋的黏结强度，可取表 13.3.12-3 所列标准值的 0.8 倍；

ξ——采用 2 根或 2 根以上钢绞线或钢筋时，界面黏结强度降低系数，取 0.60～0.85。

表 13.3.12-1 岩石预应力锚杆锚固体设计的安全系数

锚杆破坏后危害程度	最小安全系数	
	锚杆服务年限≤2 年	锚杆服务年限>2 年
危害轻微不会构成公共安全问题	1.4	1.8
危害较大但公共安全无问题	1.6	2.0
危害大会出现公共安全问题	1.8	2.2

表13.3.12-2 岩石与水泥结石体之间的黏结强度标准值

岩石种类	岩石单轴饱和抗压强度(MPa)	岩石与水泥浆之间黏结强度标准值(MPa)
硬岩	>60	1.5~3.0
中硬岩	30~60	1.0~1.5
软岩	5~30	0.3~1.0

注：黏结长度小于6.0m。

表13.3.12-3 钢筋、钢绞线与水泥浆之间的黏结强度标准值

类型	黏结强度标准值(MPa)
水泥结石体与螺纹钢筋之间	2.0~3.0
水泥结石体与钢绞线之间	3.0~4.0

注：(1)黏结长度小于6.0m。
　　(2)水泥结石体抗压强度标准值小于M30。

9 压力分散型或拉力分散型锚杆的单元锚杆锚固长度不宜小于15倍锚杆钻孔直径。

10 采用压力分散型锚杆时，应验算灌浆体轴向承压力。注浆体的轴心抗压强度应考虑局部受压与注浆体侧向约束的有利影响，可由试验确定。

11 预应力锚具及连接锚杆杆体的受力部件，应能承受95%的杆体极限抗拉力。

12 锚固段内的预应力筋每隔1.5~2.0m应设置隔离架。永久性的拉力型或拉力分散型锚杆锚固段内的预应力筋宜外套波纹管，预应力筋的保护层厚度不应小于20mm，临时性锚杆预应力筋的保护层厚度不应小于10mm。

13 自由段内预应力筋宜采用带塑料套管的双重防腐构造，套管与孔壁间应灌满水泥砂浆或水泥浆。

14 永久性预应力锚杆的拉力锁定值应不小于拉力设计值；临时性预应力锚杆的拉力锁定值可小于或等于拉力设计值。

13.3.13 岩体破碎、成孔困难的围岩，宜采用自钻式锚杆。自钻式锚杆的设计应符合下列规定：

1 自钻式锚杆杆体应采用厚壁无缝钢管制作，外表全长应具有标准的连接螺纹，并能任意切割和用套筒连接加长。

2 自钻式锚杆结构应包括中空杆体、垫板、螺母、连接套筒和钻头。

3 用于锚杆加长的连接套筒应与锚杆杆体具有同等强度。

13.3.14 在Ⅲ、Ⅳ、Ⅴ级围岩条件下，锚杆宜按照系统锚杆设计，并应符合下列规定：

1 锚杆应沿隧道周边径向布置，按矩形或梅花形排列。当结构面或岩层面明显时，锚杆可以较大交角贯穿岩体主结构面或岩层面。

2 锚杆间距不宜大于锚杆长度的1/2，且不应大于1.5m；Ⅳ、Ⅴ级围岩中的锚杆间距宜为0.5~1.0m，且不应大于1.25m。锚杆间距较小时，可采用长短锚杆交错布置。

3 双车道隧道系统锚杆长度不宜小于2.0m,三车道隧道系统锚杆长度不宜小于2.5m。

4 拱腰以上局部锚杆的布置方向应有利于锚杆受拉,拱腰以下及边墙的局部锚杆布置方向应有利于提高抗滑力。

5 局部锚杆的锚固体应位于稳定岩体内。黏结型锚杆锚固体长度内的胶结材料与杆体间黏结摩阻力设计值和胶结材料与孔壁岩石间黏结摩阻力设计值,均应大于锚杆杆体受拉承载力设计值。

13.3.15 地质条件较差地段或地面沉降有严格限制时,应在初期支护内增设钢架。常用的钢架有钢筋格栅钢架、工字钢钢架、U形型钢钢架和H形型钢钢架等,宜优先选用钢筋格栅钢架。

13.3.16 钢架支护的设计应符合以下规定:

1 钢架支护必须有足够的刚度和强度,能承受隧道施工期间可能出现的荷载。

2 可缩性钢架宜采用U形钢架,刚性钢架宜采用由钢筋焊接成的钢筋格栅钢架。

3 钢架间距宜为0.5~1.5m。

4 采用钢架支护的地段,连续使用钢架的数量不应小于3榀,相邻两榀钢架支护之间必须采用直径18~22mm的钢筋连接。连接钢筋的环向间距不应大于1.0m,并在钢架支护内缘、外缘交错布置。

5 钢架与围岩之间的喷射混凝土保护层厚度不应小于40mm,临空一侧的混凝土保护层厚度不应小于20mm。

13.3.17 钢筋格栅钢架的截面高度宜为120~200mm,可根据设计要求选取。格栅主钢筋直径宜为18~25mm;联系钢筋直径可采用10~14mm。

13.3.18 在设置超前支护的地段可设置钢架,作为超前锚杆、超前小导管、超前大管棚等的尾端支点。

13.3.19 喷锚衬砌支护参数可采用工程类比法或数值计算法确定,在施工过程中应结合现场监控量测资料进行设计。设计参数可按照表13.3.19的规定取值。

表13.3.19 喷锚衬砌设计参数

围岩级别	设 计 参 数		
	单车道隧道 (车行横洞)	双车道隧道	三车道隧道 (紧急停车带)
Ⅰ	喷射混凝土厚5cm	喷射混凝土厚5~8cm	喷射混凝土厚8~10cm,拱部局部锚杆或钢筋网

续上表

围岩级别	设计参数		
	单车道隧道（车行横洞）	双车道隧道	三车道隧道（紧急停车带）
Ⅱ	喷射混凝土厚5cm，拱部局部设置锚杆	喷射混凝土厚8~12cm，拱部锚杆$L=2.0~2.5$m，局部设置钢筋网	喷射混凝土厚12~15cm，锚杆$L=3.0~3.5$m，设置钢筋网
Ⅲ	喷射混凝土厚6~10cm，锚杆$L=2.0~2.5$m，拱部设置钢筋网	喷射混凝土厚10~15cm，锚杆$L=2.5~3.0$m，设置钢筋网	喷射混凝土厚15~20cm，锚杆$L=3.0~4.0$m，设置钢筋网

注：(1) 边墙喷射混凝土厚度可略低于表列数值。如边墙围岩稳定，可不设锚杆和钢筋网。
(2) 钢筋网的网格间距宜为15~30cm，钢筋网保护层厚度不应小于2cm。
(3) Ⅳ~Ⅵ级围岩宜采用复合式衬砌。

13.4 单洞隧道复合式衬砌

13.4.1 单洞隧道复合式衬砌设计，应考虑包括围岩在内的支护结构、断面形状、开挖方法、施工工序和断面的闭合时间等综合因素，充分利用围岩所具有的自承能力。

13.4.2 单洞隧道复合式衬砌的初期支护宜采用喷锚衬砌，即由喷射混凝土、锚杆、钢筋网和钢拱架等支护形式单独或组合使用，并符合本细则第13.3节的规定。锚杆支护宜采用全长黏结型锚杆。

13.4.3 二次衬砌宜采用模筑混凝土或钢筋混凝土结构，衬砌截面宜采用连接圆顺的等厚度衬砌断面，仰拱厚度宜与拱墙厚度相同。二次衬砌的设计应符合本细则第13.2节的规定。

13.4.4 各级围岩中，所确定的开挖断面，除应满足隧道净空和结构尺寸外，还应考虑围岩及初期支护的变形，并预留适当的变形量。预留变形量的大小可根据围岩级别、断面大小、埋置深度、施工方法和支护情况等，采用工程类比法进行预测；当无预测值时，可参照表13.4.4的规定选用，并根据现场监控量测结果进行调整。

表13.4.4 预留变形量（mm）

围岩级别	双车道隧道	三车道隧道	四车道隧道
Ⅰ	—	—	—
Ⅱ	—	10~50	30~80
Ⅲ	30~50	50~80	80~120
Ⅳ	50~80	80~120	120~150
Ⅴ	80~120	100~150	150~250
Ⅵ	现场监测确定		

注：(1) 深埋、软岩隧道取大值；浅埋、硬岩隧道取小值。
(2) 有条件时，Ⅴ级围岩地段的四车道隧道的预留变形量，宜通过现场监测确定。
(3) 有明显流变、原岩应力较大和膨胀性围岩时，应根据量测所反馈的数据分析确定。

13.4.5 单洞隧道复合式衬砌可采用工程类比法进行设计,并通过计算分析进行验算。Ⅴ级、浅埋Ⅳ级围岩地段的衬砌宜以结构内力计算与强度分析为主,洞身Ⅳ级、Ⅲ级围岩地段的衬砌宜以围岩稳定性分析为主。设计中应特别注意洞口浅埋段、地形偏压段、Ⅴ级及其以下围岩地段及高地应力地段的结构强度分析。

13.4.6 一般地质条件下,初期支护及二次衬砌支护参数可参照表13.4.6-1、表13.4.6-2的规定选用,并应根据现场围岩监控量测反馈的信息,对支护参数进行必要的调整。

表13.4.6-1 双车道隧道复合式衬砌设计参数

围岩级别	初期支护							二次衬砌	
	喷射混凝土厚度(cm)		锚杆(m)			钢筋网	钢架间距(cm)	现浇混凝土厚度(cm)	
	拱、墙	仰拱	位置	长度	纵向间距			拱、墙	仰拱
Ⅵ	通过试验计算确定								
Ⅴ₂	20~25	15~20	拱、墙	3.0~3.5	0.6~0.8	20×20	60~80	45(钢筋混凝土)	
Ⅴ₁	20~25	5~10	拱、墙	3.0~3.5	0.8~1.0	20×20	80~100	45	
Ⅳ₃	20~22	—	拱、墙	2.5~3.0	0.8~1.0	20×20	100~120	40	
Ⅳ₂	18~20	—	拱、墙	2.5~3.0	1.0~1.2	20×20	120~150	40	
Ⅳ₁	15~18	—	拱、墙	2.5~3.0	1.0~1.2	25×25	局部	35	—
Ⅲ₂	10~12	—	拱、墙	2.5~3.0	1.0~1.2	25×25	—	35	
Ⅲ₁	8~10	—	拱、墙	2.5~3.0	1.2~1.5	25×25	—	35	
Ⅱ	5~8	—	局部	2.0~2.5	—	局部		30	
Ⅰ	5	—	—	—	—	—		30	

表13.4.6-2 三车道隧道复合式衬砌设计参数

围岩级别	初期支护							二次衬砌	
	喷射混凝土厚度(cm)		锚杆(m)			钢筋网	钢架间距(cm)	现浇混凝土厚度(cm)	
	拱、墙	仰拱	位置	长度	纵向间距			拱、墙	仰拱
Ⅵ	通过试验计算确定								
Ⅴ₂	25~28	20~25	拱、墙	4.0~4.5	0.5~0.8	20×20	50~80	60(钢筋混凝土)	
Ⅴ₁	25~28	15~20	拱、墙	3.5~4.0	0.8~1.0	20×20	80~100	55(钢筋混凝土)	
Ⅳ₃	22~25	5~10	拱、墙	3.5~4.0	0.8~1.0	20×20	80~100	50(钢筋混凝土)	50
Ⅳ₂	22~25	—	拱、墙	3.5~4.0	0.8~1.0	20×20	100~120	45(钢筋混凝土)	45

续上表

| 围岩级别 | 初期支护 ||||||| 二次衬砌 ||
| | 喷射混凝土厚度(cm) || 锚杆(m) ||| 钢筋网 | 钢架间距(cm) | 现浇混凝土厚度(cm) ||
	拱、墙	仰拱	位置	长度	纵向间距			拱、墙	仰拱
Ⅳ₁	20~23	—	拱、墙	3.0~3.5	1.0~1.2	25×25	120~150	45	45
Ⅲ₂	15~20	—	拱、墙	3.0~3.5	1.2~1.5	25×25	局部	40	—
Ⅲ₁	12~15	—	拱、墙	3.0~3.5	1.2~1.5	25×25	—	40	—
Ⅱ	8~10	—	局部	2.5~3.0		局部		35	—
Ⅰ	5~8	—						35	—

注：(1) 本表支护参数针对结构安全等级为一级的隧道，其他安全等级的隧道可参照执行。
(2) V级围岩浅埋段初期支护仰拱宜采用封闭结构。
(3) 初期支护的仰拱也可采用早强混凝土代替喷射混凝土。

13.4.7 对软弱流变围岩、膨胀性围岩，隧道支护参数的确定还应考虑围岩形变压力继续增长的作用。

13.4.8 在洞口浅埋段、地形偏压段、围岩较差且地下水较发育地段，二次衬砌宜采用钢筋混凝土结构。

1 当地面接近水平，且隧道拱顶以上地层厚度小于表13.4.8-1的规定值时，应按浅埋隧道设计。

表13.4.8-1 确定隧道深浅埋的拱顶以上地层厚度(m)

围岩级别	双车道单洞	三车道单洞
Ⅲ	8~10	12~15
Ⅳ	15~20	20~30
Ⅴ	30~35	40~50

2 当地面倾斜，且隧道拱肩覆盖层厚度小于表13.4.8-2的规定值时，应按浅埋偏压隧道设计。

表13.4.8-2 需按浅埋偏压隧道设计的拱肩覆盖层厚度限值(m)

| 围岩级别 | 地面横坡坡率 |||||
	1:0.75	1:1	1:1.25	1:1.5	1:2
Ⅲ	20	20	15	15	10
Ⅳ石	—	25	25	20	15
Ⅳ土	—	—	30	25	20
Ⅴ	—	—	45	35	30

注：表中数字仅适用于双车道隧道。

3 当地面倾斜,且隧道拱顶以上地层厚度小于13.4.8-3的规定时,应采用地表锚杆、抗滑桩等措施对地表山体进行加固。

表13.4.8-3 需对地层进行加固处理的偏压隧道拱顶以上地层厚度限值(m)

围岩级别	地面横坡坡率				
	1:0.75	1:1	1:1.25	1:1.5	1:2
Ⅲ	5	5	4	4	3
Ⅳ$_石$	—	9	8	7	6
Ⅳ$_土$	—	—	10	9	8
Ⅴ	—	—	15	12	10

注:表中数字仅适用于双车道隧道。

13.4.9 四车道隧道的衬砌支护应采用复合式衬砌方案,衬砌分两次或三次施作。Ⅱ级与Ⅲ级围岩宜采用二次支护方案;Ⅳ级与Ⅴ级围岩可采用三次支护方案。

1 初期支护:Ⅱ、Ⅲ级围岩地段,由径向锚杆、钢筋网及喷射混凝土组成;Ⅳ、Ⅴ级围岩地段由工字钢钢拱架(或钢筋格栅)、径向锚杆、钢筋网及喷射混凝土组成。

2 二次衬砌:对于两层衬砌设计方案,二次衬砌仅承担少量围岩变形荷载;对于三层衬砌设计方案,二次衬砌是对初期支护的补充加强,与初期支护共同组成主要承载结构。二次衬砌可采用型钢钢拱架混凝土或钢筋拱架混凝土结构。

3 三次衬砌:第三次衬砌可采用素混凝土结构;当围岩压力荷载较大需要第三层衬砌承担部分荷载时,可采用钢筋混凝土结构,其合理施作时间应严格按照监控量测数据进行,应尽可能发挥初期支护与二次衬砌的承载能力。

4 初期支护应边开挖边施作,三层支护方案的二次衬砌应在洞室开挖完成后及时施作,或在施工开挖过程中分步施作。开挖完成后初期支护在后续施工期间不能完全稳定的洞室,应立即施作二次支护,在确定洞室周边收敛变形基本稳定的条件下,可进行三次支护的施工。

13.4.10 四车道隧道的支护参数应根据实际地形地质条件,结合拟定的施工开挖方法,进行围岩稳定分析或进行结构强度校核后确定。可参照表13.4.10初步确定其支护参数。

13.4.11 四车道隧道的衬砌支护参数初步确定后,应在实际施工过程中核对现场地形地质条件,实施围岩监控量测,根据地质条件的变化监控量测结果及时调整支护参数,保证施工安全。在施作最后一层衬砌之前,宜根据现场地质条件及监控量测数据对隧道结构的永久可靠性进行评价,以确保隧道运营期间的安全。

表 13.4.10 四车道隧道复合式衬砌设计参数

围岩级别	初期支护							二次衬砌		三次衬砌
	喷射混凝土厚度（cm）		锚杆（m）			钢筋网（mm）	钢架间距（cm）	现浇混凝土厚度（cm）		
								拱、墙	仰拱	拱、墙
	拱、墙	仰拱	位置	长度	纵向间距					
V	30	30	拱、墙	3.5/6.0	0.5～0.75	φ8	50～75	55～60（钢筋混凝土）	60～80（钢筋混凝土）	30～40
IV	25～28	25	拱、墙	3.5/6.0	0.75～1.0	φ8	75～100	50～55（钢筋混凝土）	60（钢筋混凝土）	30～40
III	20	—	拱、墙	3.0/5.0	1.0～1.2	φ8	100～120	50		
II	10	—	拱部	3.0～4.0	1.2～1.5	φ8	—	40		

注：四车道隧道系统锚杆宜采用锚固效果较好的长短交错设置方式。

13.5 小净距隧道复合式衬砌

13.5.1 小净距隧道的设计与施工开挖应遵循"少扰动、快加固、勤量测、早封闭"的原则，并将中夹岩柱的稳定与加固作为设计与施工的重点。

13.5.2 根据地质条件，小净距隧道中夹岩柱的最小厚度（D_{min}）可参照表 13.5.2 的规定取值。

表 13.5.2 中夹岩柱的最小厚度 D_{min}（m）

围岩级别	双车道隧道				三车道隧道			
	坚硬岩	较坚硬岩	较软岩	软岩	坚硬岩	较坚硬岩	较软岩	软岩
I、II	2.0	2.5	—		2.5	3.0	—	
III	2.5	3.0	3.5		3.0	3.5	4.0	—
IV	3.5	4.5	5.5	6.5	4.5	5.5	6.5	7.5
V	—	4.5	6.0	7.5	6.0	7.5		9.0

13.5.3 当两洞室之间的中夹岩柱大于表 13.5.3 所规定的无影响最小厚度时，两洞室之间的相互影响可忽略不计，作为两座独立的隧道进行设计施工。

表 13.5.3 不考虑相互影响的中夹岩柱的最小厚度（m）

围岩级别	双车道隧道				三车道隧道			
	坚硬岩	较坚硬岩	较软岩	软岩	坚硬岩	较坚硬岩	较软岩	软岩
I、II	15	20	—		20	25	—	
III	20	25	30		25	30	35	
IV	25	30	35	40	35	40	45	50
V	—	35	40	45	45	50		55

13.5.4 小净距隧道中夹岩柱的加固措施,可根据其净距,参照表 13.5.4-1、表 13.5.4-2 规定的加固措施进行设计。

表 13.5.4-1 双车道小净距隧道中夹岩柱加固措施

围岩级别	中夹岩柱净距			
	$(0.25 \sim 0.375)B$ $(3 \sim 4.5m)$	$(0.375 \sim 0.5)B$ $(4.5 \sim 6m)$	$(0.5 \sim 0.75)B$ $(6 \sim 9m)$	$(0.75 \sim 1.0)B$ $(9 \sim 12m)$
Ⅱ、Ⅲ	对穿预应力锚杆加固中夹岩柱	预应力长锚杆加固中夹岩柱	适当加长系统锚杆加固中夹岩柱	—
Ⅳ	中夹岩柱超前小导管注浆加固,对穿预应力锚杆加固中夹岩柱	预应力长锚杆加固中夹岩柱	预应力长锚杆加固中夹岩柱	适当加长系统锚杆加固中夹岩柱
Ⅴ	—	中夹岩柱超前小导管注浆加固,对穿预应力锚杆加固中夹岩柱	中夹岩柱超前小导管注浆加固,预应力长锚杆加固中夹岩柱	

注:表中 B 为隧道开挖跨度。

表 13.5.4-2 三车道小净距隧道中夹岩柱加固措施

围岩级别	中夹岩柱净距			
	$(0.25 \sim 0.375)B$ $(4 \sim 6m)$	$(0.375 \sim 0.5)B$ $(6 \sim 8m)$	$(0.5 \sim 0.75)B$ $(8 \sim 12m)$	$(0.75 \sim 1.0)B$ $(12 \sim 16m)$
Ⅱ	对穿预应力锚杆加固中夹岩柱	预应力长锚杆加固中夹岩柱	适当加长系统锚杆加固中夹岩柱	—
Ⅲ	对穿预应力锚杆加固中夹岩柱		预应力长锚杆加固中夹岩柱	—
Ⅳ	中夹岩柱超前小导管注浆加固,对穿预应力锚杆加固中夹岩柱	中夹岩柱超前小导管注浆加固,对穿预应力锚杆加固中夹岩柱	对穿预应力锚杆加固中夹岩柱	预应力长锚杆加固中夹岩柱
Ⅴ	—	中夹岩柱超前小导管注浆加固,对穿预应力锚杆加固中夹岩柱		中夹岩柱超前小导管注浆加固,预应力长锚杆加固中夹岩柱

注:表中 B 为隧道开挖跨度。

13.5.5 小净距隧道应优先选用复合式衬砌,支护参数应经工程类比、计算分析后综合确定。一般地质条件下,小净距隧道复合式衬砌支护参数可参考表 13.5.5-1、表 13.5.5-2 的规定。

13.5.6 在进行小净距隧道支护设计过程中,应注意如下几方面问题:

1 双车道小净距隧道中夹岩柱厚度不宜小于 4.5m;三车道小净距隧道中夹岩柱厚度不宜小于 6m。

表 13.5.5-1　双车道小净距隧道复合式衬砌设计参数（$D=4.5\sim9$m）

围岩级别	初期支护					二次衬砌	
	喷射混凝土厚度（cm）		锚杆（m）		钢架间距（cm）	现浇混凝土厚度（cm）	
	拱、墙	仰拱	长度	纵向间距		拱、墙	仰拱
Ⅵ	通过试验计算确定						
V_2	22~28	15~20	3.5~4.0	0.5~0.6	50~60	50~55（钢筋混凝土）	
V_1	22~28	15~20	3.5~4.0	0.6~0.8	60~80	45~50（钢筋混凝土）	
$Ⅳ_3$	22~25	10~15	3.0~3.5	0.8~1.0	80~100	45~50（钢筋混凝土）	
$Ⅳ_2$	20~22	—	3.0~3.5	0.8~1.0	80~100	40~45（钢筋混凝土）	
$Ⅳ_1$	18~22	—	3.0~3.5	1.0~1.2	100~120	40~45	
$Ⅲ_2$	10~12	—	2.5~3.0	1.0~1.2	局部	35	
$Ⅲ_1$	8~10	—	2.5~3.0	1.2~1.5	—	35	
Ⅱ	5~8	—	2.5	局部	—	30	
Ⅰ	5	—	—	—	—	30	

注：（1）本表支护参数针对结构安全等级为一级的小净距隧道，其他安全等级的小净距隧道可参照执行。
（2）本表为小净距隧道拱部及外侧支护参数，中夹岩柱的支护应根据表 13.5.4-1 及表 13.5.4-2 的规定进行设计。
（3）D 为中夹岩柱的厚度。

表 13.5.5-2　三车道小净距隧道复合式衬砌设计参数（$D=6\sim12$m）

围岩级别	初期支护					二次衬砌	
	喷射混凝土厚度（cm）		锚杆（m）		钢架间距（cm）	现浇混凝土厚度（cm）	
	拱、墙	仰拱	长度	纵向间距		拱、墙	仰拱
Ⅵ	通过试验计算确定						
V_2	28~30	20~25	4.0~4.5	0.5~0.6	50~80	55~60（钢筋混凝土）	
V_1	28~30	15~20	4.0~4.5	0.6~0.8	80~100	50~55（钢筋混凝土）	
$Ⅳ_3$	25~28	15~20	3.5~4.0	0.8~1.0	80~100	50~55（钢筋混凝土）	
$Ⅳ_2$	25~28	15~20	3.5~4.0	0.8~1.0	80~100	45~50（钢筋混凝土）	
$Ⅳ_1$	22~25	—	3.5~4.0	1.0~1.2	100~120	45~50	
$Ⅲ_2$	18~22	—	3.5~4.0	1.0~1.2	120~150	40	
$Ⅲ_1$	12~15	—	3.0~3.5	1.2~1.5	局部	40	
Ⅱ	8~10	—	2.5~3.5	局部	—	35	
Ⅰ	5~8	—	—	—	—	35	

注：同表 13.5.5-1。

2　当小净距隧道有偏压时，支护参数、施工方法、施工工序应进行特殊设计。

3　当小净距隧道处于浅埋状态时，设计应重点考虑中夹岩柱的稳定性评定与加固措施。

4　当小净距隧道中夹岩柱的稳定有保障时，隧道支护参数可参照一般分离式隧道设计。

5 小净距隧道应考虑左右幅隧道施工爆破时对已施作衬砌的不利影响。

6 在地震动峰值加速度大于 $0.15g$ 的地区,小净距隧道应进行抗震强度和稳定性验算。

13.5.7 确定小净距隧道的深浅埋分界的拱顶覆盖层厚度可参考表 13.4.8-1 的规定;确定偏压与否的拱顶覆盖层最小厚度可参考表 13.4.8-2 的规定。

13.5.8 小净距隧道设计时,应制订安全、可行的施工开挖方案,相邻双洞最大临界震动速度应按净距、围岩级别、支护实施阶段,分别进行控制。最大震动临界速度可通过试验确定,无资料时可参照现行《爆破安全规程》(GB 6722)执行。

13.6 连拱隧道复合式衬砌

13.6.1 连拱隧道按中隔墙结构形式的不同,分为整体式中隔墙和复合式中隔墙两种形式。有条件加大中隔墙厚度的地段,宜优先选用复合式中隔墙连拱隧道形式。

13.6.2 整体式中隔墙连拱隧道洞口外,路基中央分隔带的宽度同路基横断面中的中央分隔带宽度,一般值为 2.0~3.0m;复合式中隔墙连拱隧道洞口外,路基中央分隔带应适当加宽,宜为 4.0~4.5m。

13.6.3 连拱隧道的设计应结合洞外接线、地形、地质和施工条件进行,并应符合下列规定:

1 隧道暗挖段应优先采用复合式衬砌,支护参数可采用工程类比、计算分析综合确定。

2 中隔墙设计应在满足荷载效应与施工安全的前提下,综合考虑洞外接线要求、防排水系统的可靠性等因素。

3 双车道连拱隧道设计为整体式中隔墙时,中隔墙厚度不宜小于 1.4m;设计为复合式中隔墙时,中隔墙厚度不宜小于 1.0m。三车道连拱隧道设计为整体式中隔墙时,中隔墙厚度不宜小于 1.6m;设计为复合式中隔墙时,中隔墙厚度不宜小于 1.2m。

4 采用整体式中隔墙的连拱隧道,应注意纵向施工缝的预留位置、施工缝止水方式、中隔墙纵横向排水管与防水层的布置,避免出现施工缝渗漏水、防水层顶硬和排水管堵塞等缺陷。采用复合式中隔墙的连拱隧道,其防排水设计与分离式隧道相同。

5 连拱隧道应根据结构受力与变形需要设置变形缝,双洞变形缝应设置在同一位置,并应注意隧道纵向荷载对结构的影响。

6 设计中应采取有效的辅助措施,防止施工中拱部产生不平衡推力对中隔墙结构造成危害。

7 在地震动峰值加速度大于 0.15g 的地区,连拱隧道应进行抗震强度和稳定性验算。

13.6.4 一般条件下,连拱隧道复合式衬砌支护参数可参考表 13.6.4-1、表 13.6.4-2 的规定采用。当连拱隧道有偏压时,应对支护参数、施工方法、施工工序进行特殊设计。

表 13.6.4-1 双车道复合式中隔墙连拱隧道复合式衬砌设计参数

围岩级别	初期支护					二次衬砌 现浇混凝土厚度(cm)		
	喷射混凝土厚度(cm)		锚杆(m)		钢架间距(cm)	中隔墙	拱、墙	仰拱
	拱、墙	仰拱	长度	纵向间距				
Ⅵ	通过试验计算确定							
V_2	20~25	15~20	3.5~4.0	0.5~0.8	50~80	120~150	50~60(钢筋混凝土)	
V_1	20~25	15~20	3.5~4.0	0.8~1.0	80~100	120~150	45~55(钢筋混凝土)	
IV_3	20~22	10~15	3.0~3.5	0.8~1.0	80~100	120~150	45~50(钢筋混凝土)	
IV_2	18~20	—	3.0~3.5	1.0~1.2	100~120	120~150	40~45(钢筋混凝土)	
IV_1	15~20	—	3.0~3.5	1.0~1.2	120~150	120~150	40~45(钢筋混凝土)	
III_2	10~12	—	2.5~3.0	1.2~1.5	局部	120~150	35	—
III_1	8~10	—	2.5~3.0	1.2~1.5	—	120~150	35	—
Ⅱ	5~8	—	2.5~	局部	—	120~150	30	—
Ⅰ	5	—	—	—	—	120~150	30	—

注:(1)本表支护参数针对结构安全等级为一级的复合式中隔墙连拱隧道,其他安全等级及其他形式的连拱隧道可参照执行。
(2)连拱隧道中隔墙宜采用钢筋混凝土结构,当中隔墙厚度较厚或在Ⅰ~Ⅲ围岩地段,可采用素混凝土结构。

表 13.6.4-2 三车道复合式中隔墙连拱隧道复合式衬砌设计参数

围岩级别	初期支护					二次衬砌 现浇混凝土厚度(cm)		
	喷射混凝土厚度(cm)		锚杆(m)		钢架间距(cm)	中隔墙	拱、墙	仰拱
	拱、墙	仰拱	长度	纵向间距				
Ⅵ	通过试验计算确定							
V_2	25~28	20~25	4.0~4.5	0.5~0.6	50~60	150~180	55~65(钢筋混凝土)	
V_1	25~28	20~25	4.0~4.5	0.6~0.8	60~80	150~180	50~60(钢筋混凝土)	
IV_3	22~25	15~20	3.5~4.0	0.8~1.0	80~100	150~180	50~55(钢筋混凝土)	
IV_2	22~25	15~20	3.5~4.0	0.8~1.0	80~100	150~180	45~50(钢筋混凝土)	
IV_1	20~22	—	3.0~3.5	1.0~1.2	100~120	150~180	45~50(钢筋混凝土)	
III_2	15~20	—	3.0~3.5	1.2~1.5	120~150	150~180	40	—
III_1	12~15	—	3.0~3.5	1.2~1.5	局部	150~180	40	—
Ⅱ	8~10	—	2.5~3.0	局部	—	150~180	35	—
Ⅰ	5~8	—	—	—	—	150~180	35	—

注:同表 13.6.4-1。

13.6.5 连拱隧道的深浅埋分界埋深(拱顶以上地层厚),可采用表 13.6.5 的规定。确定偏压与否的洞壁最小厚度 t 值,可采用表 13.4.8-2 的规定。

表 13.6.5 连拱隧道深浅埋分界埋深参考表(m)

围岩级别	四车道连拱隧道	六车道连拱隧道
Ⅲ	8~15	12~20
Ⅳ	20~30	25~40
Ⅴ	40~60	50~80

13.6.6 连拱隧道相邻双洞施工时的震动速度应控制在不影响施工安全的范围内,其最大临界震动速度不宜大于 15cm/s。

13.7 抗水压复合式衬砌

13.7.1 当水压力较小时,抗水压复合式衬砌的设计方法与非抗水压复合式衬砌相同;当水压力较大或在施工过程中可能出现较大水压力时,应根据水压力的大小调整复合式衬砌的形状与支护参数。应特别注意仰拱的曲率及仰拱与边墙连接为圆顺流畅的曲面,避免产生应力集中。

13.7.2 抗水压复合式衬砌设计参数拟订的原则:初期支护应按与围岩共同受力能保证施工阶段的安全及控制地表沉降量的要求来确定;二次衬砌按承担全部后期围岩压力和水压力进行设计。

13.7.3 作用在全封闭式衬砌支护结构外的水压力荷载的标准值,可按式(13.7.3)计算。

$$P = \beta \gamma H \qquad (13.7.3)$$

式中:P——水压力荷载标准值;
　　β——外水压折减系数,可按表 13.7.3-1 的规定确定;
　　γ——水的重度;
　　H——作用水头,为设计采用的地下水位线与隧洞中心线之间的高差。

外水压折减宜符合以下原则:

1 在不同的地质条件下,水压值可采用不同程度的折减,折减的主要方法应根据开挖后暴露的渗漏水的情况决定。

2 外水压力折减系数也可采用以地下水位以下的水柱高乘以相应的折减系数的方法进行估算,其折减系数值见表 13.7.3-2 的规定。当隧道所处的围岩介质的渗透系数小于 $10^{-6} \sim 10^{-7}$ cm/s 时,折减系数可取为 0,即不考虑水压的作用。

3 渗透系数随着隧道埋深的增加逐渐减小。

表 13.7.3-1　外水压力折减系数值（一）

级别	地下水活动状态	地下水对围岩稳定的影响	β 值
1	洞壁干燥或潮湿	无影响	0~0.2
2	沿结构面有渗水或滴水	风化结构面有充填物质，地下水降低结构面抗剪强度，对软弱岩体有软化作用	0.1~0.4
3	沿裂隙或软弱结构面有大量滴水、线状流水或喷水	泥化软弱结构面有充填物质，地下水降低抗剪强度，对中硬岩体有软化作用	0.25~0.6
4	严重滴水、沿软弱结构面有少量涌水	地下水冲刷结构面中的充填物质，加速岩体风化，对断层等软弱带软化泥化，并使其膨胀崩解及产生机械管涌，有渗透压力，能够鼓开较薄的软弱层	0.4~0.8
5	严重股状流水、断层等软弱结构面带有大量涌水	地下水冲刷带出结构面中的充填物质，分离岩体，有渗透压力，能够鼓开一定厚度的断层等软弱带，并导致围岩塌方	0.65~1.0

表 13.7.3-2　外水压力折减系数值（二）

地下水活动分级	地下水活动情况	β 值
1	无	0
2	微弱	0~0.25
3	显著	0.25~0.50
4	强烈	0.50~0.75
5	剧烈	0.75~1.00

13.7.4 当隧道衬砌设置有渗水孔时，应计入渗排的水量所降低的衬砌上的水压力。可对全封闭衬砌的水压力予以折减，按式(13.7.4-1)计算衬砌上的水压力。

$$P = \beta_0 \beta \gamma H \tag{13.7.4-1}$$

$$\beta_0 = 1 - Q/Q_0 \tag{13.7.4-2}$$

式中：β_0——计入渗水孔水量的水压折减系数；

Q——隧道建成后渗水孔设计流量；

Q_0——开挖后毛洞状态下的实测流量；

其他符号意义同式(13.7.3)。

当 $Q=0$ 时，$\beta_0=1$，对应于全封闭式衬砌；当 $Q=Q_0$ 时，$\beta_0=1$，$P=0$，对应于自由排水式衬砌（水压力为零）。

13.7.5 根据水压力大小及深浅埋条件，Ⅳ、Ⅴ级围岩段双车道隧道的抗水压复合式衬砌支护参数可按表13.7.5的规定采用。

表 13.7.5　双车道隧道抗水压复合式衬砌支护参数

围岩级别	初期支护						二次衬砌		适用的拱顶以上水压力（m）	仰拱加深深度（cm）
	C25 喷射混凝土（cm）		钢架		锚杆		现浇钢筋混凝土厚度（cm）			
	拱、墙	仰拱	规格	布置（m）	长度（m）	布置（m）	拱、墙	仰拱		
Ⅴ	26	24	型钢 I20a	全断面@0.6	3.5	1.0×1.0	55	60	30～50	50
	26	24	型钢 I20a	全断面@0.6	3.5	1.0×1.0	60	65	50～70	50
Ⅳ	22	20	格栅 150	拱墙@0.75	3.0	1.0×1.0	50	55	18～30	0
	22	20	格栅 150	拱墙@0.75	3.0	1.0×1.0	55	60	30～50	50
	22	20	格栅 150	拱墙@0.75	3.5	1.0×1.0	60	65	50～70	50

13.7.6　根据水压力大小及深浅埋条件，Ⅳ、Ⅴ级围岩段三车道隧道的抗水压复合式衬砌支护参数可按表 13.7.6 的规定采用。

表 13.7.6　三车道隧道抗水压复合式衬砌支护参数

围岩级别	初期支护						二次衬砌		适用的拱顶以上水压力（m）	仰拱加深深度（cm）
	C25 喷射混凝土（cm）		钢架		锚杆		现浇钢筋混凝土厚度（cm）			
	拱、墙	仰拱	规格	布置（m）	长度（m）	布置（m）	拱、墙	仰拱		
Ⅴ	30	26	型钢 I22a	全断面@0.75	4.5	1.0×1.0	65	70	30～50	70
	30	26	型钢 I22a	全断面@0.5	4.5	1.0×1.0	70	80	50～70	70
Ⅳ	26	24	型钢 I20	拱墙@1.0	3.5	1.0×1.0	60	60	18～30	0
	26	24	型钢 I20	拱墙@0.75	3.5	1.0×1.0	65	70	30～50	70
	26	24	型钢 I20	拱墙@0.75	4.0	1.0×1.0	70	80	50～70	70

13.7.7　抗水压复合式衬砌设计时，应从材料、辅助工法等方面做好防水措施。钢筋混

凝土衬砌结构应作抗裂性设计。抗水压复合式衬砌应满足以下要求：

1 衬砌材料应具有较高的抗弯、抗拉、抗剪和抗冲击性能，能抵抗水压力对衬砌结构所施加的作用。
2 衬砌材料应具有良好的延伸性。
3 衬砌材料应具有较高的密实度和良好的防水性能，当水泥收缩时，产生的微裂缝较少。

13.7.8 抗水压复合式衬砌，可采用以下辅助工法提高结构的防水能力：

1 周边注浆。通过对地层注浆，降低地层的渗透系数；通过壁后注浆，填补衬砌与地层间的空隙，以提高衬砌的防水性能。
2 设置防水层。在壁内或壁外加贴防水板或防水卷材。
3 设置有限的渗水孔。通过设置少量渗水孔，排导部分水量，降低水头高度，以降低衬砌渗漏的风险。

13.8 支护结构的耐久性设计

13.8.1 公路隧道结构设计应充分考虑周边环境对结构耐久性的影响，使结构在设计基准期内处于正常使用状态。混凝土结构所处的环境类别可分为一般环境（无冻融、盐、酸、碱等作用）、一般冻融环境（无盐、酸、碱等作用）、近海或海洋环境、盐结晶环境、大气污染环境、化学侵蚀环境。公路隧道结构的环境作用分级应符合表3.0.7的规定。

13.8.2 公路隧道混凝土结构应根据不同的设计基准期、不同的周边环境类别及其作用等级进行耐久性设计。混凝土结构的耐久性设计应保证结构在其设计基准期内的适用性、可修复性与安全性的需要，必须提出使用过程中的维修与检测的要求。隧道结构耐久性设计应根据隧道结构的耐久性设计标准，结合环境条件分段确定。

13.8.3 当结构同时受到多项化学腐蚀因素的作用时，应以其中单项作用最高的环境作用等级作为化学腐蚀环境下的设计依据；如同时有两个或两个以上化学因素的作用等级均达到相同的最高等级，宜再提高一级作为化学腐蚀环境下的设计依据。

13.8.4 不同类别环境及其作用等级，可按表13.8.4-1～表13.8.4-6所列环境条件特征进行划分。

表13.8.4-1 一般环境（无冻融、盐、酸、碱等作用）

环境作用等级	环境条件特征
A	永久湿润环境（距洞口>200m）
B	非永久湿润环境（距洞口<200m）

注：表中环境条件系指配筋混凝土结构钢筋保护层一侧混凝土表面所接触的局部环境，或素混凝土结构表面所接触的局部环境。部分处于含盐的水土环境而另一部分又处于干燥环境中的构件，应按盐结晶环境考虑。

表 13.8.4-2　一般冻融环境（无盐、酸、碱等作用）

环境作用等级	环境条件特征
C	微冻地区，混凝土中度水饱和
D	微冻地区，混凝土高度水饱和
D	严寒和寒冷地区，混凝土中度水饱和
E	严寒和寒冷地区，混凝土高度水饱和

注：(1) 冻融环境下，对于引气混凝土可按表中的作用等级降低一个等级采用。
(2) 冻融环境按当地最冷月平均气温划分为严寒地区、寒冷地区和微冻地区，其最冷月平均气温分别为 $t \leqslant -8℃$、$-8℃ < t \leqslant -3℃$ 和 $-3℃ < t \leqslant -2.5℃$。
(3) 高度水饱和指冰冻前长期或频繁接触水或潮湿土体，混凝土内高度水饱和；中度水饱和指冰冻前偶受雨水或潮湿，混凝土内水饱和程度不高。
(4) 当设有防寒保暖层时，应根据设计的混凝土构件表面温度，取用对应的冻融环境。
(5) 本表按无防排水系统之情形列出，如有完善的防排水系统时，作用等级可按表中规定降低一个等级取用。

表 13.8.4-3　近海或海洋环境

环境作用等级	环境条件特征	
C	大气区	离涨潮岸线 >200m 的陆上环境，距洞口 >200m
D		离涨潮岸线 100~200m 的陆上环境
E		离涨潮岸线 100m 以内的陆上环境
F		土中区及水下区

注：(1) 海洋环境中的水下区和大气区的划分，按《海港工程混凝土结构防腐蚀技术规范》（JTJ 275—2000）的规定执行。
(2) 对可能遭受冻融作用的海水水位变动区及浪溅区混凝土，应按抗冻的引气混凝土设计。
(3) 当混凝土构件表面有涂层时，作用等级可按表中规定降低一个等级取用。

表 13.8.4-4　盐结晶环境

环境作用等级	环境条件特征
E	日温差小、有干湿交替作用的盐土环境（含盐量较低时按 D 级）
F	日温差大、干湿交替作用频繁的高含盐量盐土环境

注：当设有防寒保暖层、完善的防排水系统、混凝土构件表面有涂层时，作用等级可按表中规定降低一个等级取用。

表 13.8.4-5　大气污染环境

环境作用等级	环境条件特征	洞内条件特征
A	汽车或其他机车废气	厚型涂层
B		薄型涂层
C		无涂层

表13.8.4-6 化学侵蚀环境

化学侵蚀		环境作用等级		
		C	D	E
硫酸盐侵蚀	环境水中 SO_4^{2-} 含量(mg/L)	≥200 <1 000	≥1 000 <4 000	≥4 000 <10 000
	强透水土层环境土中 SO_4^{2-} 含量(mg/kg)	≥300 <1 500	≥1 500 <6 000	≥6 000 <15 000
	弱透水土层环境土中 SO_4^{2-} 含量(mg/kg)	≥1 500 <5 000	≥5 000 <15 000	≥15 000 <50 000
镁盐侵蚀	环境水中 Mg^{2+} 含量(mg/L)	≥300 <1 000	≥1 000 <3 000	≥3 000 <4 500
酸性侵蚀	水或强透水土层中、环境水中 pH 值	≥5.5 <6.5	≥4.5 <5.5	≥4.0 <4.5
	弱透水土层中、环境水中 pH 值	≥4.5 <5.5	≥4.0 <4.5	≥3.5 <4.0
二氧化碳侵蚀	水或强透水土层中、环境水中 CO_2 含量(mg/L)	≥15 <30	≥30 <60	≥60 <100
	弱透水土层中环境水中、CO_2 含量(mg/L)	≥30 <60	≥60 <100	≥100

注:(1)水中及强透水土层中的硫酸盐、镁盐环境,如无干湿交替,表中数据可乘系数1.5。
(2)含氯盐咸水中不再单独考虑镁离子的侵蚀作用。
(3)硫酸盐作用等级或 CO_2 作用等级为 D 和 D 级以上的构件,如处于流动地下水中,宜在构件的混凝土表面设置防腐面层或涂层。
(4)高压水头可加重硫酸盐化学腐蚀。
(5)地表或地下水中的氯离子对钢筋混凝土构件的作用等级如下:在干湿交替的环境条件下,氯离子浓度(mg/L)≥100 且<500 时,可按 C 级;≥500 且<5 000 时,可按 D 级;≥5 000 时,可按 E 级。如永久处于水下,可按降低一级采用。

13.8.5 当结构及其构件在使用过程中可能遭受表13.8.4-1～表13.8.4-6所列的多种环境类别作用时,应能分别满足这些环境类别各自作用下的要求。在设计时应注意:

1 合理区分环境对混凝土的腐蚀作用与对钢筋的腐蚀作用。
2 设计中应针对不同的腐蚀类型采取相应的抗腐蚀措施。
3 素混凝土构件在海水和近海环境中的作用等级可比钢筋混凝土构件降低一个等级取用。

13.8.6 公路隧道的衬砌结构应分别对初期支护和二次衬砌等进行耐久性设计,主要包括以下内容:

1 明确混凝土结构的使用环境类别与环境作用等级,对周边既有工程受环境腐蚀作用劣化的程度进行调查并写出说明。

2 提出混凝土结构的设计使用年限、结构的设计使用年限级别、结构在设计使用年限内需要更换或修复的主要承重部件名称及预期的更换或修复年限。

3 提出保证结构耐久性的结构构造措施及采用耐久性混凝土材料的设计考虑；提出对混凝土原材料的选用组分以及最大水胶比、最小含气量等参数的要求；根据工程环境的特点和需要，规定混凝土的耐久性试验指标。

4 提出混凝土原材料品质要求、配合比的主要参数及耐久性的具体指标。

5 提出确保混凝土耐久性的施工措施及质量关键要求。

6 根据不同设计基准期、使用环境类别和环境作用等级，对结构构件的防排水措施以及钢筋混凝土构件的保护层厚度、混凝土裂缝宽度控制值等，提出具体规定与要求。

7 对于设计基准期不低于100年的重要结构物或处于腐蚀作用较严重环境条件（环境作用D、E和F级）下的结构，应向工程的业主和运营管理单位提出使用过程中需要进行的定期维护与检测项目，明确结构使用过程中的健康检测、养护、维修或局部更换的要求。

8 对于重要工程中受腐蚀作用较严重（环境作用D、E和F级）的结构部位，应研究采取附加防腐蚀措施。

13.8.7 隧道复合式衬砌结构的耐久性，应根据环境因素的影响程度进行设计。当环境对衬砌结构侵蚀作用很小或无侵蚀作用时，可由初期支护和二次衬砌共同承担荷载。当环境对衬砌结构侵蚀作用明显时，设计方法一是：由初期支护和二次衬砌共同承担荷载，但初期支护和二次衬砌均应按防腐蚀进行结构设计；设计方法二是：不计初期支护的长期耐久性，仅采取防腐蚀措施，满足施工期间的安全，由二次衬砌承担全部荷载，并满足耐久性的要求。

13.8.8 当初期支护作为永久承载结构设计时，应对喷射混凝土、锚杆、钢架等每一种支护措施进行耐久性设计，并应符合以下要求：

1 在腐蚀性严重的环境条件下，喷射混凝土的强度等级应不低于二次衬砌混凝土的强度等级。

2 喷射混凝土的强度应符合设计强度（28d）的规定，且1d的抗压强度不宜小于10MPa。

3 初期支护宜采用全长灌浆式锚杆，并应设置垫板。在腐蚀性环境中，应采用防腐蚀的灌浆材料及耐腐蚀的杆体材料。

4 对于喷射混凝土内设置的钢架，当环境作用等级为A、B、C级时，靠围岩侧钢筋的混凝土保护层厚度应不小于4cm，靠另一侧的保护层厚度应不小于2cm。当环境作用等级为D、E、F级别时，保护层厚度应专题研究确定。

13.8.9 隧道二次衬砌混凝土的耐久性设计应符合以下要求：

1 钢筋混凝土结构的最低强度等级、最大水胶比和每立方米混凝土中的胶凝材料用量应符合表 13.8.9-1 的规定。

表 13.8.9-1　钢筋混凝土的最低强度等级、最大水胶比和胶凝材料最小用量

设计基准期 环境作用等级	100 年			50 年		
	最低强度等级	最大水胶比	最小胶凝材料用量（kg/m³）	最低强度等级	最大水胶比	最小胶凝材料用量（kg/m³）
A	C30	0.55	280	C25	0.60	260
B	C35	0.50	300	C30	0.55	280
C	C40	0.45	320	C35	0.50	300
D	C40	0.40	340	C40	0.45	320
E	C45	0.36	360	C40	0.40	340
F	C50	0.32	380	C45	0.36	360

注：(1) 大掺量矿物掺合料混凝土的水胶比应不大于 0.42。
　　(2) 大截面配筋构件宜提高钢筋的混凝土保护层厚度，在无氯碱的一般环境下（C 级或 C 级以下），所采用的混凝土强度等级可低于表中的最低等级，但两者差值不应大于 10MPa 且不应低于对素混凝土强度的要求。当采用的混凝土强度等级比表中规定的低 5MPa 时，相应的保护层厚度应比规定值增加 5~10mm；当采用的混凝土强度等级比表中规定值低 10MPa 时，相应的保护层厚度应增加 10~15mm。

不同强度等级混凝土的胶凝材料总量要求如下：C40 以下不宜大于 400kg/m³；C40~C50 不宜大于 450kg/m³；C60 及其以上不宜大于 500kg/m³（非泵送混凝土）和 530kg/m³（泵送混凝土）。

2　除长期处于湿润环境、水中环境或潮湿土中环境的混凝土构件可以采用大掺量粉煤灰（掺量可不大于 50%，而水胶比应随掺量增加而减小）外，对一般环境条件下，暴露于空气中的普通混凝土构件，粉煤灰掺量不宜大于 20%，且每立方米混凝土胶凝材料中的硅酸盐水泥用量不宜小于 240kg。

3　冻融环境下，环境作用等级为 D 级或 D 级以上的混凝土构件必须掺用引气剂。引气混凝土的最低强度等级、最大水胶比和胶凝材料最小用量，可按表 13.8.9-1 中相应环境作用等级降低一个等级采用（即环境作用为 D 级或 C 级时可分别取用 C 级或 B 级的规定值）。冻融环境作用等级为 C 级的混凝土可不加引气剂，但此时的混凝土强度等级应不低于 C40。冻融环境下混凝土胶凝材料中的粉煤灰掺量不宜超过 30%，并应限制所用粉煤灰的含碳量（宜不大于 2%）。

4　混凝土的抗冻性（抗冻耐久性指数 DF）应不低于表 13.8.9-2 的规定。厚度小于 150mm 的薄壁构件，表中的 DF 数值应再增加 5(%)。

表 13.8.9-2 混凝土抗冻性的耐久性指数 DF（%）

设计使用年限	100 年			50 年		
环境条件	高度水饱和	中度水饱和	盐冻	高度水饱和	中度水饱和	盐冻
严寒地区	80	70	85	70	60	80
寒冷地区	70	60	80	60	50	70
微冻地区	60	60	70	50	45	60

注：(1) 耐久性指数 DF 为 300 次快速冻融循环后的动弹性模量与初始值的比值。如在 300 次冻融循环以前，试件的动弹性模量已降到初始值的 60% 以下或质量损失已超过 5%，则以此时的循环次数 N 计算 DF 值，并取 $DF=(N/300)\times 0.6$。快速冻融循环试验方法可参照水工试验标准，试件自现场或模拟现场混凝土构件中取样；如在试验室制作，试件的养护温度及龄期需按实际工程情况选定。对于盐或化学腐蚀环境，试验时用于浸泡试件的水，需采用与实际工程环境中相同成分和浓度的水。

(2) 高度水饱和指冰冻前长期或频繁接触水或潮湿土体，混凝土内高度水饱和；中度水饱和指冰冻前偶受雨水或潮湿，混凝土内水饱和程度不高；盐冻系指接触除冰盐及盐碱、海洋或其他化学物质时受冻。

5 引气混凝土的适宜含气量可参考表 13.8.9-3 的规定。

表 13.8.9-3 混凝土适宜含气量（%）（允许误差 ±1%）

冻融环境集料最大粒径（mm）	含 气 量（%）		
	高度水饱和环境	中度水饱和环境	盐冻环境
10	7.0	5.5	7.0
15	6.5	5.0	6.5
25	6.0	4.5	6.0
40	5.5	4.0	5.5

注：(1) 表中所示含气量为在现场新拌混凝土取样测得的数值。在施工前，应参考本表的规定，对拟用混凝土做抗冻性（快冻法）与含气量的对比试验。混凝土的抗冻性应符合表 13.8.9-2 的规定。宜采用对比试验确定的含气量、试验用的原材料及水胶比等混凝土工艺参数，进行施工方案编制和质量控制。

(2) 在试验室条件下进行新拌混凝土试样的含气量测试时，不论混凝土的坍落度大小，测试前均应在标准振动台上振动不小于 20s 的时间。现场泵送和高频振捣混凝土，应检测试验泵送和振捣过程造成的含气量损失，判断所用引气剂品种的适用性。

(3) 在盐冻、高度水饱和及中度水饱和条件下，气泡间隔系数应分别不大于 200μm、250μm 及 300μm。气泡间隔系数为在现场钻芯取样或模拟现场的硬化混凝土中取样测得的数值。测定方法可参照有关标准。

6 在海水等氯盐环境下，不宜单独采用硅酸盐或普通硅酸盐水泥作为胶凝材料配制混凝土，应掺加或大掺量掺加矿物掺合料，并宜加入少量的硅灰。海水环境下不宜单独采用抗硫酸盐的硅酸盐水泥配制混凝土。

7 用于氯盐腐蚀环境中的钢筋混凝土构件，其混凝土 28d 龄期的氯离子扩散系数 D_{RCM} 值，宜符合表 13.8.9-4 的规定。

表 13.8.9-4　混凝土中的氯离子扩散系数 D_{RCM}（28d 龄期，$10^{-12}m^2/s$）

结构设计使用年限	环境作用等级 D	E 及其以上
100 年	<7	<4
50 年	<10	<6

注：表中的 D_{RCM} 值，是标准养护条件下 28d 龄期混凝土试件的测定值，仅适用于氯盐环境下采用的较大掺量和大掺量矿物掺合料的混凝土。对于其他组分的混凝土以及更长龄期的混凝土，应采用更低的 D_{RCM} 值作为抗氯离子侵入性能的评定依据。

8　硫酸盐等化学腐蚀环境下应选用低 C_3A 量的水泥并适当掺加矿物掺合料，严重化学腐蚀环境下的耐久混凝土宜通过专门的试验研究确定。

13.9　支护结构耐久性设计的构造规定

13.9.1　支护结构的形状和布置应有利于通风和避免水汽在混凝土表面积聚，便于施工时混凝土的捣固、养护，宜减少约束及荷载作用下的应力集中现象。处于严酷环境作用下的结构构件，其外形宜力求简单，尽量减少暴露的表面积和棱角（在可能条件下宜做成圆角）。

13.9.2　结构的施工缝、伸缩缝等连接缝的位置，宜避开不利的环境作用部位；当可能遭受腐蚀性环境侵蚀时，宜对连接缝部位的混凝土采取附加防腐蚀措施。

13.9.3　混凝土结构的表面形状应有利于排水，对于可能受雨淋或积水的水平面宜改用倾斜面。结构的待排水，应通过专门设置的管道（非钢质的塑料管等）排出，不得将结构构件的混凝土表面直接作为排水通道。排水管的出口不得紧贴混凝土构件表面，应离开混凝土构件表面一定距离。

混凝土基础台阶坡线和竖直线之间的夹角（刚性角）不应大于 45°；当为砌体基础时，不应大于 30°。

13.9.4　钢筋混凝土构件中，钢筋（包括主筋、箍筋和分布筋）的混凝土保护层厚度（钢筋外缘至混凝土表面的距离），不应小于表 13.9.4 中规定的保护层最小厚度 c_{min} 与保护层厚度施工允许误差 Δ 之和，即应符合下式：

$$c \geqslant c_{min} + \Delta \tag{13.9.4}$$

式（13.9.4）中的施工允许误差 Δ，应根据施工验收要求的严格程度而定，现浇混凝土构件可取 10mm；如有专门的施工质量控制和检验制度，能够严格保证表层混凝土的养护质量和混凝土保护层的厚度时，可取为 5mm；对工厂生产的预制构件，可取 0~5mm。

表13.9.4 混凝土保护层最小厚度 c_{min} (mm)

环境作用等级		A、B	C	D	E	F
板、墙等面形构件	设计基准期25年	20	20	35	40	45
	设计基准期50年	20	30	40	45	50
	设计基准期100年	30	40	45	50	55
柱等条形构件	设计基准期25年	20	25	40	45	50
	设计基准期50年	30	35	45	50	55
	设计基准期100年	35	45	50	55	60

注：(1)表中的混凝土保护层厚度与表13.8.9-1的混凝土最低质量要求和第13.8.9条中对不同环境下类别下混凝土胶凝材料的选用范围相应。如实际采用的混凝土水胶比低于表13.8.9-1中规定的数值（按表13.8.9-1中水胶比数值的相应级差衡量），且水胶比不大于0.45，或实际采用的混凝土强度等级比表13.8.9-1中的最低值高10MPa时，保护层的最小厚度可比表中数值适当减小，但所减小的厚度不宜超过5mm。

(2)表中的保护层最小厚度值如小于所保护钢筋的直径，则宜 c_{min} 与钢筋直径相同。

(3)引气混凝土的保护层厚度可按表13.8.4-1～表13.8.4-6中对应的环境作用等级再降低一个等级取用。

(4)直接接触土体浇注的混凝土保护层厚度应不小于70mm。

(5)受风沙磨蚀、处于流动水中，或同时受水中泥沙冲击侵蚀的构件保护层厚度，应增加10～20mm。特殊磨蚀环境下应通过专门研究确定。

(6)如有可靠的附加防腐蚀措施并通过专门的论证，保护层厚度可适当降低。

(7)硫酸盐化学腐蚀环境中，如无干湿交替现象，保护层最小厚度可取：钢筋混凝土板35mm，钢筋混凝土梁、柱40mm。

确定钢筋混凝土构件的混凝土保护层厚度时，宜符合以下要求：

1 对于可能处于高度水饱和状态并遭受冻融、硫酸盐、碳酸等侵蚀的薄壁混凝土构件，应适当增加壁厚及混凝土保护层的厚度。

2 处于C级和C级以上环境作用下的结构构件，其最外层箍筋或分布筋的保护层厚度必须计入施工允许误差。

3 钢筋的混凝土保护层最小厚度，尚应符合有关规范规定的与混凝土集料最大粒径相匹配的最低要求。

13.9.5 受力钢筋宜采用HRB335级和HRB400级钢筋。钢筋最小直径应不小于12mm；当构件处于可致严重锈蚀的环境时，受力钢筋的最小直径应不小于16mm。

13.9.6 当构件有防水要求，需严格控制裂缝宽度时，构件每侧暴露面上的分布钢筋的配筋率（单位长度内一侧分布钢筋面积与 $0.5h$ 之比，其中 h 为构件厚度，当 h 大于500mm时按500mm计算）不宜低于0.6%（HPB235级钢筋）或0.4%（HRB335级和HRB400级钢筋）。分布钢筋的间距不宜大于150mm。

13.9.7 位于严重锈蚀环境下的构件，部分浇注在混凝土中，部分暴露在构件外的吊环、紧固件、连接件等钢构件，其锚固部分应与混凝土构件中的其他钢筋相隔离。

13.9.8 钢筋混凝土构件中纵向受力钢筋的截面最小配筋率应符合表13.9.8的规定。

表13.9.8 **钢筋混凝土结构构件中纵向受力钢筋的截面最小配筋率(%)**

受力类型		最小配筋率				
受压构件	全部纵向钢筋	0.6				
	一侧纵向钢筋	0.2				
受弯构件、偏心受拉、轴心受拉构件的一侧受拉钢筋	钢筋种类	混凝土强度等级				
		C20	C25	C30	C40	C50
	HPB235	0.25	0.25	0.30	0.35	0.40
	HRB335	0.20	0.20	0.20	0.25	0.30

注:(1)受压构件全部纵向钢筋最小配筋率,当采用HRB400钢筋时,应按表中规定减小0.1(%)。
(2)偏心受拉构件中的受压构件,应按受压构件一侧纵向钢筋的配筋率采用。
(3)受压构件的全部纵向钢筋和一侧纵向钢筋的配筋率以及轴心受拉构件和小偏心受拉构件一侧受拉钢筋的配筋率,应按构件的全截面面积计算;受弯构件或大偏心受拉构件一侧受拉钢筋的配筋率,应按全截面面积扣除受压翼缘面积后的截面面积计算。
(4)当钢筋沿构件截面周边布置时,"一侧纵向钢筋"系指沿受力方向两个对边中的一边所布置的纵向钢筋。

14 特殊地质隧道设计

14.1 滑坡地层隧道设计

14.1.1 当隧道通过滑坡地层时,应根据滑坡现况采用相应的工程措施,对滑坡和隧道进行综合防治设计,确保隧道安全。

14.1.2 滑坡地层隧道位置的选择应符合以下规定:
1 对于性质复杂的大型滑坡,尤其是当滑动面位于路基以下时,应设法绕避。
2 当隧道无法避开滑坡时,应使隧道洞身置于滑动面以下能确保施工及运营过程中隧道安全的稳固地层中。
3 当隧道必须通过滑坡体时,隧道轴线宜与滑坡的主滑方向呈平行或小角度斜交布设,宜避免以正交方式或大角度斜交穿过。
4 隧道通过滑坡的位置,设于滑坡上缘或下缘比设于滑坡中部好。

14.1.3 滑坡地层隧道设计应符合以下规定:
1 滑坡防治设计应与隧道工程设计并重。
2 中、大型滑坡区的隧道,必须对滑坡体与隧道结构间的相互影响进行稳定性分析。
3 滑坡对隧道的稳定性存在影响时,须待滑坡治理工程完成后,方可进行隧道施工。
4 滑坡地层隧道施工前,应先做好滑坡体与隧道的截排水工程。
5 当滑坡地处洞口段时,洞口边仰坡的开挖、加固方案应综合分析工程地质、自然、施工环境等因素,经过充分论证后方予实施。
6 施工中应对滑坡体与隧道进行监测,并根据监测信息及时调整处治措施。
7 滑坡治理工程宜在旱季施工,并应采用不会导致滑坡发展的可靠施工方法。

14.1.4 当隧道必须通过滑坡体时,应在查明滑坡的成因、性质、类型及构造等的基础上,采取综合防治措施,确保滑坡的稳定、隧道施工及运营的安全。常用的滑坡防治措施有:
1 排水措施
排水措施是滑坡防治中应首先考虑的方法,包括地表排水和地下排水。各种地表排水措施的适用条件、布置及设计原则可参照表14.1.4的规定采用。

表 14.1.4 滑坡地表排水措施

名 称	适用条件	布置及设计原则
环形截水沟	滑体外	截水沟应设在滑坡可能发展的边界 5m 以外,根据需要可以设置数条,分段拦截地表水,向一侧或两侧的自然沟系排出。在坡度陡于 1:1 的山坡上,可采用陡坡排水槽来拦截山坡上方的坡面径流。沟槽断面以满足宣泄坡面径流为准,可按 1/20～1/25 的周期流量设计。如土质渗水性强,应采用黏质土、石灰三合土或浆砌片石铺砌防渗层
树枝状排水系统	滑体内	结合地形条件,充分利用自然沟系,作为排水渠道,汇集并旁引坡面径流于滑坡体外排出。排水沟的布置宜避免横切滑体,主沟宜与滑动方向一致,支沟与主沟斜交 30°~45°。如土质松软,可就地夯成沟形,上铺黏质土或石灰三合土加固。通过裂缝处,可采用搭叠式木质水槽或陶管、混凝土槽、钢筋混凝土槽,防止山坡变形拉断水沟,使坡面水集中下渗
明沟与渗沟相配合的引水工程	滑体内的泉水或湿地	目的在于排除山坡上层滞水和疏干边坡土体含水。埋入地下部分起集水渗沟功能,露出地面部分为排水明沟
平整夯实自然山坡坡面	滑体内	如山坡土质疏松,坡面水易于阻滞下渗,应对坡面整平夯实,填塞裂缝,防止坡面径流汇集下渗
绿化工程(植树、铺种草皮)	滑体内	绿化工程是配合地表排水的措施,对渗水严重的黏质土滑坡和浅层滑坡,效果显著。在滑坡面种植灌木及阔叶果林,可疏干滑体水分,根系起加固坡面土层的作用。铺种草皮可滞缓坡面径流,防止冲刷,减少下渗,避免坡面泥土淤塞沟槽

2 减载与反压措施

1)减载适用于推动式滑坡或由错落转化的滑坡,并且滑床上陡下缓,滑坡后缘及两侧的地层稳定,不致因刷方而引起滑坡向后及两侧发展。牵引式滑坡或滑带土具有卸载膨胀性质的滑坡,不宜采用滑坡减载的方法整治。减载后的坡面,应整平夯实,平台应设较大的横坡,并做好减载范围内的防排水工程。

2)反压是利用滑体上部的减载弃方或滑体附近公路工程开挖的土石方,填于滑体前缘(抗滑地段),以增加其稳定性。

3 支挡措施

根据滑坡的性质,可采用抗滑挡墙、抗滑桩、预应力锚索(杆)、钢管桩以及锚索桩、格构锚固等支挡构造物,对滑坡进行整治,以控制滑坡的下滑。对隧道洞口段滑坡,可结合地形、地质条件采用抗滑明洞(棚洞)进行防治。各种支挡措施的特点及适用性如下:

1)抗滑挡墙

在滑坡下部修筑抗滑挡墙是整治滑坡常用的有效措施之一。挡墙可采用圬工结构或钢筋混凝土结构。

2)抗滑桩

抗滑桩是一种能承受较大滑坡推力的抗滑建筑物。抗滑桩适用于非流塑性土体或岩体的滑坡地层,不适用于流塑性土体地层。

3）预应力锚索

预应力锚索适用于土质、岩质地层的边坡及地基加固，其锚固段宜置于岩层内，以确保锚索工程安全可靠。锚固段若置于土层中，则需进行拉拔试验，根据试验数据进行设计。

滑坡整治工程中，锚索宜与其他支挡结构组合使用，形成锚索桩、锚索墙、锚索桩板墙、锚索地梁及框格梁等支挡结构。

4）钢管桩

钢管桩宜采用外径 76～140mm 的热轧无缝钢管加工。可在钢管中设置钢筋笼或在滑面附近段的钢管上设置注浆孔对滑面进行注浆加固，增加其抗剪能力。钢管桩的钻孔深度不宜超过 40m，且其锚入滑面或潜在滑面下的深度不宜小于 5m。

4 土体加固措施

对于洞口浅埋段的中小型滑坡，当滑坡土体适宜注浆时，可采用地表注浆、洞内注浆等方式对地层进行注浆加固，提高滑体的物理力学指标，适当改善滑面的抗剪能力。采用注浆法对滑坡进行防治时，钻孔深度不宜超过 15m。注浆钢花管宜采用外径 38～50mm 的热轧无缝钢管制作。

14.2 岩溶地层隧道设计

14.2.1 隧道通过岩溶地层时，应查明岩溶发育阶段、溶洞分布范围和类型、岩层的完整稳定程度、溶洞填充物、地下水等情况，采用相应的工程措施对其进行综合治理。

14.2.2 岩溶地层隧道位置的选择应符合以下原则：

1 对局部严重的、大型的、不易探明的岩溶地段，应尽量绕避；对一般的中、小型岩溶地段，可以选择其最窄的、最易于采取措施的地段通过。

2 当洞身不能避开岩溶地层时，宜使隧道与溶洞（特别是顶板及底板）之间有足够的岩壁厚度，且在岩溶水不发育的地带通过。

3 在可溶性岩石分布区，隧道宜选择在溶蚀强度较低的地段通过。

4 在通过可溶性岩石分布区时，隧道轴线方向不宜与岩层构造线的方向平行，而应与之大角度斜交或垂直通过。

5 在岩溶地层，隧道应尽量避开较大的断层破碎带；当受条件限制时，应使隧道轴线方向与其正交或大角度斜交，以减少断层带中岩石破碎、岩溶发育和岩溶水丰富等不良地质对隧道稳定性的影响。

6 隧道应尽可能避开可溶岩与非可溶岩相接触的地带。

14.2.3 岩溶地层隧道设计应符合以下规定：

1 在岩溶地区选线，应多方案勘测，全面比较，避重就轻，防害兴利。

2 结构工程设计应与岩溶水治理设计并重。

3　加强岩溶区涌水与地质超前预测、预报设计。
　　4　加强岩溶区处治预案的设计。
　　5　加强施工监测设计,并根据监测信息及时调整治理方案。

14.2.4　岩溶地层隧道设计宜根据岩溶的发育阶段和地下水的腐蚀性考虑其对隧道支护结构耐久性的影响:处于形成阶段的岩溶,可不考虑其对围岩及隧道结构长期稳定性的影响;隧道位于发展及衰亡阶段的岩溶中时,设计中必须采取可靠的措施以确保支护结构的长期稳定性。
　　当岩溶区地下水具有较强的腐蚀性时,设计中应采取措施使隧道支护结构具有长期良好的抗腐蚀性能。

14.2.5　根据岩溶对隧道工程的影响程度,可采取跨越、加固洞穴、引排截堵岩溶水、清除充填物或对软弱地基注浆加固、回填夯实、封闭地表塌陷、疏排地表水等工程措施对岩溶和岩溶水进行综合治理。

14.2.6　对岩溶水的治理应遵循"宜疏不宜堵"的原则,采取截、堵、排、防等措施进行综合治理设计时宜符合下列要求:
　　1　对岩溶水的疏导可结合具体情况,采用排水沟、涵洞、小桥、泄水洞、集水廊道等方式。
　　2　因隧道区的环境保护要求,必须对岩溶水采取"以堵为主"的工程措施时,可根据涌水量和衬砌的水压条件等具体情况,采取超前帷幕注浆堵水、抗水压衬砌等设计方案。
　　3　根据岩溶水的腐蚀性程度,可采用抗腐蚀喷射混凝土、抗腐蚀混凝土衬砌或抗腐蚀防水层材料等保证隧道支护结构耐久性的措施。隧道内用于排除围岩渗水的水管、水沟也宜做防腐蚀设计。
　　4　设计中应对邻近隧道的水利设施予以保护,并对施工可能引起水资源漏失的程度做出评价,对当地生产、生活用水采取适当的保护措施。

14.2.7　根据洞穴的大小、稳定性及洞穴与隧道不同部位的关系,岩溶洞穴的治理可采用跨越、封闭、加固及绕避等措施,且宜符合下列要求:
　　1　当溶洞规模较大,或溶洞虽小但设计要求不得堵塞岩溶水系时,或溶洞深峻、充填物松软、基础工程修建困难或耗资巨大时,可根据具体条件采用相应的跨越结构措施,如梁、板、拱或加大隧道净空断面等结构形式。
　　2　对已经停止发育的中小溶洞,可采用混凝土、浆砌片石或干砌片石予以回填封闭,必要时可注浆加固防止塌陷。隧道拱部的最小回填厚度不宜小于2.0m。
　　3　隧道拱部以上的溶洞,可视溶洞的稳定情况采取洞顶危岩清除、局部锚喷支护加固、加设护拱、拱顶回填缓冲层以及加强隧道衬砌等办法进行治理。
　　4　遇到一时难以处理的溶洞,有可能导致工程停顿时,可采用迂回导坑绕避溶洞,其后再从两端对溶洞进行综合治理。选择迂回导坑位置前,应探明该范围内的溶洞情况。

当隧道遇到大型溶洞,在溶洞内难以修建其他跨越工程或耗资过大时,经技术、经济比较后可采用局部改线方案绕避溶洞。

14.2.8 对岩溶充填物的治理,应根据充填物的特点(松软、下沉量大、强度低、稳定性差)采取针对性措施。当隧道必须穿越岩溶充填物地段时,可按不同情况采取如下工程措施:

1 桩基础。当溶洞底部充填物不易清除且不流失时,可根据地质条件和结构受力要求,采用摩擦桩或端承桩对其进行治理。

2 换填。当隧道底部岩溶充填物承载力低,不能满足道路承载力要求时,可通过换填混凝土、片石混凝土或浆砌片石来提高其地基承载力,且宜符合以下要求:

1)隧道底部的溶洞充填物,其换填厚度不宜超过 3.0m。
2)隧道侧墙部的溶洞充填物,其换填厚度不宜小于 2.0m。
3)隧道顶部的溶洞充填物,当其体积不大时(数十立方米),可将其全部清除后按一般标准修建隧道衬砌,但应在其拱部修筑厚度不小于 2.0m 的浆砌片石护拱或厚度不小于 1.0m 的混凝土护拱。

3 注浆。当隧道所通过溶洞内的充填物松软、稳定性差且不易清除,特别是岩溶水较丰富时,可采取超前注浆、径向注浆、底部注浆等工程措施对洞身、洞周及隧道底部充填物进行加固治理,以保证隧道施工和运营的安全。

14.3 瓦斯隧道设计

14.3.1 瓦斯隧道分为低瓦斯隧道、高瓦斯隧道以及瓦斯突出隧道三种,见表14.3.1-1。瓦斯隧道的类型应按隧道内瓦斯工区的最高级确定。隧道瓦斯地段等级划分见表14.3.1-2 的规定。

表 14.3.1-1 瓦斯隧道的分类

项目	分类	判定指标	备注
瓦斯隧道工区	低瓦斯工区	$<0.5\text{m}^3/\text{min}$	按绝对瓦斯涌出量进行判定
	高瓦斯工区	$\geq 0.5\text{m}^3/\text{min}$	
	瓦斯突出工区	判定瓦斯突出必须同时满足下列4个指标: (1)瓦斯压力 $P\geq 0.74\text{MPa}$; (2)瓦斯放散初速度 $\Delta P\geq 10$; (3)煤的坚固系数 $f\leq 0.5$; (4)煤的破坏类型为Ⅲ级及其以上	按瓦斯压力、瓦斯放散初速度、煤的坚固系数及煤的破坏类型进行判定
瓦斯隧道	低瓦斯隧道	按隧道内瓦斯工区的最高级确定	
	高瓦斯隧道		
	瓦斯突出隧道		

表 14.3.1-2　瓦斯地段等级

地 段 等 级	吨煤瓦斯含量(m³/t)	瓦斯压力(MPa)
一	—	≥0.74
二	≥0.5	≥0.15，且<0.74
三	<0.5	<0.15

14.3.2 瓦斯隧道的瓦斯工区应根据其含瓦斯的等级，分别采用不同的衬砌结构。一、二级瓦斯地段应采用复合式衬砌，其初期支护和二次衬砌应根据埋置的深度、围岩级别、工程地质和水文地质条件、瓦斯严重程度，采用带仰拱的全封闭设计断面，并视地质情况向瓦斯含量较轻、等级较低或不含瓦斯地段延伸 15m 左右。衬砌接缝处应采用膨胀水泥砂浆填塞严密。

14.3.3 瓦斯隧道的衬砌结构应设有防瓦斯措施，宜按表 14.3.3 的规定采用。

表 14.3.3　瓦斯隧道衬砌结构防瓦斯措施

封 闭 措 施	瓦斯地段等级			备　注
	三	二	一	
围岩注浆	—	—	选用	
喷射混凝土中掺气密剂	—	选用	采用	透气系数不应大于 10^{-10} cm/s
设置瓦斯隔离层	—	采用	采用	
模筑混凝土中掺气密剂	采用	采用	采用	透气系数不应大于 10^{-11} cm/s
模筑混凝土中掺钢纤维	—	—	选用	
施工缝气密处理	采用	采用	采用	封闭瓦斯性能不应小于衬砌本体

14.3.4 瓦斯地段的复合式衬砌除应满足结构受力要求外，喷射混凝土厚度不应小于 15cm，模筑混凝土衬砌厚度不应小于 40cm。

14.3.5 掺气密剂的混凝土施工材料应符合下列规定：
  1 宜选用强度等级不低于 42.5 级的硅酸盐和普通硅酸盐水泥，不得采用其他水泥。
  2 要求砂的细度模数 M_x≥2.7，含泥量不大于 3%，不得采用细砂。
  3 石子的最大粒径 D_{max}≤40mm，级配宜为 2~3 级，含泥量不大于 1%，不应有泥土块或泥土包裹石子表面，针片状颗粒含量不大于 15%。
  4 气密剂掺量应符合设计要求。气密剂为硅灰、粉煤灰及高效减水剂的复合剂。

14.3.6 当瓦斯隧道衬砌内设置瓦斯隔离层时，其垫层应采用闭孔型泡沫塑料，厚度不应小于 4mm。

14.3.7 全封闭防瓦斯地段有地下水时,宜在隧道左右边墙下部的纵向排水管终点处设置气水分离装置,分离出的瓦斯气体可用管道引出洞外,在高处排放。

14.3.8 从隧道内引出瓦斯的金属管,其上端管口应高于隧道洞口拱顶高程5m,并应妥善接地,防止雷击。瓦斯放空管的接地电阻不得大于5Ω,周围20m内禁止有明火火源及易燃易爆物品。

14.3.9 当隧道内瓦斯地段较长且初始瓦斯压力大于0.74MPa时,宜在隧道衬砌背后预埋通向大气的降压管;有平行导坑时,可从平行导坑向正洞施钻降压孔,防止隧道建成后瓦斯压力回升。

14.3.10 瓦斯隧道施工期间,应进行地质复查工作。对于揭露的煤层,应取样复测煤层的瓦斯含量和其他有关参数,必要时应钻孔埋管实测瓦斯压力,并通过通风和瓦斯检测计算全隧道的瓦斯涌出量。根据检测结果核对施工工区和煤系地层的瓦斯等级,必要时应进行修正,并作修改设计。

14.3.11 隧道通过瓦斯地段时,宜采用超前导坑法开挖,充分利用超前导坑先期释放部分瓦斯,其超前长度应根据瓦斯含量、通风需要、施工安全及围岩稳定性综合考虑。

14.3.12 瓦斯隧道可采用超前钻孔、加强通风等措施进行瓦斯排放。瓦斯排放完毕后,可采用小导管超前注浆等措施对煤系地层开挖的隧道外轮廓进行固结。

14.3.13 当隧道内瓦斯含量可能较高且压力很大时,除采用封闭式衬砌结构外,还应向衬砌背后压注水泥浆或化学浆液,封闭瓦斯通路,并结合隧道防水要求局部或全断面设置防水层,以阻止瓦斯渗入隧道。

14.3.14 隧道竣工后,应继续对瓦斯渗入及隧道内瓦斯含量进行观测;当已采取封堵措施但仍无法完全隔绝时,应考虑增设运营期间的机械通风设备来降低隧道内的瓦斯浓度。

14.4 采空区隧道设计

14.4.1 隧道勘察设计阶段应收集采空区分布范围资料,隧道段路线宜避开采空区。如路线难以绕避采空区时,应以最短的距离通过,并根据采空区的实际高程、分布情况和采空区的大小,制订切实可行、经济合理的治理方案。

14.4.2 采空区治理方案宜依据采空区与隧道位置的相对关系、地层变形的影响程度、地质与采矿特征等因素，结合以往的采空区治理工程经验，充分比较各治理方案的优缺点后确定。可采用以下治理方法：梁桥或板桥跨越采空区方案、支撑法治理方案、地面注浆治理方案、隧道内超前小导管预注浆方案、隧道内大管棚预注浆超前支护方案及修建后维修的方案等。

14.4.3 采空区段的支护设计参数应根据采空区与隧道的相对位置关系，按不同的采空区位置采取相应的处理措施。对采空区的注浆治理可采用前处理和后处理两种治理方案，并符合以下要求：

1 前处理方案。可采用全充填注浆法和巷道浆砌法充填治理，通过在地表钻孔，注浆泵将水泥粉煤灰浆注入采空区及上覆岩体裂隙中，以固化、胶结岩层裂隙。洞顶以上至洞身以下的范围内可采用胶结充填注浆法，其他段可采用全充填压力注浆法。

2 后处理方案。

1）当采空区位于隧道上部时，应根据拱顶与采空区底板距离、采空区性质、围岩级别分别进行设计，应采取有效的超前支护措施，并对支护衬砌采用结构加强措施。

2）当隧道底部至采空区冒落顶板距离小于3m时，如岩体破碎，可采用开挖后现浇C15片石混凝土回填；如岩体较完整，可采用灌浆或对采煤巷道进行浆砌片石回填。

3）当隧道底部至采空区冒落顶板距离大于3m时，可采用钻孔灌注充填法或采煤巷道浆砌片石后压浆处理。

14.5 高地应力地区隧道设计

14.5.1 高地应力地区有关地层地应力的分级可见表14.5.1-1的规定，岩爆的判据及描述可见表14.5.1-2。

表14.5.1-1 高地应力地区地层地应力分级

岩质 \ R_c/σ_{max}	极高	高	较高
硬质岩（$R_c \geq 60MPa$）	≥2	2~4	4~6
较硬岩（$R_c = 30~60MPa$）	≥3	3~5	5~7
软质岩（$R_c \leq 30MPa$）	≥4	4~6	6~8

表14.5.1-2 岩爆判据及描述

岩爆级别	R_c/σ_{max}	分级描述
Ⅰ	>7	开挖中将无岩爆发生
Ⅱ	4~7	开挖中可能出现岩爆，洞壁岩体有剥离和掉块现象，新生裂纹较多，成洞性较差
Ⅲ	<4	开挖中常有岩爆发生，有岩块爆出，洞壁岩体发生剥离，新生裂纹多，成洞性差

表中：σ_{max}为垂直洞轴线方向的最大初始应力（MPa）。

14.5.2 高地应力地区隧道设计应符合以下规定：

1 合理选择隧道位置。

应尽量将隧道布置在地应力较低或均匀地段，尽可能避开构造断裂带、构造应力活跃区及应力集中区。

2 合理选择隧道轴线走向。

设计时应结合地应力分布、地质条件及洞室形状，尽可能选择合理的走向，避免洞壁受最大主应力的作用，减小洞壁的切向应力，力求使洞室周边应力均匀分布，不出现过大的应力集中。

隧道轴线与最大主应力方向水平投影的夹角宜为15°～30°。在不等向的岩层中（如片岩、板岩地层），若主应力方向与层理方向接近，洞室轴线与这些界面的夹角不宜小于35°。

3 合理选择隧道的断面形状，改善围岩的应力状态。

在高地应力区，隧道断面长轴应与最大主应力方向平行、成小角度相交或靠近最大剪应力方向上，应使洞室的长轴与短轴之比和最大、最小主应力相匹配。若最大主应力和最小主应力不呈垂直或水平分布，而与水平面成一个角度，且地应力水平很高时，可采取非对称断面或其他工程措施来应对。当最大主应力方向垂直洞室断面时，应避免采用高边墙，洞室断面应圆顺，避免应力集中，尽可能使洞室周边处于应力均匀状态。

14.5.3 岩爆地段的支护结构设计应符合以下规定：

1 轻微岩爆和中等岩爆地段，初期支护可采用网喷混凝土或喷钢纤维混凝土、系统锚杆、超前锚杆的联合加固措施。

2 强烈岩爆地段，除采用喷钢纤维混凝土或网喷混凝土、系统锚杆（加大支护密度或采用屈服性锚杆）外，还应增加多排超前锚杆锚固及格栅钢架加强等综合治理措施，提高结构的整体支护能力。

3 岩爆频繁发生的严重地段，宜采取超前应力解除法降低洞壁切向应力，在开挖时采用喷钢纤维混凝土、系统锚杆、超前锚杆及格栅拱架等加固措施。

4 抛射型剧烈岩爆地段，应按能量原则设计，采用可屈服的支护系统，并辅以切实可行的应力解除（主动法）措施，如超前应力解除、高压注水等主动防护措施。

14.5.4 岩爆段的初期支护可按表14.5.4的规定确定支护参数。

14.5.5 岩爆地段的隧道施工，应控制开挖顺序与掘进速度，严格执行施工规程。应采用光面或预裂爆破，毛洞宜平整光洁，避免超欠挖形成的凹凸不平面。Ⅰ级岩爆可采用全断面开挖；Ⅱ级岩爆可采用短台阶上下平行作业全断面开挖或分部开挖；岩爆严重的Ⅲ级地段，应采用分部开挖，限制开挖规模，减缓施工进度，采取短进尺、周边密孔、多循环、弱爆破、及时支护等措施。

14.5.6 岩爆段的二次衬砌可不进行特别加强，但是当初期支护施工完毕后仍有开裂或具有岩爆倾向时,可在进一步加强初期支护的条件下,适当增强二次衬砌,调整二次衬砌施作时间,并用相同强度等级的混凝土填实衬砌后的空隙、空洞。

表 14.5.4 岩爆地段初期支护参数

岩爆程度	锚杆	喷射混凝土	钢筋网	钢支撑
轻微岩爆（Ⅰ级）	ϕ22mm 砂浆锚杆,加垫板,长 2m,间距 120cm,梅花形布置	C20,厚 10cm	ϕ6mm, 20cm×20cm	
中等岩爆（Ⅱ级）	ϕ22mm 砂浆锚杆,加垫板,长 2～2.5m,间距 100cm,梅花形布置	C20,厚 10～12cm	ϕ8mm, 20cm×20cm	必要时,增设格栅钢架支撑
强烈岩爆（Ⅲ级）	ϕ22mm 砂浆锚杆,加垫板,长 2.5～3m,间距 50～100cm,梅花形布置;掌子面可采用 ϕ40mm 超前缝管式锚杆加固,长 3.5m,间距 1.5～2.0m	C20,厚 12cm	ϕ8mm, 20cm×20cm	增设格栅钢架支撑

14.5.7 Ⅳ级及其以下的深埋软弱围岩地段,当洞周水平相对收敛值大于 2% 时,可认为发生了软岩大变形。

14.5.8 软岩大变形衬砌支护宜采取主动式(柔性)与被动式(刚性)相结合的综合处置方法,宜在适当控制下产生一个合理的塑性圈,允许变形,有控制地释放围岩变形能,且尽可能保护围岩的强度不致快速下降,不产生松动圈。软岩大变形地段的支护结构应满足如下要求:

1 柔性。支护结构应具有较大的柔性,允许围岩变形,减少支护结构上所承受的围岩压力,降低切向应力集中程度,但又不使围岩因过分松弛而导致坍塌,即有控制地充分"卸压"。

2 可缩性。支护结构应有很高的可缩性,允许收敛量达到一个较大值(须小于极限值),使围岩压力明显降低,支护结构与洞室变形相适应。

3 边支边让、先柔后刚。初期支护结构应紧跟掌子面,支护要快,全过程地及时给围岩提供一定的支撑力,防止岩体松散,使围岩在变形过程中强度不至于有太大的降低。在变形后期,围岩压力不再随变形调整而减少,反而增大时,应提高支承抗力,施作刚度较大的支护结构,防止围岩变形破坏。

4 采用两次支护或多次支护。软岩大变形宜采用喷锚复合衬砌,应根据"围岩—变形"曲线适时调整支护抗力与支护柔性间的关系,使变形量与收敛速度受到控制。

14.5.9 隧道在软岩大变形段宜采用"加固围岩、预留变形、先柔后刚、先放后抗、刚柔并举、分次支护、及早封闭、底部加强、信息化施工"的综合治理措施,可采用喷锚支护复合结构,应符合以下规定:

1 喷、锚、网支护。隧道开挖后应及时喷混凝土封闭开挖面,加铺钢筋网增强喷射混凝土的抗拉能力,设置径向锚杆加固围岩,使隧道周围形成一个加固环。宜预留纵向变形缝,其环向间距和缝宽可根据变形量设置。变形稳定后采用喷射混凝土封闭,当变形严重时采用喷射钢纤维混凝土加固。

2 长锚杆(索)加固。宜优先采用自进式(或半自进式)长锚杆治理大变形。锚杆长度应超过塑性区,抑制塑性区内的剪切位移,并把塑性区围岩同弹性区围岩连接起来,形成深孔高效系统锚固,为注浆加强锚固提供形变约束力,提高塑性区围岩的承载力。

3 钢拱架支护。除上述喷锚支护外,还可根据变形情况增设闭合钢拱架支护,提高支护刚度。可采用可缩性的U形钢拱架,在隧道开挖初喷3～5cm厚混凝土后架设,其后再喷混凝土填满并覆盖。

4 超前支护措施。

1)超前锚杆加固:锚杆直径可取$\phi 20 \sim \phi 25$mm,长3～4m,环向间距0.4～0.6m,仰角10°～15°,可采用有压注浆锚杆,注浆压力0.5～1.0MPa。

2)小导管超前注浆加固:钢管直径可取$\phi 40 \sim \phi 50$mm,长度3～5m,环向间距0.3～0.5m,高压注浆加固,注浆压力可取1～2MPa。

3)长管棚超前注浆加固:管棚长度可取20～40m,孔径$\phi 80 \sim \phi 146$mm,环向间距0.4～0.8m,高压注浆,注浆压力大于2MPa。

5 允许变形的措施。

当变形量很大时,应采取防止喷层开裂脱落、锚杆拉断、衬砌压坏开裂的控制变形且允许变形的构造措施。

1)喷层预设纵向伸缩缝:环向间距可取2～3m,缝宽10～15cm,变形稳定后采用高强喷混凝土封闭。

2)喷层中掺加各类纤维、聚合物或各类网片:在喷层混凝土中,宜掺加各类纤维(钢纤维、维尼纶纤维)、专用聚合物(聚乙烯醇缩合物、丙烯酰胺、树脂类SM型超塑剂等)或在喷层中铺设各类网片(菱形铰接柔性金属网、聚丙烯塑料网)增加其变形量,形成柔性喷层。

3)可缩钢支撑:U形钢架环向可按一定间距(2～4m)布置,并预留20cm宽的伸缩段。宜采用摩擦型或弹簧型接头,使钢架既有一定的刚度,又具有一定的抗变形及收缩能力,确保结构的稳定性。

4)可缩式、可屈服锚杆:较常规钢锚杆的变形模量低,锚杆的孔中灰浆难以适应大变形所产生的强烈的滑移性剪切力而产生破坏;锚杆与锚孔产生脱离时,可采用可伸缩锚杆或全长锚固复合材料微伸长可屈服锚杆;锚杆端头锚板宜增加弹簧垫圈,通过弹簧的压缩来适应大变形的发展。

6 加强二次衬砌。可采用封闭式钢筋混凝土或钢纤维混凝土二次衬砌结构。

14.5.10 软岩大变形段隧道施工应符合以下规定:

1 地质超前预报及大变形预测施工前应对设计文件中的大变形区段进行核对,施工时应根据实际地质条件,采用相应的勘察方法及现场监控量测资料,分析和预测围岩变形程度及对工程稳定性(安全性)的影响,及时修正支护结构形式及参数,避免盲目施工。

2 选择合理的开挖方式。

1）开挖方法的选择：在软岩开挖中要尽可能减少爆破震动对围岩的扰动，采用预裂爆破或光面爆破，预留松动层，变深孔爆破为浅孔爆破，采取短进尺、多循环，加密初期支撑等措施，各工序宜衔接紧凑，步步为营，及时对基底采取临时封闭，严格控制各工序的施作时间与空间效应。有条件时采用无爆破掘进。

2）开挖断面的选择：宜采用双侧壁导坑法、中隔壁法或上半断面弧形开挖，开挖断面宜小于发生大变形的临界断面。

3）预留量的设置：在洞室开挖过程中应根据软岩洞室变形特征预留足够的变形量，允许围岩产生一定变形，但应防止支护结构变形侵入限界。

3 建立日常量测管理机制。

在隧道开挖后施作初期支护的同时，应按照工程量测要求安设各种测点，对洞室收敛变形（垂直和水平位移）、围岩内部变形、喷层接触压力及锚杆轴力进行量测。通过对量测资料的反馈分析，结合软岩变形与地压分布特点，确定围岩变化趋势和支护结构的工作状态，并调整支护参数。通过逐步调整与完善，建立软岩变形控制管理基准，进行最终位移的预测。

14.6 膨胀性围岩隧道设计

14.6.1 膨胀性围岩系指围岩中含有大量亲水性黏土矿物（如蒙脱石、高岭土等矿物），具有显著的吸水膨胀、失水收缩的围岩。常见的膨胀性岩石主要有：泥岩、炭质页岩、泥灰岩、黏土岩、云母岩、千枚岩、长石、凝灰岩、蛇纹岩和含硬石膏、无水芒硝的岩石，以及主要由强亲水性矿物组成的黏土等。

14.6.2 影响膨胀性围岩性能变化的因素主要有膨胀性矿物的成分及含量、物理力学指标、地下水、支护衬砌刚度和施工方法等，可从如下三方面进行判别：
1 膨胀岩矿物性能：蒙脱石含量、阳离子交换量、$2\mu m$ 以下粒径所占数量、液限等。
2 岩块膨胀性能：岩块的干燥饱和吸水率、岩块崩解度、软化系数和胶结强度。
3 隧道膨胀性围岩：围岩膨胀率、膨胀范围、膨胀压力和隧道净空变形等。

14.6.3 膨胀性围岩的膨压效应造成对隧道的破坏，表现为如下方面：
1 隧道净空位移较大。
2 隧道仰拱底鼓十分明显，仰拱破坏严重，常出现开裂上浮。
3 采用台阶法施工时，临时仰拱常发生因仰拱刚度、强度不足而引起临时仰拱破坏。
4 拱底和拱脚不稳，需采取有效措施进行加固处理。

14.6.4 膨胀性围岩隧道设计应符合以下规定：
1 在选择隧址时，隧道轴线应尽量平行围岩的最大主应力方向或小角度相交。膨胀性围岩隧道支护宜采用先柔后刚、先让后顶、分层支护的设计方法。

2 针对不同程度的膨胀性围岩,设计前应先查明围岩的膨胀特性,可采用工程类比法进行预设计,结合数值分析确定支护参数。在隧道施工中,应通过监控量测等信息化施工措施对支护参数进行调整。

3 断面形式可选择圆形或接近圆形。

4 内轮廓设计要预留足够的变形量,预留变形量可根据围岩膨胀变形量或现场监控量测数据对应确定。

5 隧道支护宜采用复合式衬砌,并宜符合以下要求:

1)初期支护喷射混凝土最大厚度不宜过大,可采用钢纤维喷射混凝土,或在喷层中加钢筋、型钢、钢管等钢架。

2)当膨胀压力引起大变形时,初期支护可采用预留纵向变形缝的喷混凝土支护,变形缝宽 10~30cm;采用可缩式钢架,每榀钢架可设 2~5 个可缩接头,每个接头可缩 10~20cm;同时加密高强度锚杆,抵御膨胀压力。

3)二次衬砌应采用钢筋混凝土结构。

6 膨胀性围岩隧道应设置仰拱,并宜符合以下要求:

1)仰拱的初期支护应考虑允许围岩有一定变形。

2)仰拱的曲率半径应尽量取用较大值,并与边墙连接圆顺,避免应力集中。

3)在大的膨胀压力作用下,应采取适应膨胀性围岩压力的结构措施,宜适当加强仰拱的强度和刚度,仰拱二次衬砌应采用钢筋混凝土结构。

7 应采取措施控制膨胀性围岩所引起的洞室变形,避免仰拱破坏,设计应增大仰拱曲率半径,约束仰拱变形,二次衬砌采用钢筋混凝土结构,提高衬砌承载能力。

8 应通过现场试验、量测和综合分析确定二次衬砌施作的合理时间,二次衬砌应在围岩变形基本稳定后施作。

14.6.5 膨胀性围岩隧道施工应符合以下规定:

1 膨胀性围岩隧道在施工期间应及时封闭仰拱,使支护衬砌尽早形成闭合结构,保证支护衬砌整体受力与承载。

2 隧道施工时应防止水流浸泡基底,控制墙角变形和底鼓。底鼓严重的层状岩层,宜采用长锚杆加固底部,在松散破碎围岩中宜采用注浆加固地层。

3 应加强隧道防水和排水构造,防止施工用水和水汽浸入岩体,保障洞内干燥。

4 膨胀性围岩隧道应施作地表防水、排水工程,防止地表水沿围岩裂隙节理面渗入隧道。

14.7 黄土地区隧道设计

14.7.1 黄土地区隧道,特别是新黄土、有水黄土、水中黄土地区的隧道,应按设计条件中的最不利荷载组合进行计算,衬砌设计应适应施工期间和使用期间可能出现的各种荷载情况。

14.7.2 黄土地区隧道的衬砌结构应根据黄土分类、物理力学性能和施工方法确定。黄土地区隧道应采用曲墙衬砌，宜设置仰拱。

14.7.3 黄土地区隧道洞门设计应符合以下规定：
1 非湿陷性黄土地基上的隧道洞门设计，应考虑受地表水冲刷的防护措施。
2 湿陷性黄土地基上的隧道洞门，应根据黄土的物理力学性质，对端、翼墙地基采取灰土换填等适当的换填夯实措施。
3 黄土地区隧道洞门墙背后的土压力，可按库仑理论计算，并计入土体黏聚力的作用。

14.7.4 应根据黄土湿陷性质、湿陷性黄土层深度、地基承载力要求等因素，分别按以下两种情况确定应处理湿陷性黄土的厚度：
1 非自重湿陷性黄土。
消除其全部湿陷量时的处理厚度应为：基础底面以下土的附加压力与上覆土层的饱和自重压力之和等于或小于黄土的湿陷起始压力的深度；或处理厚度取为：土的附加压力等于土的自重压力的25%的深度处。
2 自重湿陷性黄土。
消除自重湿陷性黄土地基的全部湿陷量，应处理基础底面以下的全部湿陷性黄土层。

14.7.5 湿陷性黄土对隧道的影响多发生在洞口明挖段及洞口暗埋段，应消除其湿陷性、提高地基承载力，可采用下列处理措施：
1 隧道洞口的明挖段，宜以灰土换填和强夯为主。
2 暗洞段可选用：换填（处理深度宜在3m以内）、灰土挤密桩（长度6m左右，适用于洞室开挖后能保持稳定的情况）、超前旋喷桩（用以改善土体，提高承载力，并作为施工中的辅助措施，稳定仰拱及边墙）。

14.7.6 黄土陷穴和潜蚀洞穴是黄土地区常见的不良地质现象。修建在洞穴上部的隧道，应防止隧道基础下沉；修建在洞穴下方的隧道，应规避冒顶的危险；洞穴位于隧道邻侧时，应计入偏压的影响；并应防止地表水沿洞穴灌入隧道。对浅埋洞穴，应采用开挖回填夯实等治理措施；对较深的洞穴，应采取水泥注浆等加固措施。

14.7.7 黄土地区隧道施工应符合以下规定：
1 做好治水工作，采用"防"、"排"、"截"、"封"相结合的处置原则。
2 支护应弱化拱部系统锚杆，加强锁脚锚杆和二次衬砌。
3 上导坑应预留核心土，采用短进尺、少扰动开挖及下导坑左右错进。
4 快速、分步进行初期支护。
5 仰拱紧跟，尽可能及时施作仰拱，使衬砌尽早形成封闭结构。
6 避免超欠挖，尽可能使开挖断面圆顺，减少应力集中现象的产生。

14.8 多年冻土地区隧道设计

14.8.1 对于温度小于或等于 0℃，含有固态水，且在自然界中保持 3 年以上，温度条件改变时其物理力学性质随之改变，并产生冻胀、融陷、热融滑塌等现象的土，应判定为多年冻土。常见的几种土的冻胀含水率见表 14.8.1-1，多年冻土基本承载力见表 14.8.1-2，季节性融化土冻胀性质见表 14.8.1-3。

表 14.8.1-1　几种土的冻胀含水率

土　名	塑限 w_P(%)	<0.01mm 粒径含量(%)	<0.05mm 粒径含量(%)	起始冻胀含水率 w(%)
亚黏土	21.0	86.17	81.47	22.0
轻亚黏土	9.3	40.16	31.12	9.5
卵砾土		9.49	7.98	7.5
中砂			8.35	10.0
粗砂			2.00	9.0

表 14.8.1-2　多年冻土地基基本承载力(kPa)

序号	土的类型	基础底面的月平均最高地温(℃)				
		-0.5	-1.0	-1.5	-2.0	-3.5
1	块石土、卵石土、碎石土	800	950	1 100	1 250	1 650
2	圆砾土、角砾土、砂砾、粗砂、中砂	600	750	900	1 050	1 450
3	细砂、粉砂	450	550	650	750	1 000
4	黏砂土	400	450	550	650	850
5	砂黏土、黏土	350	400	450	500	700
6	饱冰冻土	250	300	350	400	550

注：(1) 本表序号 1~5 的地基基本承载力，适合于少冰冻土、多冰冻土；当序号 1~5 的地基为富冰冻土时，表列数值应降低 20%。
　　(2) 本表不适用于含土冰层及含盐量大于 0.3% 的冻土。

表 14.8.1-3　季节融化土冻胀性评价

土的名称	天然含水率 w(%)	潮湿程度	冻结期间地下水位低于冻深的最小距离 H_w(m)	冻胀性分级
粉黏粒含量 ≤15% 的粗颗粒土	$w ≤ 12$	稍湿、潮湿	不考虑	不冻胀
	$w > 12$	饱和		弱冻胀
粉黏粒含量 >15% 的粗颗粒土、细砂、粉砂	$w ≤ 12$	稍湿	$H_w > 1.5$	不冻胀
	$12 < w ≤ 17$	潮湿		弱冻胀
	$w > 17$	饱和		冻胀
黏性土	$w ≤ w_P$	半干硬	$H_w > 2.0$	不冻胀
	$w_P < w ≤ w_P + 7$	硬塑		弱冻胀
	$w_P + 7 < w ≤ w_P + 15$	软塑		冻胀
	$w > w_P + 15$	流塑	不考虑	强冻胀

注：(1) 当砂类土的 $H_w ≤ 1.5$m、黏性土的 $H_w ≤ 2.0$m 时，将表中冻胀性提高一级；如果不冻胀，按弱冻胀处理。
　　(2) w_P 为土的塑限，w 为土层冻结前的含水率(%)。

14.8.2 多年冻土地区隧道设计应符合以下原则：

1 隧道位置应选择在地质条件较好的地段，尽量避开多年冻土的不良地质地段；若不能绕避，应尽量选择地下水位低、围岩干燥，冻融对围岩性质影响小的地段，或者围岩为粗颗粒地层地段，避开地下水发育、有地表水流、池塘、湖泊或低洼易积水的地段。

2 合理选择隧道埋置深度，尽量将隧道设于不受季节影响的多年冻土层或非冻土层中；当设置于受季节影响可能融化的土层时，其融化后互不产生不均匀沉降。

3 设置于多年冻土中的隧道，可按降低一级围岩级别设计衬砌断面，计入冻胀和融沉所产生的不均匀变形的影响，或将衬砌断面加强，保证结构的稳定。

4 冻胀和热融都与水有关，必须做好隧道内、外的防排水设计工作；对有冰锥、冰丘分布的隧道，设计时应特别加强对地表水和地下水的防治措施。

14.8.3 多年冻土地区隧道洞口位置的选择除应遵照一般地区的规定外，还应周密调查，慎重选择设计方案。多年冻土地区隧道洞口位置应尽量避开多年冻土地区不良地质地段，并应避免隧道纵向穿越厚层地下冰。

14.8.4 多年冻土地区隧道洞口工程的洞门结构应具有足够抗力效应抵抗因冻胀、融沉而导致的结构变形、作用力效应。当洞门地基为冻胀性或融沉性地层时，应将洞门基础置于冻结线以下 0.25m；如基础过深，应进行地基换填。洞口边、仰坡开挖应尽量减少对原坡面的扰动和植被的破坏，宜少刷坡面，确定合适的边、仰坡坡率。

14.8.5 多年冻土地区隧道衬砌应采用混凝土（或钢筋混凝土）曲墙带仰拱封闭式整体衬砌，增强衬砌的整体性，防止冻胀、融沉及渗漏。衬砌设计时应考虑修建隧道引起的围岩温度场的改变，计入衬砌背后围岩融化圈对衬砌的压力变化。对干燥无水或少水的多年冻土地段，衬砌设计可按严寒地区设计；含水率较大的多年冻土地段，宜将围岩级别降低一级来确定衬砌厚度，洞口以内 10~20m 长度段的衬砌应加强，必要时可采用钢筋混凝土衬砌。

14.8.6 多年冻土地区隧道防排水措施应根据地形、水文地质、地温、气温等条件确定，要求达到防水可靠、经济合理的目的，并符合以下要求：

1 洞外防排水应做好地表排水系统，防止地表水渗入构筑物背面而增加冻胀力。洞外排水设施应考虑一定的抗冻能力，洞口防排水系统应与路堑防排水系统相互配合，统筹考虑。

2 洞内防水宜提高衬砌混凝土的抗渗等级，并应对施工缝进行可靠的防水处理。洞内排水应充分利用自然或人为热源，使衬砌背后在任何时候都保持水流通畅。洞内防寒排水设施可选用泄水洞、中心深埋水沟、防寒保暖水沟等方式。

14.8.7 隧道衬砌保温隔热层材料应选用弹性材料。隔热层可采用在衬砌表面或初期支护与二次衬砌之间设置隔热材料。根据不同的冻害程度和工程条件，可选用 U 形沟槽插入隔热材料法、表面隔热处理法及复合式衬砌隔热处理法。

14.8.8 多年冻土地区隧道施工应符合以下要求：
1 多年冻土地区隧道施工时，开挖暴露时间不应过长，以免冻土融化造成施工困难。
2 开挖后应立即喷锚支护，防止冻土热融后变软、剥落、坍塌而影响施工安全。
3 衬砌施工应重视混凝土质量，衬砌与围岩之间应保证密贴。
4 应采取光面爆破，严格控制超欠挖；超挖空间应采用同强度等级的混凝土填充，不得留孔洞。

14.9 放射性地层隧道设计

14.9.1 放射性地层是指地层围岩中含有能自发地发射粒子或电磁波的放射性核素，对人类健康产生有害辐射影响的地层。放射性地层围岩一般有大理岩、花岗岩、石灰岩和板岩等。

14.9.2 依据现行《电离辐射防护与辐射源安全基本标准》（GB 18871）、《铀矿地质勘查辐射防护和环境保护规定》（GB 15848）及有关标准中对电离辐射的剂量当量极限和限制剂量当量的要求，规定从事放射性工作人员和公众承受辐射剂量限制值见表 14.9.2。

表 14.9.2 放射性工作人员和公众剂量限制值

受照射部位	职业放射性工作人员年剂量当量极限		放射性工作场所相邻地区工作人员和居民的年限制剂量当量		广大居民的年限制剂量当量	
	Sv	rem	Sv	rem	Sv	rem
全身、性腺、眼晶体	0.050	5.0	0.005 0	0.50	0.000 5	0.05
皮肤、骨、甲状腺	0.3	30.0	0.030	3.0	0.010	1.0
手、前臂、足	0.75	75.0	0.075	7.50	0.025	2.50
其他器官	0.150	15.0	0.015 0	1.50	0.005 0	0.50

注：隧址区环境放射性辐射检测结果地层辐射有效剂量当量小于 0.000 5 Sv 时，适宜修建隧道；有效剂量当量大于 7.5 Sv 时，不适宜修建隧道，或应进行放射性辐射防护的专项设计，并作技术经济性论证。

14.9.3 放射性地层对隧道工程的危害主要表现在以下几个方面：
1 工程开挖将原埋藏在地下的具有放射性的地下放射源暴露出来，有可能对隧址区原有的环境造成放射性污染。
2 在工程开挖过程中，由于隧道围岩具有放射性，可能使洞内施工人员接受超剂量的放射性照射，对他们的健康造成不良影响。
3 隧道运营过程中，可能使经过隧道内的人员和隧道内的检修人员遭受放射性辐射的照射，对人员健康造成不利影响。

4 洞内附属机电设施遭受放射性辐射的照射，污染了隧道内的地下水和空气。

14.9.4 放射性地层隧道设计应符合以下规定：

1 隧道选线过程中，应借助区域地质资料和环境放射性辐射水平评价结果，合理选择隧道位置，尽可能将隧道布置在非放射性地层或放射性辐射剂量小于规定剂量限值的地层中。

2 如果路线无法避开放射性辐射剂量大于规定剂量限值的地层，应根据国家和行业标准作出的辐射防护设施增加费用与改移路线所增加费用相比较，其中应包括具有放射性辐射的隧道弃渣的防护处理、隧道内地下水的污染处理等费用，充分比较，确定最经济合理的隧道方案。

3 对于在放射性辐射剂量大于规定剂量限值的地层中设计的隧道，隧道附属机电除照明灯具、通风风机和必须置于洞内的监控设施外，其他设施应尽量布置在隧道洞外，例如变压器、电气控制柜等，以避免长时间接收辐射照射。

4 隧道竣工后，应对洞内放射性辐射水平进行检测，防止对人体健康的影响，并应建立长久有效的监测机制，对隧道内放射性辐射水平跟踪监测。

14.9.5 放射性地层隧道施工应符合以下规定：

1 施工单位应建立有效的辐射防护监测和监督制度，严格控制无关人员进入隧道施工现场，经常检查辐射防护计划和措施执行的有效性，发现异常情况，及时采取改进措施。

2 对现场施工人员进行防辐射基本常识的宣传教育，对于进入辐射区域的工作人员，必须穿戴相应的个人防护衣具。工作场所应设置更衣室、淋浴室和污染监测装置。

3 施工人员在洞内做好辐射防护的同时，不得在隧道内抽烟、吃饭、喝水。洞内施工人员的每次工作时间应相应的缩短，并定期体检。

4 要严格控制可能存在放射性的施工废物的排放，排放口应有相应的标志。含放射性物质的隧道弃渣堆放或利用、废水的排放或利用，必须首先作出评价，得到辐射防护和环境保护部门的批准后方可进行。

5 隧道施工完成后，应对现场施工人员进行体检。对于施工现场的施工机械，应经去污处理，使其污染水平降低到规定的标准以内，经辐射防护部门测量许可后，才可作为正常设备使用。

15 隧道抗震设计

15.1 一般规定

15.1.1 各类公路隧道的抗震设防目标应符合表 15.1.1 的规定。

表 15.1.1 各类公路隧道的抗震设防目标

隧道结构安全等级	设防目标	
	E1 地震作用	E2 地震作用
一级	一般不受损坏或不需修复可继续使用（不坏）	可发生局部轻微损伤，不需修复或经简单修复可继续使用（可修）
二级	一般不受损坏或不需修复可继续使用（不坏）	应保证不致坍塌，经临时加固后可供维持应急通行（不塌）
三级	一般不受损坏或不需修复可继续使用（不坏）	—

15.1.2 结构安全等级为一级、二级的隧道，应进行 E1 地震作用和 E2 地震作用下的抗震设计；结构安全等级为三级的隧道，只需进行 E1 地震作用下的抗震设计。在地震作用下，当隧道结构在弹性范围工作时可认为其不会受损（不坏）；当隧道结构某处进入塑性状态时，可认为其受损轻微（可修）；当隧道结构出现的塑性铰不多于 3 处时，可认为其不会坍塌（不塌）。

15.1.3 公路隧道抗震设防烈度应根据工程重要性和区域地震环境确定，其设计地震动参数应按表 15.1.3 的规定执行。

表 15.1.3 公路隧道抗震设防烈度及设计地震动参数规定

隧道主体结构设计基准期	频发地震烈度（小震）	抗震设防烈度（中震）	罕遇地震烈度（大震）
100 年	100 年超越概率 63%	100 年超越概率 10%	100 年超越概率 2%～3%
50 年	50 年超越概率 63%	50 年超越概率 10%	50 年超越概率 2%～3%

1 对处于一般场地条件下设计基准期为 50 年的公路隧道，可直接采用现行《中国地震动参数区划图》(GB 18306) 中所规定的本地区地震动参数进行抗震设计。

2 对处于一般场地条件下设计基准期为 100 年的公路隧道，可将现行《中国地震动参数区划图》(GB 18306) 中所规定的本地区地震动参数提高一级后进行抗震设计。

3 对于高等级公路隧道,当基本地震动峰值加速度大于或等于 $0.3g$ 时必须在进行场地地震安全性评价后确定设计地震动参数。

15.1.4 各类隧道的重要性系数 C_i,应根据隧道结构设计安全等级及地震作用分类按表 15.1.4 的规定确定。

表 15.1.4 各类隧道的重要性修正系数 C_i

隧道结构安全等级	重要性修正系数	
	E1 地震作用	E2 地震作用
一级	1.0	1.7
二级	0.43	1.3
三级	0.23	—

15.1.5 隧道抗震设防烈度和设计基本地震动峰值加速度取值的对应关系应符合表 15.1.5 的规定。

表 15.1.5 抗震设防烈度与设计基本地震动峰值加速度对应关系

抗震设防烈度	6	7		8		9
地震动峰值加速度(g)	0.05	0.10	0.15	0.20	0.30	0.40

15.1.6 当场地内存在发震断裂时,应对断裂的工程影响进行评价,并应符合下列要求:

1 当符合下列条件之一时,可不考虑发震断裂错动对隧道的影响:
1)抗震设防烈度小于 8 度。
2)非全新世活动断裂。
3)当抗震设防烈度为 8 度时,隧底前第四纪基岩隐伏断裂的土层覆盖厚度大于 60m;当抗震设防烈度为 9 度时,土层覆盖厚度大于 90m。
2 当不能满足上述条件时,宜采取下列措施:
1)隧道应避开主断裂,抗震设防烈度为 8 度和 9 度地区,其避开主断裂的距离分别不宜小于 300m 和 500m。
2)当隧道直接穿越发震断裂带时,宜布设在断裂带较窄的部位,且应对断裂带的发震烈度及错动速率等进行专题论证,并在隧道设计中采取应对措施。
3)当隧道平行于活动性断裂布置时,宜布设在断裂带的下盘内。

15.1.7 地震对支护结构的作用可按静力法计算。验算隧道结构的抗震强度和稳定性时,地震作用应与结构重力和土压力组合,隧道衬砌和明洞结构强度安全系数应符合表 15.1.7 的规定。

表 15.1.7 衬砌和明洞结构强度安全系数

受力特征	材料种类		
	钢筋混凝土	混凝土	石砌体
混凝土或石砌体达到抗压极限强度	—	1.8	2.0
混凝土达到抗拉极限强度	—	2.5	—
钢筋达到设计强度或混凝土达到抗压极限强度	1.5	—	—
混凝土达到抗拉极限强度(主拉应力)	1.8	—	—

15.1.8 验算隧道结构地震作用时,水平地震系数 K_h 及竖向地震系数 K_v 应按表 15.1.8的规定采用。

表 15.1.8 地震系数

抗震设防烈度	7		8		9
地震动峰值加速度(g)	0.10	0.15	0.20	0.30	0.40
水平地震系数 K_h	0.10	0.15	0.20	0.30	0.40
竖向地震系数 K_v	0	0	0.10	0.17	0.25

注:表中水平与竖向地震系数均为地表值,对深埋隧道不适用。

15.1.9 当隧道处于液化土层或软弱黏土层时,应采取措施防止地层液化、不均匀沉降以及震陷对结构的不利影响。

15.2 衬砌抗震设计

15.2.1 隧道洞口段、浅埋偏压段、深埋段内软弱围岩段、断层破碎带等,为抗震设防地段,其设防长度可根据地形、地质条件确定,最小设防长度宜参照表15.2.1的规定采用。衬砌结构的设防范围宜适当向两端围岩质量较好的地段延伸:中跨度及其以下隧道宜延伸 5~10m,大跨度及其以上隧道宜延伸 10~20m。

表 15.2.1 隧道抗震设防范围的最小长度(m)

地 段	围岩级别	地震动峰值加速度(g)				
		0.1	0.15	0.2	0.3	0.4
洞内段	Ⅲ~Ⅳ	15	15	20	20	20
	Ⅴ~Ⅵ	20	20	25	25	25
洞口段	Ⅲ~Ⅳ	15	20	25	25	30
	Ⅴ~Ⅵ	25	25	30	30	35

15.2.2 抗震设防段衬砌结构的建筑材料可按表15.2.2的规定采用。

表 15.2.2 抗震隧道衬砌建筑材料基本要求

工程名称	围岩级别	地震动峰值加速度(g)				
		0.1	0.15	0.2	0.3	0.4
深埋衬砌	Ⅲ	混凝土			钢筋混凝土	
	Ⅳ	混凝土			钢筋混凝土	
	Ⅴ～Ⅵ	混凝土或钢筋混凝土			钢筋混凝土	
浅埋偏压衬砌	Ⅲ	混凝土			钢筋混凝土	
	Ⅳ	混凝土			钢筋混凝土	
	Ⅴ～Ⅵ	混凝土或钢筋混凝土			钢筋混凝土	
活动性断层衬砌	Ⅳ～Ⅵ	钢筋混凝土				

注：本表适用于结构安全等级为一级的双车道隧道，其他等级或跨度的隧道可参照执行。

15.2.3 衬砌抗震设防构造应符合以下规定：

1 软弱围岩地段隧道衬砌应采用带仰拱的曲墙式衬砌。

2 明暗洞交界处、软硬岩交界处及断层破碎带段，宜结合沉降缝、伸缩缝综合设置抗震缝。对于地震动峰值加速度为 $0.2g \sim 0.4g$ 的地区，抗震缝的纵向间距可取 10～15m。

3 严禁衬砌背后存在空洞，衬砌背后的空洞应压注水泥砂浆进行充填。

4 当隧道穿越发震断裂时，衬砌断面应适当加大。

15.2.4 对抗震设防烈度 7 度及其以上地震区的隧道，应根据结构设计安全等级及抗震设防烈度确定是否应对结构强度及整体稳定性进行验算分析，可按表 15.2.4 的规定确定。

表 15.2.4 结构强度和稳定性验算建议

结构安全等级	隧道类型	结构条件	抗震设防烈度		
			7	8	9
一级	双车道单洞	浅埋偏压Ⅲ～Ⅳ级围岩	●	★	★
		Ⅴ～Ⅵ级围岩	●	★	★
	四车道连拱	浅埋偏压Ⅲ～Ⅳ级围岩	●	★	★
		Ⅴ～Ⅵ级围岩	●	★	★
	四车道小净距	浅埋偏压Ⅲ～Ⅳ级围岩	●	★	★
		Ⅴ～Ⅵ级围岩	●	★	★
二级		浅埋偏压Ⅲ～Ⅳ级围岩	—	●	★
		Ⅴ～Ⅵ级围岩	—	★	★
三级		浅埋偏压Ⅲ～Ⅳ级围岩	—	—	●
		Ⅴ～Ⅵ级围岩	—	—	★

注：(1) ★表示一般情况下应进行验算，●表示动参数取高值或为大跨度隧道时应进行验算。
(2) 当为大跨度隧道或特大跨度隧道时，应适当扩大验算范围。
(3) 当抗震设防烈度大于 9 度时，应进行专门研究。

15.2.5 隧道衬砌结构自重产生的地震力,应按下式计算：

水平地震力：
$$E_{ih} = C_i C_z K_h G_{is} \quad (15.2.5\text{-}1)$$

竖向地震力：
$$E_{iv} = C_i C_z K_v G_{is} \quad (15.2.5\text{-}2)$$

式中：E_{ih}——作用于隧道衬砌上任一质点的自重水平地震力(kN)；
E_{iv}——作用于隧道衬砌上任一质点的自重竖向地震力(kN)；
K_h——水平地震系数,按表15.1.8的规定采用；
K_v——竖向地震系数,按表15.1.8的规定采用；
C_i——重要性修正系数,按表15.1.4的规定采用；
C_z——场地影响系数,按表15.2.5的规定采用；
G_{is}——隧道衬砌计算点的结构重力(kN)。

表 15.2.5 场地影响系数 C_z

抗震设防烈度		6	7		8		9
地震动峰值加速度		0.05g	0.1g	0.15g	0.2g	0.3g	0.4g
洞身地质	Ⅲ级围岩	1.2	1.0	0.9	0.9	0.9	0.9
	Ⅳ级围岩	1.0	1.0	1.0	1.0	1.0	1.0
	Ⅴ级围岩	1.1	1.3	1.2	1.2	1.0	1.0
	Ⅵ级围岩	1.2	1.4	1.3	1.3	1.0	1.0

15.2.6 浅埋偏压隧道地震土压力可按以下规定计算(图15.2.6)：

1 假定偏压分布图形与地面坡相似,作用于隧道上的垂直土压力总值为：

$$Q = \frac{\gamma}{2}\left[(h_1 + h_2)B - (\lambda_1 h_1^2 + \lambda_2 h_2^2) \times \tan\theta_0\right] \quad (15.2.6\text{-}1)$$

$$\lambda_1 = \frac{(\tan\beta_1 - \tan\varphi_1)(1 - \tan\theta_1\tan\theta)}{(\tan\beta_1 - \tan\alpha)[1 + \tan\beta_1(\tan\varphi_1 - \tan\theta_1) + \tan\varphi_1\tan\theta_1]} \quad (15.2.6\text{-}2)$$

$$\lambda_2 = \frac{(\tan\beta_2 - \tan\varphi_2)(1 + \tan\theta_2\tan\theta)}{(\tan\beta_2 + \tan\alpha)[1 + \tan\beta_2(\tan\varphi_2 - \tan\theta_2) + \tan\varphi_2\tan\theta_2]} \quad (15.2.6\text{-}3)$$

$$\tan\beta_1 = \tan\varphi_1 + \sqrt{\frac{(\tan^2\varphi_1 + 1)(\tan\varphi_1 - \tan\alpha)}{\tan\varphi_1 - \tan\theta_1}} \quad (15.2.6\text{-}4)$$

$$\tan\beta_2 = \tan\varphi_2 + \sqrt{\frac{(\tan^2\varphi_2 + 1)(\tan\varphi_2 + \tan\alpha)}{\tan\varphi_2 - \tan\theta_2}} \quad (15.2.6\text{-}5)$$

$$\varphi_1 = \varphi_c - \theta \quad (15.2.6\text{-}6)$$
$$\varphi_2 = \varphi_c + \theta \quad (15.2.6\text{-}7)$$
$$\theta_1 = \theta_0 - \theta \quad (15.2.6\text{-}8)$$
$$\theta_2 = \theta_0 + \theta \quad (15.2.6\text{-}9)$$

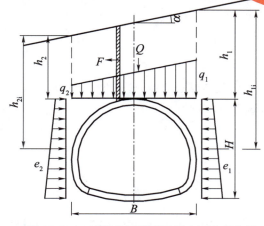

图 15.2.6 浅埋偏压隧道地震土压力分布图

式中：γ——围岩重度（kN/m^3）；
h_1、h_2——内、外侧拱顶水平线至地面的高度（m）；
B——隧道跨度（m）；
θ_0——土柱两侧摩擦角（°）；
α——如图15.2.6所示；
λ_1、λ_2——地震时内、外侧侧压力系数；
φ_c——围岩计算摩擦角（°）；
φ_1、φ_2——地震时修正后的内、外侧围岩计算摩擦角（°）；
θ——地震角（°），应按表15.2.6的规定采用。

表15.2.6 地震角 θ（°）

围岩浸水情况	抗震设防烈度		
	7	8	9
非浸水	1.5	3.0	6.0
浸水	2.5	5.0	10.0

2 洞顶土柱产生的水平地震力（可假定该土压力均匀分布于拱部）：

$$F_{hi} = C_i C_z K_h Q \tag{15.2.6-10}$$

式中符号意义分别同式（15.2.5-1）、式（15.2.6-1）。

3 洞顶土柱产生的竖向地震力（可假定该土压力均匀分布于拱部）：

$$F_{vi} = C_i C_z K_v Q \tag{15.2.6-11}$$

式中符号意义分别同式（15.2.5-1）、式（15.2.6-1）。

4 内、外侧土体产生的地震荷载增量：

$$\Delta e_{1i} = C_i C_z q_{1i} (\lambda_1 - \lambda_2) \tag{15.2.6-12}$$

$$\Delta e_{2i} = C_i C_z q_{2i} (\lambda_2 - \lambda_2) \tag{15.2.6-13}$$

$$\lambda_1 = \tan^2\left(45° - \frac{\varphi_c}{2}\right), \quad \lambda_1' = \tan^2\left(45° - \frac{\varphi_c - \theta}{2}\right) \tag{15.2.6-14}$$

$$\lambda_2 = \tan^2\left(45° - \frac{\varphi_c}{2}\right), \quad \lambda_2' = \tan^2\left(45° - \frac{\varphi_c + \theta}{2}\right) \tag{15.2.6-15}$$

式中：Δe_{1i}、Δe_{2i}——内、外侧衬砌上任意点的侧压力增量（kPa）；
q_{1i}、q_{2i}——内、外侧边计算点对应的竖向荷载（kPa）；
λ_1、λ_1'——内侧土体非地震及地震条件下的侧压力系数；
λ_2、λ_2'——外侧土体非地震及地震条件下的侧压力系数；
C_i——重要性修正系数；
C_z——场地影响系数；
φ_c——围岩计算摩擦角（°）；
θ——地震角（°）。

当浅埋隧道洞顶地面平缓时，可用 $\alpha = 0$ 以及 $h_1 = h_2$ 代入以上各式进行计算。洞顶土柱的水平地震力作用点可设定位于土柱质心,且洞顶土柱水平地震力全部作用在衬砌上。

15.2.7 深埋隧道地震土压力可按以下规定计算:

1 洞顶松散土体产生的水平地震荷载:

$$q_{he} = C_i C_z K_h q \tag{15.2.7-1}$$

2 洞顶松散土体产生的竖向地震荷载:

$$q_{ve} = C_i C_z K_v q \tag{15.2.7-2}$$

3 侧边松散土体产生的水平地震荷载:

$$\Delta e_e = C_i C_z q (\lambda - \lambda') \tag{15.2.7-3}$$

$$\lambda = \tan^2\left(45° - \frac{\varphi_c}{2}\right) \tag{15.2.7-4}$$

$$\lambda' = \tan^2\left(45° - \frac{\varphi_c + \theta}{2}\right) \tag{15.2.7-5}$$

以上式中:q——拱部松散土压力荷载(kPa),按本细则第 7 章规定的方法计算;

q_{he}、q_{ve}——拱部松散土压力荷载引起的水平地震荷载及竖向地震荷载(kPa);

Δe_e——侧边地震水平荷载增量(kPa);

λ、λ'——侧边土体在非地震及地震条件下的侧压力系数;

其他符号意义同式(15.2.6-10)~式(15.2.6-15)。

15.2.8 对于抗震设防烈度较高地区且重要性高的深埋隧道或特殊隧道,地震作用可采用时程分析法进行计算,输入地震波宜采用地震安全性评价所推荐的时程曲线。

15.3 明洞及棚洞的抗震设计

15.3.1 地震区明洞应采用钢筋混凝土结构。当抗震设防烈度高于 7 度时,明洞边墙外侧应采用浆砌片石或贫混凝土回填;单压明洞的外侧平衡挡墙与明洞衬砌宜采用结构分离的构造方式;棚洞应采取防止落梁的措施。

抗震设防烈度 8 度及其以上地区,不宜采用悬壁式棚洞。

15.3.2 拱形明洞的抗震设防措施应符合以下规定:

1 明洞基础应保证置于稳定地基之上。当地基可能出现地震液化或震陷等不良地震反应时,应采取可靠的处置措施。

2 当明洞整体稳定受滑动稳定控制时,应采取抗滑动措施,如加强仰拱、增加基础的埋置深度、设钢筋混凝土拉杆或采用桩基础等。

3 耳墙式明洞的耳墙与拱部结构间的空隙,宜采用浆砌片石或混凝土回填密实。

4 应对难以避免的纵向施工缝进行加强处理,增强结构的整体性。

5 当明洞左右侧或前后端基础差异较大时,应采取处理措施,减小地震发生时的不均匀沉降。

15.3.3 棚洞的抗震设防措施应符合以下规定:
1 当棚洞采用预制 T 形顶梁或 H 形梁结构时,应采用与梁翼等宽的垂榫嵌固于内边墙的钢筋混凝土顶帽凹槽内;如为就地灌注的顶梁,应用钢筋与内边墙顶帽作柔性连接。
2 内边墙钢筋混凝土顶帽宜用锚杆锚固于边坡基岩中,已成路堑内边墙墙后修建空腹结构物时,宜将锚杆通过空腹结构物锚固于边坡基岩中。
3 对于刚架式棚洞,当立柱基底埋置在路面以下大于 3m 时,应设置钢筋混凝土纵撑和横撑;埋深超过 10m 时,应另行验算。

15.3.4 位于抗震设防烈度 7 度及其以上地区的明洞及棚洞,应根据结构设计安全等级以及地震动参数确定是否对结构强度及整体稳定性进行验算分析,可按照表 15.3.4 的规定执行。

表 15.3.4 明洞及棚洞抗震强度和稳定性验算建议

结构安全等级	抗震设防烈度		
	7	8	9
一级	●	★	★
二级	—	★	★
三级	—	—	★

注:(1)★表示一般情况下应进行计算,●表示地震动参数取高值时应进行计算。
(2)当为大跨度或特大跨度隧道时,应适当扩大验算范围。

15.3.5 明洞及棚洞的地震作用可按以下规定计算:
1 结构自重产生的地震力可按第 15.2.5 条的规定计算。
2 洞顶回填土体的水平地震土压力荷载:
$$q_{ih} = C_i C_z K_h h_i \gamma \qquad (15.3.5\text{-}1)$$
3 拱顶回填土体的竖向地震土压力荷载:
$$q_{iv} = C_i C_z K_v h_i \gamma \qquad (15.3.5\text{-}2)$$
4 侧边回填土体产生的水平地震荷载:
$$\Delta e_e = C_i C_z q (\lambda - \lambda') \qquad (15.3.5\text{-}3)$$

式中:h_i——计算点回填土厚度(m);
γ——回填土重度(kN/m³);
λ——侧边土体在非地震条件下的侧压力系数,按本细则第 12 章的规定计算;
λ'——侧边土体在地震条件下的侧压力系数,可按本细则第 11 章所列出的土侧压力系数计算公式,将内、外侧围岩计算摩擦角 φ_c 分别修正为 $\varphi_c - \theta$ 与 $\varphi_c + \theta$

后进行计算；

其他符号意义同式(15.2.7-1)、式(15.2.7-2)。

15.3.6 棚洞的抗震计算可按以下规定进行：
1 顶梁地震力应考虑填土及梁自重的水平地震力及竖向地震力。
2 内边墙（临山侧）应按承受山体土压力荷载、土体产生的地震荷载、顶梁传来的全部水平及竖向荷载进行设计。
3 土压力应按经地震角修正后的围岩物理力学参数计算。
4 外边墙或柱（临空侧）的地震力应考虑由顶梁传来的全部水平力。
5 当水平向与竖向地震力为有利组合时，起次要作用的地震力可只取其25%进行组合。

15.4 洞门抗震设计

15.4.1 隧道洞口应避免设置在易发生滑坡、岩堆、泥石流等地段；提倡零开挖进洞理念，严禁洞口大刷大挖，避免出现过高的边坡和仰坡；位于陡崖下的隧道洞口应采取接长明洞或其他防落石的措施。

15.4.2 有抗震设防要求的隧道洞门宜优先采用削竹式、明洞式、环框式等洞门形式。在抗震设防烈度较高的地震区不宜采用斜交洞门，当地形地质条件不利时可以采用翼墙式洞门。

15.4.3 地震区隧道洞门设计应从建筑材料、洞门形式、地基处理、构造措施等多方面，提高隧道洞门的抗震性能，并宜符合以下规定：
1 根据地质与地形条件选择抗震性能良好的洞门形式。
2 进行必要的抗震验算。
3 采取有效可靠的构造措施。

15.4.4 有抗震设防要求的洞门建筑材料应符合表15.4.4的要求。

表15.4.4 洞门建筑材料

工程部位		抗震设防烈度		
		7	8	9
洞门端墙	单车道	—	M15浆砌片石	C20片石混凝土
	双车道	M7.5浆砌片石	C20片石混凝土	C20混凝土
	三车道	M10浆砌片石	C20混凝土	C25钢筋混凝土
洞口挡土墙或翼墙	墙高 $H \leq 10m$	M7.5浆砌片石	M15浆砌片石	
	墙高 $H > 10m$	M10浆砌片石	C20片石混凝土或C20混凝土	

15.4.5 对处于抗震设防烈度7度及其以上地区的洞门,应根据结构设计安全等级以及地震动参数确定是否对洞门强度及整体稳定性进行验算分析,可参照表15.4.5执行。

表15.4.5 抗震强度和稳定性验算建议表

结构安全等级	抗震设防烈度		
	7	8	9
一级	—	★	★
二级	—	●	★
三级	—	—	●

注:(1)★表示一般情况下应进行计算,●表示地震动参数取高值时应进行计算。
(2)当为大跨度或特大跨度隧道时,应适当扩大验算范围。

15.4.6 削竹式洞门抗震设计应符合以下要求:

1 必须确保洞门正面回填土坡的稳定,仰坡坡率的确定应充分考虑地震的影响。当地质条件较差时,应采用锚、喷、注浆等措施进行处理,以提高坡面的稳定性。

2 洞门边仰坡宜采用植物防护,充分利用植物根系稳固松散的边坡。

3 洞门结构宜突出仰坡面之外一定距离,抗震设防烈度8度及其以下不宜小于2m,抗震设防烈度8度以上不宜小于3m。

4 洞门衬砌端部外侧宜设环框,环框高度不宜小于0.3m。

15.4.7 墙式洞门抗震设计应符合以下要求:

1 墙式洞门宜采用仰斜式。

2 洞门端墙平面及立面布置应对称简洁,端墙顶部宜避免设置凸出或挑出结构;若需设置时,应采取与墙体保证连接牢固的构造措施。

3 在抗震设防烈度8度及其以上地区,洞门端墙与衬砌之间、端墙与翼墙或挡土墙之间应加设短钢筋或设置榫头等抗震连接措施,端墙嵌入两侧边坡的深度应适当加大。

4 洞门端墙、翼墙及其他挡土墙后的空隙要保证回填密实,填料可用浆砌片石,应设置完善的排水设施,防止堵塞墙后地下水或墙背积水。

5 洞门端墙与靠近洞门不小于3m范围内的翼墙、挡土墙及洞口衬砌应同时连续施工,连接为整体。

6 洞门基底应牢固可靠,当基底地基承载力不足时,应采取换填、扩大基础、基底注浆等措施予以处理。

7 当洞口在地震作用下可能发生坍塌或落石时,应严格限制边、仰坡的开挖高度,并在抗震不利的洞口地段设置明洞或其他防落石措施。

8 当洞门墙较长时或地基条件有明显变化处应设置抗震缝。

15.4.8 隧道洞门的地震作用可按静力法计算,应对墙身截面强度、偏心距、基底应力、抗滑和抗倾覆稳定性进行验算,并应符合以下规定:

1 地震荷载只与墙体重力和土压力组合。
2 洞门墙的抗滑动稳定系数$K_c \geqslant 1.1$，抗倾覆稳定系数$K_0 \geqslant 1.2$。
3 墙体圬工偏心距$e \leqslant 0.4h$（h为墙体厚度）。
4 基底合力偏心距应满足表15.4.8的要求。

表15.4.8 洞门墙基底合力偏心距e

地 基 土	e
岩石，密实的碎石土，密实的砾、粗、中砂，老黏性土，$[\sigma_0] \geqslant 300\text{kPa}$的一般黏性土	$\leqslant 2.0\rho$
中密的碎石土，密实的砾、粗、中砂，老黏性土，$200\text{kPa} \leqslant [\sigma_0] < 300\text{kPa}$的一般黏性土	$\leqslant 1.5\rho$
密、中密的细砂、粉砂，$100\text{kPa} \leqslant [\sigma_0] < 200\text{kPa}$的一般黏性土	$\leqslant 1.2\rho$
新近沉积黏性土，软土，松散的砂、填土，$[\sigma_0] < 100\text{kPa}$的一般黏性土	$\leqslant 1.0\rho$

注：ρ为基底截面核心半径，$\rho = W/A$。W为基底边缘的截面抵抗矩；A为基底面积。

15.4.9 由洞门墙和洞口挡土墙自重引起的水平地震荷载，可按式（15.4.9）计算。

$$E_{ihw} = C_i C_z K_h \psi_{iw} G_{iw} \quad (15.4.9)$$

式中：E_{ihw}——第i截面以上墙身重心处的水平地震荷载（kN）；
　　　C_i——重要性系数；
　　　C_z——综合影响系数，取0.25；
　　　K_h——水平地震系数；
　　　G_{iw}——第i截面以上墙身自重（kN）；
　　　ψ_{iw}——水平地震荷载沿墙高的分布系数，可按表15.4.9的规定采用。

表15.4.9 水平地震荷载沿墙高的分布系数ψ_{iw}

墙 高	公 路 等 级	
	高速公路，一、二级公路	三、四级公路
$H \leqslant 12$ m	1	1
$H > 12$ m	$1 + \dfrac{H_{iw}}{H}$	1

注：H为墙趾至墙顶面的高度（m）；H_{iw}为验算第i截面以上墙身重心至墙底的高度（m），如图15.4.9所示。

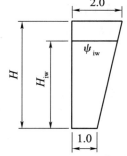

图15.4.9 H、H_{iw}示意图
（尺寸单位：m）

15.4.10 洞门墙和洞口挡土墙地震主动土压力可按式（15.4.10-1）计算（图15.4.10）。

$$E_{ea} = \left[\frac{1}{2}\gamma H^2 + qH \frac{\cos\alpha}{\cos(\alpha - \beta)} \right] K_a - 2cHK_{ca} \quad (15.4.10\text{-}1)$$

$$K_a = \frac{\cos^2(\varphi - \alpha - \theta)}{\cos\theta\cos^2\alpha\cos(\alpha + \delta + \theta)\left[1 + \sqrt{\dfrac{\sin(\varphi + \delta)\sin(\varphi - \beta - \theta)}{\cos(\alpha - \beta)\cos(\alpha + \delta + \theta)}}\right]^2} \quad (15.4.10\text{-}2)$$

$$K_{ca} = \frac{1 - \sin\varphi}{\cos\varphi} \quad (15.4.10\text{-}3)$$

式中：γ——填土重度（kN/m^3），水下采用浮重度；
H——墙高（m）；
q——滑裂楔体上的均布荷载标准值（kPa）；
α——墙面与竖直方向之间的夹角（°）；
β——填土表面与水平面的夹角（°）；
c——黏性填土的黏聚力（kPa）（当为砂性土时，$c=0$）；
K_a——地震主动土压力系数；
φ——填土的内摩擦角（°）；
δ——填土与挡土墙背的摩擦角（°）；
θ——地震角（°），按表15.2.6的规定采用。

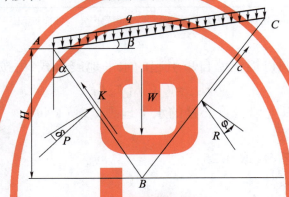

图15.4.10 地震主动土压力计算示意图

15.4.11 洞门墙和洞口挡土墙地震被动土压力可按式（15.4.11-1）计算。

$$E_{ep} = \left[\frac{1}{2}\gamma H^2 + qH\frac{\cos\alpha}{\cos(\alpha-\beta)}\right]K_{psp} + 2cHK_{cp} \quad (15.4.11\text{-}1)$$

$$K_{psp} = \frac{\cos^2(\varphi_0 + \alpha - \theta)}{\cos\theta\cos^2\alpha\cos(\alpha-\delta+\theta)\left[1+\sqrt{\frac{\sin(\varphi_0+\delta)\sin(\varphi_0+\beta-\theta)}{\cos(\delta+\theta-\alpha)\cos(\alpha-\theta)}}\right]^2}$$

$$(15.4.11\text{-}2)$$

$$K_{cp} = \frac{\sin(\varphi_0-\theta)+\cos\theta}{\cos\theta\cos\varphi_0} \quad (15.4.11\text{-}3)$$

式中：K_{psp}——地震被动土压力系数；
K_{cp}——土体黏聚力产生的被动土压力系数；
其他符号意义同式（15.4.10-1）。

15.4.12 验算洞门墙地基抗震强度时，地基土的抗震容许承载力应按下式进行计算：

$$[\sigma_e] = K[\sigma] \quad (15.4.12)$$

式中：$[\sigma_e]$——地基土抗震容许承载力；
K——地基土抗震容许承载力调整系数，应按表15.4.12的规定采用；

[σ]——地基土修正后的容许承载力,按现行《公路桥涵地基与基础设计规范》（JTG D63）的规定采用。

表15.4.12 地基抗震承载力调整系数

岩土名称及性状	K
岩石,密实的碎石土,密实的砾、粗、中砂,老黏性土,[σ_e]≥300kPa的黏性土和粉土	1.5
中密的碎石土,中密的砾、粗、中砂,150kPa≤[σ_e]<300kPa的黏性土和粉土	1.3
密、中密的细砂、粉砂,100kPa≤[σ_e]<150kPa的黏性土和粉土	1.1
新近沉积的黏性土,软土,松散的砂,填土,[σ_e]<100kPa的黏性土和粉土	1.0

16 隧道辅助施工措施设计

16.1 一般规定

16.1.1 辅助施工是为保证施工安全而采用的临时支护或临时加固措施,可不考虑其支护能力对结构永久安全的影响。如需考虑其永久作用时,应进行专门分析研究后确定。

16.1.2 隧道常用辅助施工措施按其功能和效果,可分为地层稳定措施与涌水处理措施,地层稳定措施又可分为地层支护措施与地层加固措施,涌水处理措施又可分为排水措施与注浆止水措施,可见表 16.1.2 的分类。

表 16.1.2 常用辅助施工措施分类

地层稳定措施	地层支护措施	超前支护	超前锚杆
			超前自进式锚杆
			超前小钢管
			超前小导管
			超前大管棚
			超前水平高压旋喷
		临时封闭或支撑	掌子面封闭
			临时仰拱封闭
			临时构件支撑
			拱部扇形支撑
			双侧壁开挖法导坑支护
	地层加固措施	超前加固	超前周边加固注浆
			超前全断面加固注浆
		周壁加固	周壁加固注浆
		地表加固	地表砂浆锚杆
			地表加固注浆
		保护构造物	墙式遮挡
涌水处理措施	排水措施	超前排水	超前钻孔排水
			超前导坑排水
		排水槽(坑)	
		井点降水	轻型井点降水
			深井降水
	注浆止水措施		超前周边止水注浆
			超前帷幕止水注浆
			周边止水注浆

16.1.3 超前支护,可按照以下规定执行:

1 当围岩自稳时间大于 24h 时,如为 Ⅰ~Ⅲ 级围岩,可不必采用超前支护等辅助施工措施。

2 当围岩自稳时间在 12~24h 时,如为 Ⅳ 级围岩,宜采用超前锚杆辅助施工措施;如为 Ⅴ 级围岩,宜采用超前钢管等辅助施工措施,防止局部稳定块体坍塌。

3 当围岩自稳时间在 3~12h 时,如为 Ⅴ~Ⅵ 级围岩地段,宜考虑超前小导管等辅助施工措施。

4 当围岩自稳时间小于 3h 时,如为地下水较丰富的 Ⅵ 级围岩地段,宜考虑采用超前预注浆等辅助施工措施。

16.1.4 对施工中不稳定的作业面应采取掌子面封闭、设置临时仰拱封闭等临时或局部的辅助措施,在完成开挖或主体结构支护封闭后,临时封闭措施应予以拆除。

16.1.5 在地层极其松散、软弱的地段,为预防洞室周边岩体坍塌、减少洞室周边地层的变形,宜采用地层加固措施;在地质条件较差且地下水较为丰富的地段,宜采用注浆止水措施。

16.1.6 辅助施工措施应与隧道主体支护结构的设计、施工开挖方法的选择密切配合,在施工过程中应加强监控量测与信息反馈,以便及时调整辅助施工方法或设计参数,使设计更加符合施工现场条件。

16.2 超前支护措施设计

16.2.1 在 Ⅳ~Ⅴ 级围岩的岩质地段宜设置超前锚杆,其尾端应支撑在开挖面后方的已施作初期支护钢拱架上,共同形成超前支护体系。超前锚杆设计宜符合如下规定:

1 杆体材料宜采用 HRB335 钢。

2 杆体宜为 $\phi22mm$ 钢筋。当岩质较硬或较完整时可采用 $\phi20mm$ 钢筋,当岩质较软且破碎程度较高时可采用 $\phi25mm$ 钢筋。

3 杆体长度宜为 350cm;当围岩条件较差时宜控制在 500cm 以内,具体长度可根据初期支护钢拱架间距及设计的纵向搭接长度确定。宜采用短锚杆多排施作。

4 纵向搭接长度应不小于 100cm。

5 环向间距宜为 30~40cm,当地质条件偏差时可取低值,当地质条件偏好时可取高值。

6 锚杆设置范围宜为衬砌中线两侧各 45°~60°区域。当地形地质条件明显不对称时,应采用不对称布置。

7 外插角(隧道轴线方向与杆体轴线方向的夹角):拱部宜为 5°~20°,边墙宜为 10°~20°。施作锚杆时,插入方向应根据岩体结构面产状确定,以尽量使锚杆穿透更多的结构面为原则。

8 黏结材料宜采用早强砂浆,强度等级不应低于M20。

16.2.2 在不易成孔且钢管难以直接顶入的松散碎石土地段,可采用超前自进式锚杆。其设计宜符合以下规定:

1 宜采用自进式锚杆。

2 杆体直径可为 $\phi 25mm$、$\phi 28mm$、$\phi 32mm$、$\phi 40mm$、$\phi 50mm$,具体直径应根据杆体长度及地层条件确定。

3 杆体长度宜为 500cm,掌子面稳定性极差时可采用 800~1 000cm,实际施工长度应根据地质条件确定。

4 纵向搭接长度应不小于 150cm,特殊情况下可采用 200~300cm。

5 环向间距宜为 30~40cm,当地质条件偏差时可取低值,当地质条件偏好时可取高值。

6 自进式锚杆设置范围宜为衬砌中线两侧各为 45°~60°区域,当地形地质条件明显不对称时应采用不对称布置。

7 外插角:拱部宜为 5°~20°,边墙宜为 10°~20°。施作时锚杆方向应根据岩体结构面产状确定,以尽量使锚杆穿透更多的结构面为原则。

16.2.3 Ⅳ~Ⅴ级围岩的土质地段宜设置超前小钢管或超前小导管,其作用效果与超前锚杆类似。超前小钢管宜使用在地质条件较差但又不需要注浆或不宜注浆的地段,以充分发挥钢管抗弯刚度较大的特点;超前小导管是利用钢花管对隧道开挖面前方的拱部软弱围岩进行注浆加固的一种辅助施工方法,可用于地下水量较小的砂石土、砂卵(砾)石层、断层破碎带、软弱围岩及浅埋等地段。超前小钢管与超前小导管设计宜符合以下规定:

1 杆体材料宜采用热轧无缝钢管。

2 杆体外径宜为 $\phi 42~\phi 50mm$。

3 注浆小导管壁上应每隔 10~20cm 交错钻直径为 6~8mm 的注浆孔,前端制成锥形,尾部应预留不小于 30cm 长的无孔止浆段。

4 杆体长度宜为 350cm,掌子面稳定性极差时也可采用 500cm,实际施工长度应根据初期支护钢拱架间距及设计的纵向搭接长度确定。

5 纵向搭接长度不应小于 100cm,特殊情况下可采用 150~200cm。

6 环向间距宜为 30~40cm,当地质条件偏差时可为 20~30cm,当地质条件偏好时可为 40~50cm。

7 超前小钢管与超前小导管设置范围宜为衬砌中线两侧各为 60°~75°区域。当地形地质条件明显不对称时应采用不对称布置,当地质条件较差时可设置双层小导管及加大纵向搭接长度。

8 外插角可采用 10°~30°。

16.2.4 在隧道地质条件较差的洞口段及坍塌后可能产生严重后果的洞身地段,宜采用超前长管棚。超前长管棚设计宜符合以下规定:

1 长管棚的布置应根据需要加固和支承的范围而定。

2 管棚钢管可采用节长3~6m、直径$\phi80$~$\phi180$mm 的热轧无缝钢管,环向间距30~50cm,或按$(2.0~2.5)d$(d 为导管外径)布置。

3 钢管管壁四周应钻$\phi10$~$\phi16$mm 注浆孔,间距15~20cm,采用梅花形布置,尾部应预留3~4m 的无孔止浆段。

4 长管棚起点应设置套拱。套拱宜采用纵向长度200cm、厚60~80cm 的 C25 钢筋混凝土结构,可在套拱内用工字钢或格栅钢架代替配筋。

5 洞身位于较大规模软弱地层及断层破碎带时,可采用多循环长管棚(循环长度控制在10m 左右),要求每循环长管棚之间搭接长度不小于300cm,洞内长管棚套拱可设置在扩大的管棚工作室内。洞口长管棚套拱应设置在明洞衬砌之外。管棚的外插角可采用5°~15°。

6 应保证长管棚施工钻进方向的准确,并计入钻进中的下垂,影响实际钻孔方向应较钢管设计方向上偏1°左右。

7 注浆完成后,管内应以 M20~M30 水泥砂浆填充;如果地质条件较差,可在钢管内设置钢筋笼。

8 长管棚注浆可在钻孔过程中采用前进式注浆,也可在钻孔完成后采用孔口管注浆或利用长管棚钢花管注浆。长管棚的注浆扩散半径可按0.5~0.6m 计算,注浆压力与地质条件有关,注浆初始压力宜为0.5~1.0MPa,终压宜为2.0MPa。若地下水量较大,注浆浆液内可添加5%的水玻璃或通过现场试验确定添加水玻璃的比例。每孔的注浆量达到设计注浆量或注浆压力达到2.0MPa 时,继续保持10min 以上后可以结束注浆。

9 管棚钢管应采用丝扣长度不小于15cm 的厚壁套筒进行连接。

16.2.5 超前小导管及超前长管棚注浆宜采用水泥浆,水泥浆水灰比可采用1:0.5~1:1。加固地层或堵水注浆时可采用水泥—水玻璃双液注浆,不透水的黏土层宜采用高压劈裂注浆,每孔注浆量达到设计注浆量,或注浆压力达到最高设计注浆压力并保持10min以上时,可以结束注浆。注浆量计算可见以下规定:

1 土层中注浆所需的浆液总用量 Q 可参照下式计算:

$$Q = KVn \quad (16.2.5\text{-}1)$$

式中:Q——浆液总用量(m^3);

V——注浆对象的土量(m^3);

n——土的孔隙率;

K——浆液填充率,按表16.2.5 取用。

表 16.2.5　浆液填充率 K

类别	软土、黏性土、细砂	中砂、粗砂	砾砂	湿陷性黄土
K	0.15~0.4	0.4~0.6	0.5~0.7	0.5~0.8

注：黏性土地层中的浆液填充率宜为15%~20%。

2　岩层中注浆用量 Q 可根据浆液扩散半径及岩层裂隙率按下式估算：

$$Q = \pi r^2 H \eta \beta \qquad (16.2.5\text{-}2)$$

式中：r ——浆液扩散半径(m)；

　　　H ——压浆段长度(m)；

　　　η ——岩层裂隙率，可取1%~5%；

　　　β ——浆液裂隙内的有效充填系数，可取0.3~0.9，视岩层性质而定。

对于大的溶裂、大的溶洞，η（裂隙率）>5%时，浆液注入量难以计算，宜采用注浆压力控制注浆量，注浆量可按注浆终压规定值时的注浆总量来确定。

16.2.6　在处理淤泥、淤泥质土、黏性土、粉土、黄土、砂土、人工填土和碎石土等地基时，可采用超前水平高压旋喷对隧道进行超前支护。地下水流速过大、浆液无法在注浆管周围凝固，或无填充物的岩溶地段、永久冻土及对水泥有严重腐蚀的地基等，均不宜采用高压喷射注浆法。超前水平高压旋喷设计宜符合以下规定：

1　超前水平高压旋喷支护的设计参数可按如下原则选取：

1）外倾角宜为3°~10°。

2）一次施作深度宜为10m左右，最深可达到20m，具体深度可根据施工机械的性能确定。

3）每一循环的搭接长度应不小于2.0m。

4）布孔环向间距应根据围岩的实际情况而定，可为30~60cm，以相邻孔浆液能互相连接形成拱形结构为原则。

2　超前水平旋喷桩的设计直径可参考表16.2.6选用。大型或重要的工程，旋喷桩的设计直径应通过现场试验进行确定。

表 16.2.6　旋喷桩的设计直径(m)

土质	方法	单管法	二重管法	三重管法
黏性土	0 < N < 5	0.5~0.8	0.8~1.2	1.2~1.8
	6 < N < 10	0.4~0.7	0.7~1.1	1.0~1.6
	11 < N < 20	0.3~0.6	0.6~0.9	0.7~1.2
砂性土	0 < N < 10	0.6~1.0	1.0~1.4	1.5~2.0
	11 < N < 20	0.5~0.9	0.9~1.3	1.2~1.8
	21 < N < 30	0.4~0.8	0.8~1.2	0.9~1.5

注：N 为标准贯入锤击数。

3 超前水平旋喷桩喷射参数应随着地层的变化进行调整,应根据设计直径来选用喷射注浆的种类和旋喷方式。定喷和摆喷的有效直径宜为旋喷桩直径的1.0~1.6倍。

4 高压旋喷的浆量计算可采用体积法或喷量法。应取其计算结果大者作为设计喷射浆量。

1)体积法:

$$Q = \frac{\pi}{4}D_e^2 k_1 h_1 (1+\beta) + \frac{\pi}{4}D_0^2 k_2 h_2 \qquad (16.2.6\text{-}1)$$

式中:Q——需要用的浆量(m^3);
　　D_e——旋喷管直径(m);
　　D_0——注浆管直径(m);
　　k_1——填充率(0.75~0.9);
　　h_1——旋喷长度(m);
　　k_2——未旋喷范围土的填充率(0.5~0.75);
　　h_2——未旋喷长度(m);
　　β——损失系数(0.1~0.2)。

2)喷量法:

以单位时间喷浆量及喷射持续时间计算浆量,计算公式为:

$$Q = \frac{H}{v}q(1+\beta) \qquad (16.2.6\text{-}2)$$

式中:Q——浆量(m^3);
　　v——提升速度(m/min);
　　H——喷射长度(m);
　　q——单位时间喷浆量(m^3/min);
　　β——损失系数(0.1~0.2)。

根据计算所需的喷浆量和设计的水灰比,即可确定水泥的使用数量。

5 根据注浆目的的不同,注浆材料可采用普通型、速凝早强型、高强型或抗渗型等,宜按以下原则选用:

1)普通型可采用32.5级或42.5级硅酸盐水泥浆,不加任何外加剂,水灰比为1:1~1.5:1。无特殊要求的工程宜采用普通型。

2)地下水丰富的工程应在水泥浆中掺入速凝早强剂。

3)为了提高固结体强度,可采用高强度等级水泥,或采用高效扩散剂和无机盐组成的复合配方。

4)抗渗型注浆材料的水玻璃模数宜为2.4~3.4,浓度宜为30~45波美度。

6 要求高压喷射桩的支护具有较高强度时,可在旋喷桩内插型钢或钢管,可增强旋喷桩的抗拉强度和抗弯刚度。

16.3 临时封闭措施设计

16.3.1 隧道常用的临时封闭措施可分为:掌子面临时封闭、初期支护临时仰拱封闭、临时构件支撑、拱部扇形支撑及双侧壁开挖法导坑支护等。

16.3.2 在以下地段宜采用掌子面临时封闭措施:
1 地质条件较差,掌子面难以自稳的地段。
2 地应力较高,掌子面可能发生岩爆或大变形的地段。
3 发生全断面塌方,需对前方坍塌土体注浆的地段。
4 需要采用全断面注浆加固或止水的地段。
5 需要严格控制开挖面前方地层变形的地段。
6 其他需要进行掌子面封闭的地段。

16.3.3 掌子面临时封闭可采用锚喷支护封闭、袋装土挡土墙封闭或现浇混凝土挡土墙封闭等措施,采用原则如下:
1 当掌子面具备一定自稳能力时,可采用锚喷支护封闭。封闭锚杆宜采用塑料锚杆,以方便拆除。
2 当掌子面发生坍塌或涌水泻泥时,可采用袋装土挡土墙封闭。
3 当需要对前方进行高压注浆时,宜采用现浇混凝土挡土墙封闭。

16.3.4 采用喷锚封闭时,喷射混凝土厚度不宜超过10cm,锚杆长度不宜超过250cm。当需要加长锚杆时,应适当调整掌子面开挖形状或采用纤维喷射混凝土,以提高封闭结构的抵抗能力。

16.3.5 在紧急抢险时可采用袋装土挡土墙作为临时封闭构造物,在袋装土挡土墙的外侧可再喷射5cm厚混凝土。

16.3.6 现浇混凝土挡土墙宜采用50cm厚C15~C20低强度等级混凝土施作。当注浆压力或土压力较大时,现浇混凝土挡土墙厚度宜为100~150cm。

16.3.7 软弱围岩地段,当变形异常时,应及时增设临时仰拱进行断面封闭。

16.3.8 常用的临时仰拱封闭方法可分为:
1 大跨度Ⅳ级围岩地段,可采用喷锚混凝土临时仰拱。
2 Ⅴ级围岩地段或地下水较丰富的Ⅳ级围岩地段,可采用型钢临时仰拱。
3 Ⅵ级围岩地段或地下水较丰富的Ⅴ级围岩地段,可采用喷混凝土结合型钢临时仰拱。

16.3.9 不宜采用锚喷支护的地段，可采用构件支撑，并应符合下列要求：

1 支撑应有足够的强度和刚度，能承受开挖后的围岩压力。支撑基础应铺设垫板。当支撑出现变形、断裂时，应立即加固或部分撤换。
2 围岩出现底部压力、产生底鼓现象或可能产生沉陷时，应加设底梁。
3 当围岩极其松软破碎时，必须先护后挖，暴露面应采用支撑封闭。
4 根据现场条件，可结合管棚或超前锚杆等支护，形成联合支撑。
5 支撑作业应迅速、及时、有效。

16.3.10 当仰拱初期支护不能及时跟进封闭时，应设置拱部扇形支撑控制拱部的变形。扇形支撑宜采用刚度较大的型钢，横撑可采用双排型钢，设置在初期支护断面的最大跨径处；竖撑可采用单排型钢。施工期间应备足型钢，提前做好扇形支撑杆件，作为临时支撑预案。

16.3.11 当隧道跨度较大、地表沉陷要求严格、围岩条件特别差时，可采用双侧壁导坑法施工。双侧壁导坑尺寸的拟定，应由初期支护形成闭合断面的时间要求和开挖、支护、出渣等施工机械设备对施工场地的要求来确定，但宽度不宜超过断面最大跨度的1/3。左、右侧导坑错开的距离，应按开挖一侧导坑时，围岩应力重分布的影响不致波及另一侧已成导坑为原则予以确定。

16.3.12 无论采用哪种临时封闭措施，均应注意方法的有效性、施工的可操作性以及后期拆除的方便性和可重复利用性。掌子面、临时仰拱及导坑喷锚加固宜尽量少用或不用钢筋拱架及钢筋网喷射混凝土，宜采用塑料锚杆及化学纤维喷射混凝土等新材料，以方便拆除。

16.4 地表加固措施设计

16.4.1 对地层软弱、稳定性差的浅埋隧道，可采用地表砂浆锚杆或地表注浆进行地表预加固。

16.4.2 地表砂浆锚杆的加固宽度范围可采用破裂面法按下式计算（图16.4.2）：

$$B = b + 2(h + H)\tan\left(45° - \frac{\varphi}{2}\right) \quad (16.4.2)$$

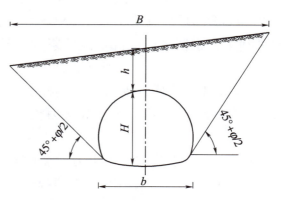

图16.4.2 地表锚杆加固范围示意图

式中：b——隧道开挖宽度(m)；
　　　h——隧道埋深(m)；
　　　H——隧道开挖高度(m)；
　　　φ——岩石内摩擦角(°)。

16.4.3 地表砂浆锚杆可按浅埋段长度作为纵向加固范围，或按埋深 $h \leqslant 2b$（b 为隧道开挖宽度）时的长度作为纵向加固范围。加固深度宜为 3~10m，不宜超过 15m。拱部加固深度至隧道开挖轮廓线外 50cm 左右，两侧加固深度至洞室两侧破裂面下 1.5~2.5m。

16.4.4 地表砂浆锚杆间距宜为 100~200cm，呈梅花形布置。

16.4.5 地表砂浆锚杆一般采用 $\phi16 \sim \phi22$mmHRB335 钢，锚杆孔直径 $D \geqslant 50$mm。当锚杆长度小于 5m 时，钻孔直径可取 50~60mm；当锚杆长度大于 10m 时，钻孔可取 100~120mm。在插入锚杆后应充填 M20 水泥砂浆。

16.4.6 当隧道浅埋且地层非常松散破碎、易发生大规模坍塌或失稳时，可采用地表注浆加固。

16.4.7 地表注浆宽度一般宜超过隧道开挖宽度两侧各 3~5m，注浆长度宜超过不良地质地段 5~10m。

16.4.8 地面预注浆的注浆布孔宜按梅花形或矩形排列，注浆孔间距可为单孔浆液扩散半径 R 的 1.4~1.7 倍，钻孔方向宜垂直地面，孔深宜由地表至洞身外轮廓线外，必要时可以贯穿洞身。

16.4.9 地表注浆的扩散半径和注浆压力等参数选定见第 16.6 节的规定。地表注浆浆液宜采用单液水泥浆，特殊情况下可增加水玻璃或化学浆液。注浆管宜采用 $\phi42 \sim \phi85$mm 的钢管，或采用高压 PVC 管。注浆孔宜为 $\phi110$mm，仅对需要注浆的范围注浆时，可利用止浆塞进行局部地段注浆，或采用孔口管全长注浆。

16.4.10 为增强地表砂浆锚杆及地表注浆的加固效果，可在地表施作一层喷网层，并将钢筋网与锚杆或注浆管焊接为整体。

16.4.11 当浅埋隧道上方两侧（或一侧）地表有建筑物时，应控制地表沉降，保证地表建筑物的安全，可采用墙式遮挡构造。

16.5 排水措施设计

16.5.1 隧道开挖过程中,当地下水位较高,水量丰富,地下水的渗流危及隧道施工安全时,宜采用适当的排水措施排除地下水。常用的隧道施工排水方法有超前钻孔排水、超前导洞排水及井点降水等。

16.5.2 超前钻孔排水设计应遵循下列原则:
1 下排钻孔的孔底应低于开挖面底面高程,且超前开挖面 10～15m。
2 上排钻孔方向可以向上倾斜,采用自排方式排水,或向下倾斜,采用水泵排水。
3 应保证排水孔内的渗水迅速排出洞外。
4 当水量较小时,排水孔可仅在开挖面下部两侧布置;当水量较大时,宜在开挖面上多点布置。

16.5.3 超前导洞排水设计应遵循下列原则:
1 排水导洞应设置在正洞开挖轮廓线内;当施工需要时,也可以设置在正洞外的一侧或两侧。
2 导洞应和正洞平行或接近平行。
3 当导洞设置于正洞内时,导洞底面高程可略低于正洞底面高程;当导洞设置于正洞之外时,导洞底面高程可比正洞底面高程低 1.0～2.0m。
4 导洞至少应超前正洞开挖面 10～20m,必要时排水导洞可先贯通含水层。

16.5.4 含水量丰富的土质浅埋隧道,当需要降低地下水位,或减少围岩含水量时,可采取井点降水措施。井点降水分轻型井点降水和深井井点降水两种方法。

16.5.5 轻型井点降水设计应遵循下列原则:
1 当降水深度为 3～6m 时,可采用轻型井点降水。
2 井点的布置应根据隧道跨度大小、地质和水文情况、地层的渗透系数、降水范围及降水深度等因素综合确定。当隧道跨度小于 6m,且降水深度不超过 5m 时,可采用单排井点,设在隧道的某一侧;当隧道跨度较大时,宜采用双排井点,井间距约 4m。井点管距边墙的间距宜为 1.2～2.0m,埋深可根据降水深度及含水层位置决定,但必须埋入含水层内。
3 滤水管应深入含水层,各滤水管的高程应相同。
4 一组井点管部件连接完毕后,应进行试抽水,检查有无漏气、淤塞情况、出水是否正常;如有异常情况,应检修后方可使用。
5 井点使用时,应保持连续不断抽水,并配用双电源以防断电。
6 井点降水时,应对水位降低区域内的建筑物进行沉降观测;发现沉陷或水平位移过大时,应及时采取防护技术措施。

7 在土方开挖后,应保持降低的地下水位在距基底面500mm以下,防止地下水扰动地基土体。

16.5.6 深井降水设计应遵循下列原则:

1 当降水深度大于6m时,可采用深井降水。深井降水的井点宜沿隧道周边呈环形布置。当隧道宽度较窄,亦可在一侧呈直线形布置。井点宜深入到透水层6~9m,且宜比所需降水的深度深6~8m;井点间距可取等于埋深,宜为10~30m。

2 井点的布置应根据隧道跨度大小、地质和水文情况、地层的渗透系数、降水范围及降水深度等因素综合确定。

3 井底应置于隧底以下3~5m。

4 深井抽水时应有相应的地面排水措施。

5 井点降水时,应对水位降低区域内的建筑物进行沉降观测;发现沉陷或水平位移过大时,应及时采取防护技术措施。

16.6 超前帷幕注浆设计

16.6.1 隧道穿越下列地层时,可采用超前帷幕注浆:

1 涌水、涌泥或塌方严重地段。
2 水下隧道富水围岩段(如含水砂层)。
3 因地下水位的变化造成地层变形,可能会影响到周边重要构筑物安全的地段。
4 地下水十分丰富的断层破碎带等。

16.6.2 超前帷幕注浆加固范围应根据隧道埋深、地下水压力及浆液固结体强度通过计算确定,加固范围宜为开挖轮廓线外3~5m,或根据式(16.6.2-1)计算后确定。

$$E = R\sqrt{\frac{[\sigma]}{[\sigma] - 2P} - 1} \qquad (16.6.2\text{-}1)$$

$$[\sigma] = R_b/K \qquad (16.6.2\text{-}2)$$

$$P = 1.3 \times \gamma \times H \qquad (16.6.2\text{-}3)$$

$$R = 2A/S \qquad (16.6.2\text{-}4)$$

式中:E——洞室周边及尾端帷幕的厚度(m);
 $[\sigma]$——注浆固结后土体的容许抗压强度(MPa);
 R_b——固结体极限抗压强度(MPa);
 K——安全系数,可取为2;
 P——初始地层压力(MPa);
 γ——覆盖层平均重度(kN/m^3);
 H——覆盖层厚度(m);

R —— 隧道断面当量半径(m);
A —— 开挖面面积(m^2);
S —— 开挖面周长(m)。

16.6.3 超前帷幕注浆施工前应对注浆工作面进行封闭,可采用加固止浆岩墙或施作现浇混凝土止浆墙,设计时宜符合以下规定:

1 止浆岩墙的厚度一般取 5~10m,可根据设计注浆压力及地质条件按下式确定:

$$H = \frac{P_0 A \lambda}{[\tau] S} \quad (16.6.3\text{-}1)$$

式中: H —— 止浆岩墙的厚度(m);
P_0 —— 设计注浆压力(MPa);
A —— 隧道断面积(m^2);
$[\tau]$ —— 岩体的容许抗剪强度(MPa);
S —— 隧道断面周长(m);
λ —— 过载系数,取 1.1~1.2。

2 现浇混凝土止浆墙的厚度一般取 1.0~3.0m。对于接近矩形的止浆墙,可根据地质条件及注浆压力按下式确定其厚度:

$$H = K\sqrt{\frac{P_0 A b}{2h[\sigma]}} \quad (16.6.3\text{-}2)$$

式中: H —— 止浆墙的厚度(m);
P_0 —— 设计注浆压力(MPa);
A —— 隧道断面积(m^2);
b —— 隧道断面宽度(m);
h —— 隧道断面高度(m);
$[\sigma]$ —— 混凝土的容许抗压强度(MPa)。
K —— 安全系数,取 1.4~1.5。

3 现浇混凝土止浆墙一般适用于竖井注浆中,在隧道工作面预注浆宜采用止浆岩墙。施工止浆岩墙前,应对掌子面进行网喷混凝土封闭处理。宜根据注浆压力不同调整封闭掌子面混凝土的厚度,可采用 10~15cm,必要时应铺设钢筋网片并打设锚杆,确保掌子面在注浆时不产生裂纹和隆起。

16.6.4 浆液扩散半径可根据地质条件及注浆压力按式(16.6.4)计算。

$$R = \sqrt[3]{\frac{300 K h r t \nu_w}{n \nu_g} + r^3} \quad (16.6.4)$$

式中: R —— 浆液扩散半径(cm);
n —— 围岩空隙率(%);
r —— 注浆孔半径(cm);

ν_w——水的黏度(Pa·s);
ν_g——浆液黏度(Pa·s);
h ——以水头表示的注浆压力(cm);
K ——围岩渗透系数(cm/s);
t ——注浆时间(s)。

16.6.5 注浆孔布置宜按伞形呈辐射状布置,钻孔布置成一圈或数圈,内外圈按梅花形排列,并采用长短孔相结合。

16.6.6 注浆孔孔底间距可按单孔注浆的浆液扩散半径 R 来确定,孔间距 D 宜为 $(1.4\sim1.7)R$。注浆钻孔深度、倾角和偏角可根据注浆段长度、注浆范围等作图确定或计算求得。

16.6.7 注浆方式和注浆分段长度应根据不同工程地质、水文地质等条件确定,可按表16.6.7的规定采用。

表16.6.7 注浆方式和注浆分段长度

岩石裂隙发育程度	钻孔出水量(m³/h)	注浆分段长度(m)	注浆方式
发育	≥10	5~10	前进式
较发育	5~10	10~15	前进式
不够发育	2~5	15~20	后退式
不发育	≤2	20~30	一次全孔

注浆方式分为前进式注浆、后退式注浆和一次全孔注浆。当岩石破碎、裂隙发育或水压较高时,宜采用前进式注浆;裂隙不够发育、岩层稍好时,宜采用后退式注浆;裂隙不发育时,可全孔一次注浆。

16.6.8 注浆压力可采用下列经验公式计算确定:

1 按已知的地下水静水压力计算,注浆压力应大于静水压力,终压宜为静水压力的 2~3 倍,最大可达 3~5 倍,即:

$$P_s < (3\sim5)p \tag{16.6.8-1}$$

式中:p ——注浆处静水压力(MPa);
　　　P_s ——设计注浆压力(终压值)(MPa)。

超前帷幕注浆宜为劈裂注浆,注浆压力不宜过高。初始注浆压力宜采用 1.2~1.5 倍静水压力,最高注浆压力可采用 2~2.5 倍静水压力。

2 根据注浆处地层深度计算:

$$P_s = KH \tag{16.6.8-2}$$

式中:P_s ——设计注浆压力(终压值)(MPa);
　　　H ——注浆处深度(m);

K——由注浆深度确定的压力系数,可按表 16.6.8 的规定采用。

表 16.6.8 注浆压力系数 K

注浆处地层深度(m)	<200	200~300	300~400	400~500	>500
K	0.023~0.021	0.021~0.020	0.020~0.018	0.018~0.016	0.016

16.6.9 超前帷幕注浆顺序应从外向内分层施作。每环注浆孔先施工奇数编号注浆孔,然后施工偶数编号注浆孔,同时作为检查孔。注浆宜采取反复注入、稀浆与浓浆交替、压力控制与注入浆量控制相结合的措施,注浆压力应从低到高逐渐加压。注浆作业宜钻一孔注一孔。

16.6.10 在施工帷幕注浆前,应对所设计的施工参数进行现场注浆试验,以确定合适的注浆参数、施工工艺。

16.7 隧道注浆设计

16.7.1 根据使用功能,隧道注浆可设计为周边注浆、超前预注浆、超前帷幕注浆及地表注浆等;根据使用效果,可分为加固注浆与止水注浆;根据注浆机理,可分为填充注浆、渗透注浆、劈裂注浆、化学注浆和高压喷射注浆等。

16.7.2 隧道注浆设计宜按如下程序进行:
1 查明场地的工程地质特性和水文地质条件。
2 根据建设条件及注浆目标初步选定注浆方案。
3 根据初步确定的注浆方案进行注浆试验。
4 根据注浆试验确定各项注浆参数和技术措施。
5 在施工期间进行观测,根据观测情况对原设计进行必要的优化、调整。

16.7.3 隧道注浆设计宜包含如下内容:
1 注浆标准:通过注浆要求达到的效果和质量指标。
2 施工范围:包括注浆深度、长度和宽度。
3 注浆材料:包括浆材种类和浆液配方。
4 浆液影响半径:指浆液在设计压力下所能达到的有效扩散距离。
5 钻孔布置:根据浆液影响半径和注浆体设计厚度,确定合理的孔距、排距、孔数和排数。
6 注浆压力:规定不同地区和不同深度的允许最大注浆压力。
7 注浆用量:总的注浆浆液数量。
8 施工方法和顺序:根据实际情况确定合理的施工方法和施工顺序。
9 注浆效果评估:用各种方法和手段检测注浆效果。

16.7.4 隧道注浆防渗标准应根据工程特点,通过技术经济比较后确定。重要的防渗工程,应将岩层土的渗透系数降低至 $10^{-4} \sim 10^{-5}$ cm/s 以下;对临时性工程或允许出现较大渗漏量而又不致发生渗透破坏的地层,可按不大于 10^{-3} cm/s 进行控制。并应符合以下规定:

1 在岩石地层中可采用单位吸水量 ω 作为准则,$\omega = 0.01 \sim 0.03$。
2 单位吸水量可用钻孔压水试验方法计算求得。其计算式如下:

$$\omega = \frac{Q}{LHt} \tag{16.7.4-1}$$

式中:ω——地层单位吸水量[L/(m²·min)];
Q——地层的总吸水量(L);
L——压水试验段长(m);
H——压水压力(m);
t——试验时间(min)。

3 单位吸水量与渗透系数 k(cm/s)之间的关系如下式所示:

$$k = \omega \times 1.5 \times 10^{-3} \tag{16.7.4-2}$$

16.7.5 注浆强度和变形标准应根据不同的注浆目的及工程的具体要求制定。施工控制标准应通过现场检测,按以下三个条件进行控制:

1 按注浆总量控制。
2 按耗浆量降低率进行控制。
3 按注浆压力进行控制。

16.7.6 宜重视浆液扩散半径对注浆工程量及造价的重要影响,可按有关理论公式进行估算。当地质条件较复杂或计算参数不易选准时,应通过现场注浆试验来确定。

以水玻璃为主剂的浆液,其有效扩散半径可按表16.7.6-1的规定采用;水泥浆液在裂隙岩石中的有效扩散半径可按表16.7.6-2的规定采用。

表16.7.6-1 水玻璃浆液在不同岩层中的有效扩散半径 R

岩层类别	砂砾	粗砂	中砂	细砂	淤泥	黏土
有效扩散半径 R(m)	1.75~2.00	1.20~1.45	0.80~1.00	0.50~0.70	0.50	0.50

表16.7.6-2 水泥浆液裂隙岩层中的有效扩散半径 R

裂隙宽度(mm)	<5	5~30	>30
有效扩散半径 R(m)	2	4	6

16.7.7 注浆孔的布置应使各注浆孔浆液扩散范围相互重叠为原则,不宜因出现注浆"盲区"而造成隧道开挖时涌水或塌方,也不宜搭接过多出现浪费。注浆孔布置宜按梅花形或矩形布置,孔间距宜为单孔浆液扩散半径的1.4~1.7倍。

16.7.8 注浆顺序不宜采用单向推进压注方式,应按跳孔间隔注浆方式进行。并宜符合以下规定：

1 对有地下动水流的特殊情况,应考虑浆液在动水流下的迁移效应,宜从水头高的一端开始注浆。

2 对加固渗透系数相同的土层,应首先完成最上层封顶注浆,再按由下而上的原则进行注浆,以防浆液上冒。若土层的渗透系数随深度而增大时,应自下而上进行注浆。

3 注浆时应采用先外围后内部的注浆顺序,若注浆范围以外有边界约束条件(能阻挡浆液流动的障碍物)时,可采用自内侧开始顺次往外侧的注浆方法。

16.7.9 当注浆孔注浆达到如下标准时,可结束该孔注浆：

1 注浆压力逐步升高,达到设计终压时继续注浆 10min 以上。

2 实际注浆量与设计注浆量大致接近,注浆结束时的进浆量,宜在 30L/min 以下。

16.7.10 注浆段的注浆孔全部注浆完成后,应进行注浆效果检查和评定,不合格者应补充钻孔注浆。检查方法有：

1 对注浆过程中的各种记录资料综合分析,检查注浆压力和注浆量变化是否合理及是否达到设计要求。

2 设检查孔,工作面每段设 2~3 个检查孔,检查孔应取岩芯,观察浆液充填情况,并采用以下原则检查测量孔内涌水量：

1)岩石严重破碎带应小于 0.2L/(min·m),且某一处漏水小于 10L/min。

2)一般地段应小于 0.4L/(min·m),且某一处漏水小于 10L/min。

3)进行压水检查,在 1MPa 压力下,进水量小于 2L/(min·m)。

4)或采用其他可行的物探方法,辅助检查注浆效果。

17 隧道施工过程中的动态设计

17.1 一般规定

17.1.1 在隧道施工过程中,应进行动态设计与信息化施工,及时对开挖面进行地质核对。地质条件复杂的隧道应进行超前地质预报,应根据相关信息对相地段的围岩分级、施工开挖方法以及支护参数进行调整。已完成开挖的地段必须进行监控量测,以确保施工安全,为隧道动态设计提供支撑。

17.1.2 隧道的施工开挖方法设计是隧道支护结构设计及施工过程中动态设计的重要部分。在隧道支护结构设计时,应对施工开挖方法进行专项设计,并在施工过程中根据揭露的地质条件变化情况及时调整。隧道施工开挖方法应根据地形、地质条件、隧道埋深、衬砌类型、断面形状及跨度、施工技术条件等因素,综合分析后确定,确保隧道施工过程中的安全。

17.1.3 隧道施工开挖方法设计应遵循"安全、实用、经济合理"的原则。施工开挖方法应考虑的主要因素有:
    1 隧道的工程地质和水文地质条件。
    2 隧道的长度与隧道跨度。
    3 有关环境污染、地面沉降等环境方面的要求和限制。
    4 为加快施工进度和通风而增设竖井、斜井、横洞及平行导洞等。
    5 施工技术条件和机械装备状况。
    6 施工过程中安全状况。

17.1.4 在施工过程中,当遇到或可能遇到软弱地层、溶洞、断层、破碎带、流沙、涌水、瓦斯、采空区、严重风化层、软弱土层等特殊地质时,应加强动态设计,及时调整开挖法,选择相应的辅助施工措施与支护结构。动态设计过程中宜对开挖方法及支护结构进行调整,不应变更隧道设计标准,不宜更改设计原则。

17.1.5 动态设计应依据施工过程中反馈的各种信息,包括超前地质预报、监控量测数据、掌子面的地质描述和揭露的地质条件等,通过分析与评价所获得信息,并与预设计时的地质资料相对比,确定地质变化情况,对隧道施工方法(包括特殊的、辅助的施工方法)、断面开挖步骤及顺序、支护参数等进行相应的合理调整。

17.2 隧道施工开挖方法设计

17.2.1 分离隧道(或单洞)的施工开挖方法可根据岩体稳定程度、隧道跨度等条件,采用全断面法、台阶法、分部开挖法三类方法及由其变化的开挖方法。各类隧道施工开挖方法可见表17.2.1的规定。

表 17.2.1 施工开挖方法分类

编 号	施 工 方 法		适用围岩级别	
			双车道隧道	三车道隧道
1	全断面法		Ⅰ～Ⅲ	Ⅰ～Ⅱ
2	台阶法	长台阶法	Ⅲ～Ⅳ	Ⅱ～Ⅲ
		短台阶法	Ⅳ～Ⅴ	Ⅲ～Ⅳ
		超短台阶法	Ⅴ	Ⅳ
3	分部开挖法	台阶分部开挖法	Ⅴ～Ⅵ	Ⅲ～Ⅳ
		单侧壁导坑法	Ⅴ～Ⅵ	Ⅳ～Ⅴ
		双侧壁导坑法	—	Ⅴ～Ⅵ
		CRD开挖法	Ⅴ～Ⅵ	Ⅳ～Ⅵ

17.2.2 全断面法(图17.2.2)按照隧道设计轮廓线一次爆破成形,具有工序少、相互干扰少、便于组织施工和管理、工作空间大以及施工速度快等优点。全断面法宜用于岩质较完整的硬岩中,应注意初期支护及时跟进,稳定围岩,充分发挥围岩的承载作用。

17.2.3 台阶法包括长台阶法、短台阶法和超短台阶法等三种。

1 长台阶法(图17.2.3-1)是将断面分成上下两个断面进行开挖,上、下断面相距较远,上台阶宜超前50m以上或大于5倍洞跨,上、下断面可平行作业。当隧道长度较短时,可先将上半断面全部挖通后再进行下半断面施工,即为半断面法。

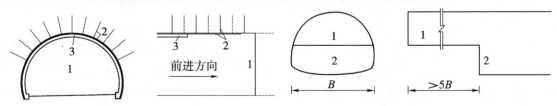

图 17.2.2 全断面法
注:图中1、2、3表示施工顺序。

图 17.2.3-1 长台阶法开挖
注:图中1、2表示施工顺序。

2 短台阶法(图17.2.3-2)是将隧道分成上、下两个断面进行开挖,两个断面相距较近,上台阶长度宜在1~5倍洞跨范围内,两台阶不应全部平行作业。采用短台阶法时,初期支护全断面闭合宜在距开挖面30m以内,或距开挖上半断面开始的30d内完成。当初期支护变形、下沉显著时,应及时采取稳固措施。短台阶法可缩短支护结构闭合的时间,改善初期支护的受力条件,有利于控制隧道收敛速度和量值。

3 超短台阶法(图17.2.3-3)要求上台阶仅超前5~10m,只能采用交替作业,机械设备集中,作业时相互干扰较大,生产效率较低,施工速度较慢。采用超短台阶法施工时应特别注意开挖工作面的稳定性,应设置强有力的超前辅助施工措施。采用超短台阶法开挖时初期支护全断面闭合时间应更短,以有利于控制围岩变形,适用于膨胀性、土质等软弱围岩及要求尽早闭合支护断面的施工场地条件。

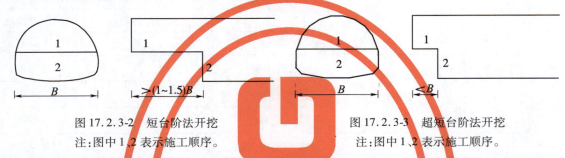

图17.2.3-2 短台阶法开挖　　　　　图17.2.3-3 超短台阶法开挖
注:图中1、2表示施工顺序。　　　　注:图中1、2表示施工顺序。

4 台阶法施工时下半断面的开挖(又称落底)和封闭应采用单侧落底或双侧交错落底,应避免上部初期支护两侧拱脚同时悬空,视围岩状况宜控制落底长度为1~2m,不得大于3m。设计时可采取扩大拱脚、打设拱脚锚杆、加强纵向连接等措施。

17.2.4 分部开挖法包括四种变化方案:台阶分部开挖法、单侧壁导坑法(CD法)、双侧壁导坑法(DCD法)、CRD法。各方法的施工特点如下:

1 台阶分部开挖法(图17.2.4-1)又称环形开挖留核心土法,可将断面分成为环形拱部、上部核心土、下部台阶等三部分。根据开挖断面的大小,环形拱部可分成几块交替开挖。环形开挖进尺为0.5~1.0m,不宜过长,上部核心土和下台阶的距离,宜为1倍隧道跨径。当围岩稳定性差、开挖后掌子面易坍塌时,可转化为

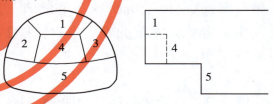

图17.2.4-1 台阶分部开挖法
注:图中1~5表示施工顺序。

三台阶法施工,上台阶开挖长度1~2m,中台阶及时跟进,做到及早落底成环。采用台阶分布开挖法宜注意:

1)台阶分部开挖法中,上部留有的核心土支挡着开挖面,能迅速及时地施作拱部初期支护,开挖面稳定性好,适用于一般土质或易坍塌的软弱围岩。与超短台阶法相比,台阶分布开挖法的台阶长度可以加长,减少上下台阶施工干扰;与侧壁导坑法相比,施工机械化程度较高,施工速度更快。

2)采用台阶分部开挖时,虽然核心土增强了开挖面的稳定,但开挖中围岩要经受多次扰动,而且断面分块多,支护结构形成全断面封闭的时间较长,有可能使围岩变形增大,

应结合辅助施工措施对开挖工作面及其前方岩体进行预支护或预加固。

3)台阶分部法可作为台阶法施工的及时转换,利用其较台阶法落底成环较早,可有效地减小围岩的变形收敛。

2 单侧壁导坑法(图17.2.4-2)又称中隔墙法或CD法。该工法将断面分成两大块,其中每一块采用上下台阶法开挖。侧壁导坑尺寸应根据地质条件、断面形状、机械设备和施工条件而定,其宽度宜为0.5倍洞宽。临时中隔壁可设置为弧形或直线,其强度应根据地质条件确定。

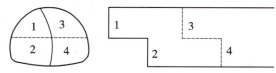

图17.2.4-2 单侧壁导坑法
注:图中1~4表示施工顺序。

单侧壁导坑法的施工作业顺序为:

1)以上下台阶法开挖侧壁导坑,并进行初期支护(锚杆加钢筋网,或锚杆加钢支撑,或钢支撑,喷射混凝土),应尽快使导坑的初期支护闭合。

2)相隔30~50m后,以上下台阶法开挖另一侧导坑,使其一侧支承在导坑的初期支护上,并尽快施作底部初期支护,使全断面闭合。

3)拆除导坑支护中的临时初期支护。

4)浇筑二次衬砌。

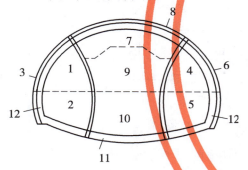

图17.2.4-3 双侧壁导坑法
注:图中1~12表示施工顺序。

3 双侧壁导坑法(图17.2.4-3)又称眼镜工法(DCD法),可适用于隧道跨度相对较大、地表沉陷要求严格、围岩条件特别差、单侧壁导坑法难以控制围岩变形的地段。该工法将断面分成四块:左、右侧壁导坑、上部核心土、下台阶。侧壁导坑的宽度应根据机械设备和施工条件确定,尺寸不宜超过断面最大跨度的1/3。左、右侧导坑错开的距离,应按开挖一侧导坑引起的围岩应力重新分布的影响不致波及另一侧已成导坑的稳定为原则予以确定,且不宜小于15m。临时支护导坑宜设置为弧形。

双侧壁导坑法设计的施工作业顺序为:

1)开挖一侧导坑,并及时将其初期支护闭合。

2)相隔适当距离后开挖另一侧导坑,并施作初期支护。

3)开挖上部核心土,施作拱部初期支护,拱脚支承在两侧壁导坑的初期支护上。

4)开挖下台阶,施作底部的初期支护,使初期支护全断面闭合,

5)拆除临时支护,浇筑二次衬砌。

4 CRD工法(图17.2.4-4)又称十字中隔墙法,适用于大跨度或特大跨度隧道断面,特别是软弱围岩施工和受力不均的隧道。该工法将隧道整个断面分割成若干个开挖单元,具有台阶法及侧壁导坑法的优点,同时又具有施工进度快、工序转换灵活的特点。CRD工法应配备小型挖掘及转载设备,临时中隔壁设置为弧形。

各导坑的开挖距离应小于1倍洞跨,各导坑应及时封闭成环。

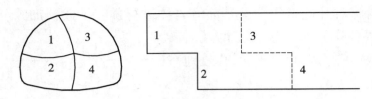

图 17.2.4-4 CRD 工法

注:图中 1~4 表示施工顺序。

17.2.5 连拱隧道施工方法可采用中导洞开挖法和三导洞开挖法。位于Ⅱ~Ⅲ级围岩地段的连拱隧道宜采用中导洞开挖法;位于Ⅳ~Ⅴ级围岩地段的连拱隧道宜采用三导洞开挖法。连拱隧道各开挖法施工要点如下:

1 连拱隧道的中导洞开挖法(图 17.2.5-1):先贯通中导洞并浇筑中墙混凝土,然后采用台阶法开挖左、右主洞,最后全断面施作二次衬砌。施工时左、右洞错开的距离不宜小于 20m。

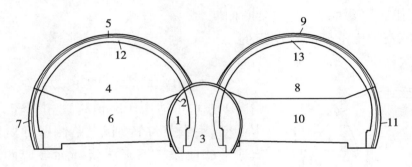

17.2.5-1 中导洞开挖法

注:图中 1~13 表示施工顺序。

2 连拱隧道的三导洞开挖法(图 17.2.5-2):中导洞超前开挖,两侧壁导洞跟进,中导洞及侧壁导洞采用短台阶法施工,中导洞贯通后浇筑中墙混凝土,拱部采用预留核心土环型开挖法,然后采用台阶法开挖左、右主洞,最后全断面施作二次衬砌。

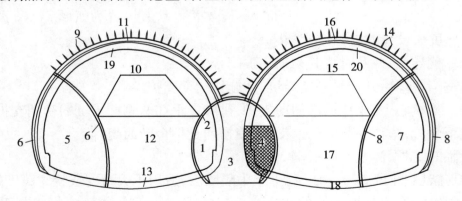

17.2.5-2 三导洞开挖法

注:图中 1~20 表示施工顺序。

3 连拱隧道受力复杂,施工中工序转换较多,应保证支护的施工质量,施工步骤、施工工序应紧密结合,避免受力体系转化过程中出现问题;设计时应对各施工工序描述清晰,使施工人员充分掌握设计意图。

4 连拱隧道开挖时应重视其埋深浅、跨度大、地质条件复杂、受雨季地表水影响大的特点,必须遵守"弱爆破、短进尺、紧支护、早闭合"的原则,按照设计要求严格实施监控量测,用量测分析结果指导施工。

5 连拱隧道应根据结构需要设置变形缝,双洞及中隔墙的变形缝应设置在同一位置,并应注意隧道纵向荷载的不均匀分布对结构的影响。

17.2.6 小净距隧道的施工方法可采用双洞单侧壁导坑法(图17.2.6)、单洞单侧壁导坑法以及双洞上下台阶法。双洞单侧壁导坑法适用于地质条件较差(地层以土质或强风化为主,开挖方式主要采用机械辅以弱爆破)的Ⅴ级围岩地段;单洞单侧壁导坑法适用于Ⅳ级围岩地段;双洞上下台阶法适用于Ⅲ级围岩地段。

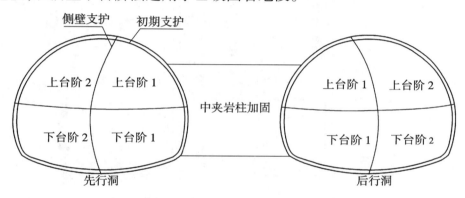

图17.2.6 双洞单侧壁导坑法开挖工序横断面图

在选择小净距隧道的施工方法时,应保证中夹岩柱(墙)的围岩稳定,重点控制爆破震动对中岩柱(墙)的危害。先行洞的开挖可采用与分离式隧道相同的施工方法。当采用侧壁导坑法开挖时,后引洞开挖宜先开挖中夹岩柱(墙)一侧。小净距隧道施工应符合以下要求:

1 应降低小净距隧道开挖爆破震动造成的相互影响,避免中岩墙受到多次扰动。小净距隧道两隧道掌子面距离宜控制在2倍开挖跨度以上。

2 在开挖掌子面前、后1倍开挖跨度范围内,应加强监控量测,在掌子面前、后2倍开挖跨度范围内,宜注意量测,超过此距离,监控量测频率可适当减小。

3 在小净距隧道施工中,初期支护应及时跟进并封闭,保证围岩、中夹岩柱、支护处于有利受力状态。二次衬砌宜在初期支护和围岩变形基本稳定后再浇筑。为减轻后行洞开挖爆破对先行洞二次衬砌的影响,先行洞二次衬砌宜落后于后行洞掌子面2倍开挖跨度以上,并应满足围岩的稳定条件。

4 后行洞的初期支护(落底成环后的)宜超前先行洞的二次衬砌1倍开挖宽度以上。

5 先行、后行隧道的相邻洞室掌子面距离宜保持2倍隧道开挖宽度以上。

17.2.7 竖井施工可从以下方式中选择:全井单行作业法、长段单行作业法、短段单行作业法、长段平行作业法、吊罐反井正向扩大法、爬罐反井正向扩大法、钻机反井正向扩大法。各作业法使用条件如下：

1 竖井深度较浅时宜采用全井单行作业法；竖井深度较深时宜采用钻机反井正向扩大法。主隧道后于竖井建成，采用从井口开始全断面开挖，有以下四种方法：全井单行作业法、长段单行作业法、短段单行作业法、长段平行作业法（图17.2.7-1）；主隧道先于竖井建成，可选择反井方法，有以下三种方法：吊罐反井正向扩大法、爬罐反井正向扩大法、钻机反井正向扩大法。

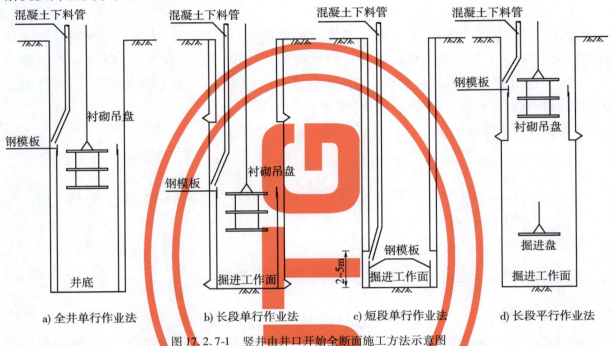

图 17.2.7-1　竖井由井口开始全断面施工方法示意图

2 竖井施工需要设有专门的安全配套设施，如吊盘、抓岩机、吊桶、稳车等。井筒内需设置安全梯等安全设施，并应采取相关安全措施，防止设备在提升过程中因为断绳、脱钩产生溜车（掉罐）或过卷，以及在竖井中发生碰撞事故。

3 全井单行作业法为目前国内普遍采用的方法，当需利用竖井来开挖主洞时，宜采用本法；但当竖井地质较差、竖井深度较深、存在结构安全隐患时，应适当加强初期支护。

4 钻机反井正向扩大法（图17.2.7-2）只有在主洞施工至竖井处时才能开始。本法扩孔设备费用相对较高，但施工费用较低，山上施工场地以及机械设备相对较少，可避免在山上弃渣，有利于环境保护。

17.2.8 不同竖井施工方法的特点、适用范围及优缺点见表17.2.8-1及表17.2.8-2。

表 17.2.8-1　竖井由井口开始全断面施工

项目	特　点	优　点	缺　点	适用范围
全井单行作业法	竖井自上而下掘进到底，然后自下而上浇筑二次衬砌	施工只需要一套吊盘设备，作业单纯，无干扰，管理方便	掘进和衬砌不是平行作业，工期长；当地质较差时，需完全靠初期支护承受围岩压力，安全性偏差	竖井不深，地质良好

续上表

项目	特 点	优 点	缺 点	适用范围
长段单行作业法	竖井自上而下掘进约100～150m达到壁座后,停止掘进,进行衬砌施工;衬砌完成后,再开始下一循环	同全井单行作业法,且能保证竖井的安全	工期偏长,壁座需做特殊设计,保证下一循环掘进时二次衬砌不脱落	竖井不深,地质相对差
短段单行作业法	衬砌紧跟开挖面	属单行作业,设备简单,竖井的安全性好	工期偏长,二次衬砌接头多,整体性较差,防水性能差	竖井深,地质十分差
长段平行作业法	掘进和衬砌同时进行,两工作面相距不小于30m,衬砌均从壁座开始	平行作业,总工期短	需要掘进和衬砌两套吊盘,设备多,施工复杂,干扰大	竖井深,地质差

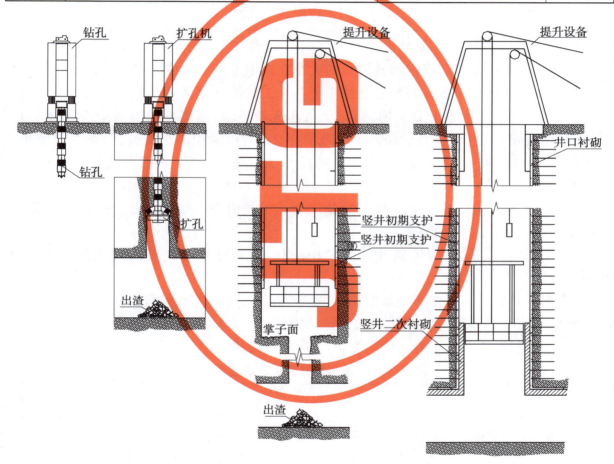

图 17.2.7-2　钻机反井正向扩大法施工顺序示意图

表 17.2.8-2　竖井采用反井法施工

项目	特 点	优 点	缺 点	适用范围
吊罐反井正向扩大法	自上而下在竖井中心钻一个φ10～φ15cm导孔;井下联络风道安装吊罐,悬吊于导孔钢丝绳上;工作人员在吊罐上自下而上施工φ200～φ300cm反井;自上而下扩大成竖井	竖井扩大施工时,可利用反井出渣、通风、排水等,成本低、效率高	地质不良时,吊罐自下而上施工掘进不安全,容易出伤亡事故	竖井不深,地质较好(现已很少使用该方法)

— 215 —

续上表

项目	特 点	优点	缺点	适用范围
爬罐反井正向扩大法	本法与吊罐法相似,但是不预先使用大型钻机钻导孔,而是直接采用爬罐机自下而上施工φ200~φ300cm反井;反井完成后再自上而下扩大成竖井	优点同吊罐反井正向扩大法,且可节约预先钻导孔的费用和时间	爬罐构造复杂,安装技术要求高;在地质不良时,反井施工不安全	竖井不深,地质较好(现已很少使用该方法)
钻机反井正向扩大法	先在地表用地质钻机在竖井中心钻取直达底部的φ20~φ30cm的导孔;井下联络风道内安装大钻头,施工φ200~φ300cm反井;自上而下扩大成竖井	施工安全,速度快	需要大型反井钻机设备,设备费用较贵	竖井深度小于400m,地质良好

17.2.9 斜井施工方法可根据其倾角的大小在以下五种方法中选择:汽车无轨运输、胶带运输、箕斗提升、矿车提升及反井法施工。各施工法的使用条件及施工要求如下:

1 当斜井的坡度小于15%时,可采用汽车无轨运输;当斜井的倾角小于或等于15°时,可采用胶带运输;当斜井的倾角小于或等于25°时可采用矿车提升;当斜井的倾角小于或等于35°时,可用箕斗提升;当斜井的倾角大于35°时,可采用类似竖井的反井法施工。

2 选择斜井施工方法,首先应满足施工要求的提升量,然后选取工程量小、投资省、安装简易、施工方便的方案。

3 采用无轨运输的缓坡斜井坡度较小,相应的斜井长度较长,应根据需要设置错车道。

4 在斜井施工过程中必须采取相应的安全措施,并在适当位置设挡车设备,严防溜车。倾角在15°以上的斜井,应设有轨道防滑措施。

5 常用三种斜井施工方法的主要特性见表17.2.9。

表17.2.9 常用斜井施工方法主要特性

项 目		斜井提升方法		
		矿车提升	箕斗提升	胶带运输
基本技术条件	斜井倾角α	≤25°	≤35°	一般≤15°
	提升机	绞车	绞车	胶带运输机
	提升容器	矿车	箕斗	—
	运输线路	轨道	轨道	胶带
	石渣块度	适用于矿车	适用于闸门	≤400mm
	装渣设备	装渣机、渣舱	栈桥、渣舱、闸门	破碎机、给渣机、渣舱
主要优缺点	安装时间	短	较短	较长
	天轮架	矮	较高	—
	提升能力	较小	较大	大
	安全性	有不安全因素	较安全	安全,但粉尘、噪声大
	管理	摘挂钩频繁	方便	胶带易损坏、跑偏
	造价	低	较低	高

17.3 超前地质预报设计

17.3.1 长度大于1 000m的隧道,在施工过程中应进行超前地质预报;当地质条件复杂时,长度大于500m的隧道也宜进行超前地质预报。隧道设计时,应根据隧道地质条件设计相适应的超前地质预报方案。

17.3.2 超前地质预报设计应包括下列主要内容:
  1 围岩分级及围岩的物力力学参数。
  2 节理密集带、软弱夹层及断层破碎带的位置与产状。
  3 煤层及其他特殊岩土的分布情况。
  4 岩溶、采空区及瓦斯的发育情况。
  5 富水断层、富水地层及富水溶洞的发育情况。

对危及隧道施工安全及结构永久安全的地质要素,均应提供明确的数据,评价对隧道的影响,并提出处置措施。

17.3.3 隧道超前地质预报设计应综合考虑隧道的工程地质与水文地质条件、地质因素对隧道施工影响程度及诱发环境问题的程度等因素,针对不同类型的地质问题,选择不同的方法和手段进行地质预报,并贯穿于施工全过程。

17.3.4 隧道超前地质预报可采用地质调查与勘探相结合、物探与钻探相结合、长距离与短距离相结合、地面与地下相结合、超前导坑与主洞探测相结合的方法,并对各种方法的预报结果加以综合分析、相互验证,提高预报准确性。并宜符合以下要求:
  1 当设有平行导坑、正洞超前导坑,或为间距较小的两座隧道时,应充分利用平行超前导坑、正洞超前导坑、先行施工的隧道开展隧道超前地质预报工作。
  2 在既有隧道附近改建及增建隧道,应在充分利用既有隧道工程地质资料及施工地质资料的基础上,结合改建及增建隧道与既有隧道的空间关系,按照新建隧道的要求做好超前地质预报工作。

17.3.5 超前地质预报可采用地质调查法、超前钻探法、物探法和超前导坑预报法。各预报方法应包括下列内容:
  1 地质调查法:包括隧道地表补充地质调查、洞内开挖工作面地质素描和洞身地质素描、地层分界线及构造线地下和地表相关性分析、地质作图等。
  2 超前钻探法:包括超前地质钻探、加深炮孔探测及孔内摄影。
  3 物探法:包括弹性波反射法(地震波反射法、水平声波剖面法、负视速度法和陆地声呐法等)、电磁波反射法(地质雷达探测)、红外探测、高分辨直流电法等。
  4 超前导坑预报法:包括平行超前导坑法、正洞超前导坑法等。

17.3.6 超前地质预报可采用长距离预报、中距离预报和短距离预报。预报长度的划分和预报方法的选择，可参照下列规定执行：

    1 长距离预报：预报长度 200m 以上，可采用地质调查法、地震波反射法及 100m 以上的超前钻探等。

    2 中距离预报：预报长度 30～200m，可采用地质调查法、地震波反射法、弹性波反射法、瞬变电磁法及 30～100m 的超前钻探等。

    3 短距离预报：预报长度 30m 以内，可采用地质调查法、弹性波反射法、电磁波反射法（地质雷达探测）、红外探测及小于 30m 的超前钻探等。

17.3.7 岩溶地段的超前预报应以地质调查法为基础，以超前钻探法为主，结合多种物探手段进行综合超前地质预报，应采用宏观预报指导微观预报、长距离预报指导中短距离预报的方法。对岩溶地段超前地质预报的要求如下：

    1 采用综合物探查明隧底隐伏岩溶洞的位置、规模。

    2 根据物探资料布置验证钻孔。

    3 根据钻探验证结果修订物探异常成果图，作出预测隐伏岩溶图。

    4 应加强对隧道周边隐伏岩溶的探测工作。

17.3.8 煤层瓦斯地段的超前预报应以地质调查法为基础，以超前钻探法为主，结合多种物探手段进行综合超前地质预报。对煤层瓦斯地段的超前地质预报的要求如下：

    1 每个钻孔均应穿透煤层并进入顶（底）板不小于 0.5m。

    2 正式探测孔应取完整的岩（煤）芯，进入煤层后宜用干钻取样。

    3 各钻孔直径不宜小于 76mm。

    4 钻孔过程中应观察孔内排出的浆液、煤屑变化情况，并做好记录。

17.3.9 涌水、突泥地段的超前预报应以地质调查法为基础，以超前钻探法为主，结合多种物探手段进行综合超前地质预报。对涌水、突泥地段超前地质预报的要求如下：

    1 在可能发生涌水、突泥地段必须进行超前钻探，且超前钻探必须设计防突装置。

    2 隧道通过煤系地层、金属和非金属等矿区中的采空区时，应查明采矿巷及废弃矿巷与隧道的空间关系，分析评价其对隧道的危害程度。

    3 当斜井、反坡地段处于富水区时，实施超前钻探作业前应设计好钻孔突涌水处治预案，确保人员与设备的安全，避免淹井事故的发生。

17.3.10 地质调查法包括隧道地表补充地质调查和隧道内地质素描等，宜用于各种地质条件下隧道的超前地质预报。

17.3.11 超前地质钻探法适用于各种地质条件下的隧道超前地质预报。在富水软弱断层破碎带、富水岩溶发育区、煤层瓦斯发育区、重大物探异常区等地质条件复杂地段应采用该方法，并应符合以下要求：

  1 断层、节理密集带或一般性破碎富水地层，每循环可只钻 1 个孔。

  2 富水岩溶发育区每循环宜钻 3~5 个孔。揭示岩溶时，应适当增加，以满足安全施工和溶洞处理需要为原则。

  3 煤层瓦斯地段应在距煤层 15~20m 处的开挖工作面钻 1 个超前钻孔，在距初探煤层 10m 处的开挖工作面上钻 3 个超前钻孔，分别探测开挖工作面前方上部及左右部位的煤层位置。

  4 在需连续钻探时，每循环可钻进 30~50m，必要时可钻 100m 以上的深孔。

  5 连续钻孔时，前后两循环孔应重叠 5~8m。

  6 富水岩溶发育区，超前钻探应终孔于隧道开挖轮廓线以外 5~8m。

  7 钻孔直径应满足钻探取芯、取样和孔内测试的要求。

  8 钻探过程中应进行动态控制和管理，根据钻孔情况适时调整钻孔深度。

17.3.12 加深炮孔探测可用于各种地质条件下隧道的超前地质探测，尤其适用于岩溶发育区，应符合以下要求：

  1 孔深应较爆破孔（或循环进尺）深 3m 以上，孔径宜与爆破孔相同。

  2 孔数、孔位应根据开挖断面大小和地质复杂程度确定。

  3 在富水岩溶发育区，每循环必须按设计要求认真实施，发现异常情况应及时反馈信息，严禁盲目装药放炮。

  4 钻到溶洞和富水地层时，应视情况采用超前地质钻探和其他探测手段，查明情况，确保施工安全。

  5 加深炮孔探测严禁在爆破残眼中实施。

17.3.13 弹性波反射法系利用人工激发的地震波、声波在不均匀地质体中所产生的反射波特性来预报隧道开挖工作面前方地质情况的一种物探方法，包括地震波反射法、水平声波剖面法、负视速度法和极小偏移距高频反射连续剖面法等方法。弹性波反射法适用于划分地层界线、查找地质构造、探测不良地质体的厚度和范围，应符合下列要求：

  1 探测对象与相邻介质应存在较明显的波阻抗差异并具有足以被探测的规模。

  2 断层或岩性界面的倾角应大于 35°，构造走向与隧道轴线的夹角应大于 45°。

  3 弹性波反射法连续预报时，前后两次应重叠 10m 以上。

  4 地震波反射法在软弱破碎地层或岩溶发育区，每次预报距离宜为 100m 左右，不宜超过 150m；在岩体完整的硬质岩地层，每次可预报 120~180m，不宜超过 200m。

  5 水平声波剖面法和陆地声呐法在软弱破碎地层或岩溶发育区，每次预报距离宜为 20~50m，不宜超过 70m；在岩体完整的硬质岩地层每次可预报 50~70m，不宜超过 100m。

  6 负视速度法在软弱破碎地层或岩溶发育区，每次预报距离宜为 30~50m，不宜超过70m；在岩体完整的硬质岩地层，每次可预报50~80m，不宜超过100m。

17.3.14 电磁波反射法（地质雷达）超前地质预报宜用于岩溶探测，亦可用于断层破碎带、软弱夹层等不均匀地质体的探测，应符合下列要求：
1 探测目的体与周边介质之间应存在明显介电常数差异，电磁波反射信号明显。
2 探测目的体具有足以被探测的规模。
3 不能探测极高电导屏蔽层下的目的体。
4 在完整灰岩地段预报距离宜在30m以内；连续预报时，前后两次重叠长度应在5m以上。

17.3.15 红外探测系根据一切物质均向外辐射红外电磁波的原理，通过接收和分析红外辐射信号进行超前地质预报，适用于定性判断探测点前方有无水体存在及其方位，不能定量提供水量大小等参数，应符合以下要求：
1 当全空间全方位探测地下水体时，需在拱顶、拱腰、边墙、隧底等位置沿隧道轴向布置测线，测点间距宜为5m；发现异常时，应加密点距。
2 测线布置可自开挖工作面往洞口方向布设，长度宜为60m，不得少于50m。
3 开挖工作面测线布置，宜为3~4条，每条测线布3~5个测点。
4 有效预报距离应在30m以内，连续预报时前后两次重叠长度应大于5m。

17.3.16 高分辨直流电法以岩石的电性差异（即电阻率差异）为基础，在全空间条件下建立电场，通过研究电场或电磁场的分布规律，预报开挖工作面前方储水、导水构造分布和发育情况，适用于探测任何地层中所存在的地下水体位置及相对含水量的大小，例如用于探测断层破碎带、溶洞、溶隙、暗河等地质体中的地下水，应符合以下要求：
1 现场采集数据时，必须布设3个以上的发射电极进行空间交汇，区分各种影响，并压制不需要的信号，突出隧道前方地质异常体的信号。
2 高分辨直流电法的有效预报距离不宜超过80m；连续探测时，前后两次应重叠10m以上。

17.3.17 超前导坑预报法系以超前导坑中揭示的地质情况，通过地质理论和作图法预报正洞地质条件，可分为平行超前导坑法和正洞超前导坑法。路线间距较小的两座隧道可互为平行导坑，以先行开挖的隧道的地质情况预报后开挖隧道的地质条件。

17.4 施工中监控量测

17.4.1 采用新奥法设计和施工的隧道，应将现场监控量测项目纳入设计文件，并在施工中实施。

17.4.2 监控量测项目可分为必测项目、选测项目两大类,可参见表 17.4.2-1 及表 17.4.2-2 的规定。

表 17.4.2-1 监控量测必测项目

编号	量测项目及类别	方法及工具	布置	量测时间段(d) 1~15	16~30	30~90	>90	要求及目的
1	地质和支护状况观察	地质罗盘、数码相机	开挖后或初喷后进行	每次爆破后进行				对岩性、岩层产状、结构面、溶洞、断层进行描述,支护结构裂缝观察
2	拱顶下沉	高精度全站仪、水平仪、水准尺、钢尺或测杆	每 5~100m 一个断面	1~2次/d	1次/2d	1~2次/周	1~3次/月	监视隧道拱顶下沉,了解断面的变形状态,判断隧道拱顶的稳定性
3	周边收敛	种类型收敛计	每 5~100m 一个断面,每断面 2~3 对测点	1~2次/d	1次/2d	1~2次/周	1~3次/月	根据位移、收敛状况、断面变形状态等量测,对以下项目做出判断:①周边围岩体的稳定性;②初期支护的设计与施工方法是否妥善;③二次衬砌的浇筑时间等
4	地表下沉	高精度全站仪、水平仪、水准尺	每 5~100m 一个断面,每断面至少 11 个测点,每隧道至少 2 个断面。中线每 5~20m 一个测点	开挖面距量测断面前后 <2B 时,1~2 次/d;开挖面距量测断面前后 <5B 时,1 次/2d;开挖面距量测断面前后 >5B 时,1 次/周(B 为隧道开挖宽度)				从地表设点观测,根据下沉位移量判定开挖对地表下沉的影响,以确定隧道支护结构

表 17.4.2-2 监控量测选测项目

编号	量测项目及类别	方法及工具	布置	量测时间段(d) 1~15	16~30	30~90	>90	要求及目的
1	围岩内部位移(地表设点)	地面钻孔中安设各类型多点位移计	每代表性地段一个断面,每断面 3~5 个钻孔	1~2次/d	1次/2d	1~2次/周	1~3次/月	了解隧道围岩的松弛区、位移量,为准确判断围岩的变形发展提供数据
2	围岩内部位移(洞内设点)	洞内钻杆中安设单点、多点杆式或钢丝式位移计	每 5~100m 一个断面,每断面 2~11 个测点	1~2次/d	1次/2d	1~2次/周	1~3次/月	
3	围岩和初期支护间接触压力	压力盒、频率计	每代表性地段一个断面,每断面宜为 15~20 个测点	1次/d	1次/2d	1~2次/周	1~3次/月	判断围岩荷载大小、初期支护承担围岩压力情况
4	初期支护和二次衬砌间接触压力	压力盒、频率计		1次/d	1次/2d	1~2次/周	1~3次/月	判断复合式衬砌中围岩荷载大小、初期支护与二次衬砌各自分担围岩压力情况
5	钢支撑内力及外力	钢筋应力计、频率计	每 10 榀钢支撑设置一对测力计	1次/d	1次/2d	1~2次/周	1~3次/月	量测钢拱架应力,推断作用在钢拱架上的压力大小,判断钢拱架尺寸、间距及设置钢拱架的必要性

续上表

编号	量测项目及类别	方法及工具	布置	量测时间段(d) 1~15	16~30	30~90	>90	要求及目的
6	衬砌内力	钢筋应力计、频率计	每代表性地段设一个断面,每断面宜为11个测点	1次/d	1次/2d	1~2次/周	1~3次/月	量测二次衬砌内应力、喷射混凝土内轴向应力,了解支护衬砌内的受力状态
7	锚杆轴力量测	钢筋应力计、频率计	每代表性地段设一个断面,每断面不少于7个测点	1次/d	1次/2d	1~2次/周	1~3次/月	根据锚杆所承受的拉力,判断锚杆布置是否合理,了解围岩内部应力的分布情况
8	衬砌裂缝监测	测缝计、频率计	衬砌完成后进行	1次/d	1次/2d	1~2次/周	1~3次/月	监测衬砌裂缝的运动及发展趋势
9	围岩弹性波测试	声波仪及配套探头	在有代表性地段设置	—	—	—	—	在隧道开挖后、初期支护施工前进行,对围岩级别及支护参数进行复核,确保支护结构的安全性与经济性

17.4.3 在隧道开挖工作面爆破后,应立即对开挖后没有支护的围岩进行观测。围岩观测应包括以下内容:

1 岩质种类和分布状态、界面位置的状态。
2 岩性特征:岩石的颜色、成分、结构、构造。
3 地层时代归属及产状。
4 节理性质、组数、间距、规模,节理裂隙的发育程度和方向性,断面状态特征,充填物的类型和产状等。
5 断层的性质、产状,破碎带宽度、特征。
6 地下水类型、涌水量大小、涌水位置、涌水压力、水的化学成分、湿度等。
7 开挖工作面的稳定状态,顶板及侧壁有无剥落现象。

应将观测到的有关情况和现象详细记录,并绘制隧道开挖工作面素描剖面图。剖面图的间距应随岩性、构造、水文地质条件不同而异:Ⅵ级围岩剖面素描图间距宜为5~10m;Ⅴ级围岩剖面素描图间距宜为10~15m;Ⅳ级围岩剖面素描图间距宜为15~25m;Ⅲ级围岩剖面素描图间距宜为40~50m;Ⅱ级围岩剖面素描图间距宜为50~80m;Ⅰ级围岩剖面素描图间距为宜80~120m。

17.4.4 对开挖后已支护段的观测应每天不间断地进行。观察中如果发现异常情况,应详细记录发现时间、距开挖工作面的距离、附近测点的各项量测数据及超前地质预报情况,并应增加目测观察的频率。支护观测与记录值包括如下内容:

1 初期支护完成后,对喷层表面的观察及裂缝状况的描述和记录。

2 有无锚杆被拉脱或垫板陷入围岩内部的现象。

3 喷射混凝土是否产生裂隙或剥离,要特别注意喷射混凝土是否发生剪切破坏。

4 有无锚杆和喷射混凝土施工质量问题。

5 钢拱架有无屈服现象。

6 是否有底鼓现象。

7 喷射混凝土表面有无大量涌水、渗水情况。

17.4.5 围岩收敛位移量测的目的主要为:

1 周边位移是隧道围岩应力状态变化的最直观反映,量测周边位移可为判断隧道空间的稳定性提供可靠的信息。

2 根据变位速度判断隧道围岩的稳定程度,为二次衬砌提供合理的支护时机。

3 指导现场设计与施工。

17.4.6 监测断面应尽量靠近开挖工作面,测点应在距开挖面2m的范围内尽快安设,并应保证爆破后24h内或下一次爆破前测读初次读数。监测断面沿隧道纵向设置的间隔可按表17.4.6的规定采用。

表17.4.6 净空位移、拱顶下沉测点间距

围岩级别	V	IV	III	II
间距(m)	5~10	10~20	20~50	20~100

17.4.7 应按表17.4.7-1和表17.4.7-2检查净空位移和拱顶下沉的量测频率,并与按表17.4.2-1确定的量测频率比较取大值。施工状况发生变化时(开挖下台阶、仰拱或撤除临时支护等),应增加监测频率。

表17.4.7-1 净空位移和拱顶下沉的量测频率(按位移速度)

位移速度(mm/d)	量测频率
≥5	2~3次/d
1~5	1次/d
0.5~1	1次/(2~3)d
0.2~0.5	1次/3d
<0.2	1次/(3~7)d

表17.4.7-2 净空位移和拱顶下沉的量测频率(按距开挖面距离)

量测断面距开挖面距离(m)	量测频率
(0~1)B	2次/d
(1~2)B	1次/d
(2~5)B	1次/(2~3)d
>5B	1次/(3~7)d

注:B为隧道开挖宽度。

17.4.8 当隧道位于软弱、破碎、自稳时间极短的围岩地段,或地表设有对沉降要求非常严格的地面构造物时,隧道的浅埋段应进行地表下沉量测。浅埋隧道地表下沉量测的重要性随隧道埋深变浅而增大,可见表17.4.8-1的规定。

表17.4.8-1　地表沉降量测的重要性

埋　深	重要性	量测与否
$3B<h$	小	不必量测
$2B<h\leqslant 3B$	一般	宜量测
$B<h\leqslant 2B$	重要	应量测
$h\leqslant B$	非常重要	必须列为主要量测项目

注:B 为开挖宽度,h 为隧道埋深。

地面沉降量测应符合以下要求:

1　地表下沉测点宜布置在洞内净空收敛量测测点所在的横断面上,纵向间距可按表17.4.8-2 的规定采用。每个隧道至少应布置两个纵向量测断面。

表17.4.8-2　地表下沉测点纵向间距

隧道埋深	测点间距(m)	隧道埋深	测点间距(m)
$h>2B$	20～50	$h\leqslant B$	5～10
$B<h\leqslant 2B$	10～20		

注:B 为开挖宽度,h 为隧道埋深。

2　地表下沉纵向量测区间如图17.4.8-1所示。

纵向断面布置测点的超前距离为 $h+h_1$,纵向测量范围为 $(h+h_1)+h'+(2\sim 5)B$;采用全断面开挖时,地表下沉量测在横断面上至少应布置11个测点,两测点的距离为2～5m。在隧道中线附近测点应加密布置,远离隧道中线可适当减少测点。地表下沉横断面测点布置如图17.4.8-2所示。

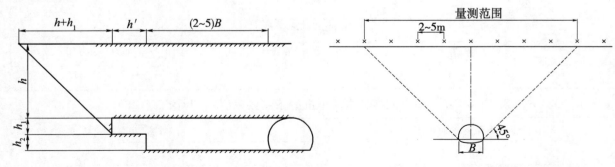

图17.4.8-1　地表下沉纵向量测区间图　　图17.4.8-2　地表下沉横断面测点布置图

3　地表下沉量测频率应根据量测区间段的位置确定:当开挖面距量测断面前后距离 $d\leqslant 2B$ 时,每天1～2次;$2B<d\leqslant 5B$ 时,每两天量测一次;当 $d>5B$ 时,每周量测一次。

4　应将每次的量测数据整理绘制成地表下沉量—时间关系曲线,及地表横向下沉量—时间关系曲线。

17.4.9 钢架荷载的量测工作应与洞室拱顶下沉及收敛的量测工作同步进行,量测频度可按照围岩内空变形的量测时间间隔进行。对量测资料应作以下分析:

1 根据同一时间内所测定的钢架受力与隧道围岩变形的大小,分析隧道围岩位移与围岩压力(钢架上的压力)间的关系。

2 通过分析钢架受载与围岩变形关系,了解钢架的工作状态和与围岩的适应性,为设计合理的钢架提供依据。

3 分析隧道围岩变形与围岩压力的关系,确定在规定围岩条件下支护结构应具有的力学特性。

17.4.10 喷射混凝土层应力量测,应绘制以下曲线供分析研究:

1 喷层内径(切)向应力随开挖前进面变化的关系曲线,供掌握试验断面处喷射混凝土层的应力随前进工作面距离变化的对应关系。

2 喷层内径(切)向应力随时间变化的关系曲线,供掌握量测断面处不同部位切向应力随时间的变化情况。

17.4.11 当位移—时间曲线趋于平缓时,应进行监控量测数据处理或回归分析,推算最终位移值和掌握位移变化规律。当位移—时间曲线出现反弯点,即位移出现反常的急骤增长时,表明围岩和支护已呈不稳定状态,应提高监视频率,并适当加强支护,必要时应立即停止开挖并进行施工处理。

17.5 信息反馈修正设计

17.5.1 隧道施工过程中,应根据洞内外地质调查、超前地质预报、现场监控量测等施工信息,对隧道的支护参数、辅助施工措施、施工开挖方法、预留变形量、施工工艺及各工序的施作时机等,进行信息反馈修正设计。

17.5.2 隧道施工中的信息反馈修正设计,应贯穿于隧道的整个施工过程,且应符合以下规定:

1 应对各种信息进行综合分析,互相印证。

2 根据某一断面的施工信息所作综合分析结果,只适用于该断面前后不大于5m的同级围岩地段的设计参数修正。

3 对隧道内较长同级围岩地段设计参数的修正,特别是降低设计参数,必须以不少于3个断面的施工信息综合分析结果为依据。

4 按修正设计参数进行施工的地段,仍应符合动态设计与信息化施工的有关规定,根据施工信息再次分析验证。

17.5.3 施工过程中的信息反馈修正设计应包含以下内容：
1 围岩分级及其物理力学参数的修正。
2 初期支护及二次衬砌参数的调整。
3 施工开挖方法及施工工序的调整。
4 辅助施工措施及其施工工艺的调整。
5 临时支护的形式、强度及施作时机的调整。
6 预留变形量的调整。
7 监控量测内容与评价标准的调整。
8 超前地质预报的内容、方法的调整。

17.5.4 修正设计可分为如下几种情况：
1 根据洞内外地质调查及超前地质预报等信息，修正未开挖地段的预设计。
2 根据已开挖地段的监控量测等施工信息，修正同类地质条件未开挖地段的预设计。
3 根据本地段的监控量测等施工信息，修正本地段的支护参数。

对未开挖地段的修正设计仍为预设计，其设计施工可按照衬砌设计与施工的有关规定办理。对已完成开挖地段的修正设计，应分两种情形处理：当初期支护较弱，洞室变形可能不易收敛时，应以加强初期支护为主；当初期支护已基本收敛时，可以加强二次衬砌为主。

17.5.5 当施工信息给出不稳定征兆时，应重点从如下几方面分析原因，以供更加准确地做好修正设计：
1 地质条件是否基本符合设计，所依据资料围岩分级是否合理。
2 实际采用的施工开挖方法是否符合设计规定。
3 实际采用的施工工艺与施工质量是否达到相关规范的要求。
4 实际采用的施工工序及其施作时机是否符合设计规定。

17.5.6 当出现下列情况之一时，可适当增强初期支护：
1 隧道开挖后，工程地质和水文地质条件、围岩级别比预计的差。
2 观察发现喷射混凝土层裂纹多、裂缝大或不断扩展。
3 实测位移量超出规范规定或超出类似围岩条件下的通常位移值。
4 位移量可能超出预留变形量。
5 稳定性特征出现异常状态。

17.5.7 当需要增强初期支护时，可采取以下措施：
1 增设钢筋网或改用钢纤维喷射混凝土。

2　加密或加长锚杆。
3　增加喷射混凝土厚度。
4　改用早强喷射混凝土或早强砂浆锚杆。
5　增架钢架或加密钢架。
6　初期支护增设仰拱,使其形成封闭的受力环。

17.5.8　当出现下列情况之一时,可适当减弱初期支护:
1　隧道开挖后,围岩级别比预设计的好。
2　初期支护未完成前,位移已收敛,达到施作二次衬砌的指标。
3　初期支护全部施作完,实测位移量远小于规范规定。
4　需要提前施作二次衬砌。

17.5.9　当需要减弱初期支护时,可采取以下措施:
1　减少锚杆数量,缩短锚杆长度。
2　减薄喷射混凝土厚度。
3　取消或减少钢架等。
4　改变辅助施工措施的设计参数。
5　取消或改用其他辅助施工措施。

17.5.10　当出现下列情况之一时,可适当加强二次衬砌:
1　塌方地段。
2　洞室收敛未达到二次衬砌的施作标准,但需要提前施作二次衬砌的地段。
3　初期支护已施作完成,但明显偏弱的地段。
4　信息反馈表明二次衬砌偏弱的地段。

17.5.11　当二次衬砌需要加强时,可采取以下措施:
1　增加衬砌厚度。
2　改用钢筋混凝土衬砌。
3　提高衬砌混凝土的强度等级。

17.5.12　当隧道施工遇到特殊地质地段,仅依靠改变施工工序、施工方法及支护参数还不能完全保证隧道围岩的稳定时,应根据不同的地质条件采用针对性的施工辅助措施,确保施工安全。

17.5.13　在信息反馈修正设计过程中,应注意以下几点:
1　当围岩质量较好时,喷射混凝土和锚杆的主要作用是阻止局部岩块分离塌落、保持岩块稳定,若喷射混凝土和锚杆的应力均不大,也不宜取消。

2 当围岩质量较差时,锚杆对洞室稳定的作用较小甚至无效,应通过增加喷射混凝土厚度或增加钢格栅来加强初期支护,确保具有较大的内压。

3 当净空收敛位移大但锚杆轴力较小时,应以加强钢支撑和喷射混凝土为主要措施;当净空长期不收敛且锚杆轴力大时,可增加锚杆的数量或长度,最大限度地发挥围岩的强度。

4 在围岩强度小而埋深大的地段,以及膨胀性围岩地段,支护结构不仅应有较强的土压力抗力效应,而且应具有较大的变形释放能力。

18 隧道防水及排水系统设计

18.1 一般规定

18.1.1 隧道防排水设计应结合工程特点、地形条件、工程地质、水文地质情况及勘测资料进行,对地表水和地下水应妥善处理,使洞内外形成完整、通畅、便于维修的防排水系统。

18.1.2 在寒冷、严寒地区,应防止冬季水流冻结、地层冻胀引起隧道衬砌冻害及洞口发生挂冰现象。地下水有侵蚀性时,应有可靠的抗侵蚀措施,防止侵蚀性地下水对衬砌的腐蚀。

18.1.3 隧道设计应完善初期支护的防水构造。二次衬砌防水应以混凝土自防水为主体,施工缝、变形缝为防水重点,应以注浆防水和防水层加强防水为主。隧道纵、横、环向所有排水系统应排水通畅,路面不容许积水。

18.1.4 在施工阶段,应做好水文地质观测记录,详细了解地下水分布状况,及时完善防排水设计,以利于运营养护处理。

18.2 防水系统设计

18.2.1 对隧道防水系统设计的一般要求如下:
1 隧道采用复合式衬砌时,在初期支护与二次衬砌之间应设置防水板及无纺布,并设系统盲管(沟)。防水板及无纺布应沿隧道全长,边墙基础以上的全断面铺设。无纺布单位面积质量不宜小于 $300g/m^2$。防水板应采用宽幅且易于焊接的高分子柔性防水卷材,厚度不小于 1.2mm,接缝搭接长度不应小于 100mm。
2 隧道二次衬砌应符合抗渗要求。混凝土的抗渗等级,寒冷地区有冻害地段和月平均最低气温度低于 -15℃ 的地区,不低于 S8,其余地区不低于 S6。
3 隧道二次衬砌的施工缝、沉降缝、伸缩缝应采取可靠的防水措施。地下水丰富、水压较大地段,施工缝宜采用背贴式止水带与中埋式缓膨胀性橡胶止水条组合形式防水构造,沉降缝宜采用背贴式止水带与中埋式橡胶止水带组合形式防水构造。地下水量小、水压不大地段,施工缝可采用中埋式缓膨胀性橡胶止水条形式防水构造,沉降缝宜采用中埋式橡胶止水带形式防水构造。

4 有侵蚀性地下水时,应针对侵蚀类型,采用抗侵蚀混凝土,压注抗侵蚀浆液,或铺设抗侵蚀防水层。

5 围岩破碎、涌水易坍塌地段,宜向围岩内预注浆。向衬砌背后压浆时,应防止因压浆而堵塞衬砌背后的排水管道。围岩破碎地段、断层破碎带、裂隙较多且易发生涌水坍塌地段,可压注水泥砂浆或单液水泥浆,防止渗漏并加固围岩,宜结合集排水设施进行注浆,以达到预期防水效果。当局部水量较大时,可采用双液(水泥—水玻璃)或化学浆液,加快凝胶时间,防止浆液流散。对于粉砂、细砂地层,不宜采用水泥浆液防水。

6 当隧道位于常水位以下,又不宜排泄时,隧道衬砌应采用抗水压衬砌。

18.2.2 地表及洞口防水应符合以下规定:

1 灌溉渠通过隧道顶部,若其渗流影响较大时,可改移灌渠位置或予以适当铺砌。

2 对洞顶坑洼、洞穴积水地段,应填平整理地表,防止积水下渗。

3 隧道洞顶及其附近有井、泉、池塘、水田等,应分析因修建隧道而造成地表水和地下水位降低、流失、井泉干枯,影响居民生活和农田灌溉的可能性,并应采取相应措施防止水土流失。

4 隧道设计应重视防止地表水的下渗,可采用填充、铺砌、勾补、抹面等措施处理。对洞坑穴、钻孔等,应采用防水材料充填密实并加以封闭,必要时隧道进出口段一定范围的地表应采用注浆加固措施。

5 当洞顶有沟谷通过,且沟底岩石节理裂隙发育,确认地表水对隧道影响较大时,可采用浆砌片石铺砌沟底,铺砌厚度不小于30cm。当沟底岩石破碎和隧道埋深浅时,应结合隧道支护设计,采用注浆加固措施。

18.2.3 明洞防水应符合以下规定:

1 明洞外缘防水宜采用全断面铺设宽幅高分子柔性防水卷材。

2 洞顶回填土石表面,应铺设黏土隔水层,且应与边坡搭接良好,防止地表水渗入。隔水层表面宜种草防护,防止雨水冲刷。

18.2.4 洞门防水应符合以下规定:

1 削竹式洞门宜沿洞脸环向设置一定高度的钢筋混凝土帽石,防止雨水漫流污染洞门,影响美观。

2 带有翼墙的各类隧道洞门及明洞洞门,洞顶仰坡坡脚至洞门墙背的水平距离不应小于150 cm,洞门端墙与仰坡之间水沟的沟底至衬砌拱顶外缘的高度不应小于100cm,洞门端墙顶面应高出仰坡坡脚50cm以上。

18.2.5 洞内防水层应符合以下规定：

1 隧道初期支护与二次衬砌间的防水层，宜选用耐老化、耐细菌腐蚀、易操作且焊接时无毒气的高分子柔性防水卷材。防水层应在拱部和边墙全断面铺设。

2 地下水非常丰富、水压较大地段及不适宜排水的隧道，应采用全封闭的防水衬砌结构。

3 铺设时，基层宜平整、无尖锐物，基层平整度应符合 $D/L \leqslant 1/6$ 的要求（D 为初期支护基层相邻两凸面凹进去的深度；L 为基层相邻两凸面间的距离）。

4 初期支护表面的各种突出物和二次衬砌中预埋的各种构件，不容许刺穿防水层，应采用"无钉铺设"工艺。

5 土工布在施工中应能保护防水板，且能起到毛细渗水的作用。

6 防水层各项指标应符合现行《聚氯乙烯防水卷材》（GB 12952）的规定。

18.2.6 洞内防水注浆应符合以下规定：

1 当隧道施工可能造成水土流失，影响当地居民生产、生活的区段或环境敏感段落，应在查明地下水流性质的基础上，采取针对性的注浆堵水设计，达到"以堵为主，限量排放"的目标，最大限度地保证当地居民生产、生活用水不受影响。

2 地下水丰富，且无排水条件或者排水构造造价太高时，以及不允许排水的情况下，可采用注浆堵水：当隧道埋深在 50m 以内时，可采用地表预注浆；当隧道埋深超过 50m 以上时，应采用开挖掌子面预注浆。

3 当隧道施工遇到有高压涌水，可能危及施工安全时，应先采用排水方法，尽量降低地下水的压力，然后采用高压注浆进行封堵。

18.3 排水系统设计

18.3.1 隧道排水系统设计应符合以下规定：

1 隧道排水设计宜按地下水和营运清洗污水、消防污水分开排放的原则进行，应设置完善的纵横向排水沟管，排水系统宜具有方便的维修疏通设施。

2 应根据公路等级并结合路面横坡的变化情况在隧道内行车道边缘设置双侧或单侧排水沟，路面结构下宜设置中心排水沟，水沟的侧面应留有足够的泄水孔。

3 隧道内排水沟管过水断面，应根据水力计算确定。排水沟管应设置沉沙井、检查井，并铺设盖板，其位置、结构构造应便于检查、维修和疏通。为防止检查井盖板受车轮冲击碾压及影响行车，宜在钢盖板顶面浇筑水泥混凝土盖板，混凝土盖板顶部应与水泥混凝土路面齐平。

4 寒冷和严寒地区的隧道，最冷月平均温度在 -10 ~ -15℃时，宜采用双侧保温水沟；最冷月平均温度在 -15 ~ -25℃时，宜采用中心深埋保温水沟；最冷月平均温度低于 -25℃时，在主洞隧道以下宜采用防寒泄水洞，其埋深应大于行车道边缘高程以下的隧址区冻结深度。

隧道内应根据气温条件设置防寒环向、纵向盲沟，洞外应设暗沟、保温出水口等排水设施，使隧道内外形成通畅、便于维修的防寒排水系统。

5 隧道内纵向排水沟管坡度应与路线纵坡一致，排水坡度不宜小于0.5%，困难地段不应小于0.3%。路面排水横坡不应小于1%，横向排水暗（盲）沟管坡度不应小于2%。

6 地下风机房、竖井排水与隧道的排水要求基本相同。竖井排水设计应以竖向排水设计为主，并根据实际情况增设环向排水管，环向排水管与竖向排水管应采用三通管连接。

18.3.2 洞口段排水设计应符合以下规定：

1 洞外排水应根据地形、地质、气象等情况，结合环境保护全面规划，综合治理，因地制宜地设置疏水、截水、引水设施。

2 洞顶天沟设于边仰坡坡顶以外的距离不应小于5m，黄土地区不应小于10m。洞顶天沟宜沿等高线向路线一侧或两侧排水。洞顶天沟长度应使边仰坡坡面不受冲刷为宜，下游应将水引至适当地点排泄，避免冲刷山体。流量较大时，不宜将水引入路基排水边沟排泄，应根据地形将水引至附近沟谷或涵洞排泄。

3 洞顶天沟的坡度宜根据地形设置，但不应小于0.5%，以避免淤积。当纵坡过陡时，应设置急流槽或跌水连接。地面自然坡度陡于1:2时，水沟应做成阶梯式，用以消耗能量，减少冲刷。土质地段水沟纵坡大于20%或石质地段水沟纵坡大于40%时，应设置抗滑基座，以确保纵向稳定。

4 洞顶天沟的断面应根据流入截水沟的汇水区流量确定。水沟深度应高出计算水位20cm，断面的底宽和深度均不应小于60cm。水沟宜采用浆砌片石砌筑，浆砌片石层厚度不应小于30cm，断面形式宜为梯形断面，石质地段可采用矩形断面。

18.3.3 明洞排水设计应符合以下规定：

1 明洞开挖边坡以外应设置天沟。路堑对称型、路堑偏压型应于洞顶设置纵向排水沟，其沟底坡度宜与路线一致且不小于0.5%，条件允许时可在山坡较低一侧拉槽排水。

2 洞顶排水沟宜采用梯形断面，宜以浆砌片石砌筑，防止冲刷，浆砌片石厚度不应小于30cm。

3 明洞防水层外侧应间隔2~3m沿环向设置干砌片石排水盲沟。盲沟宜用土工布包裹，直接将水导引至墙脚外侧所设置的纵向排水花管中。

18.3.4 洞内排水设计应符合以下规定：

1 隧道洞内宜按地下水和运营清洗污水、消防污水分开排放的原则设置纵向排水系统，应能保证排水畅通，避免洞内积水。当隧道左右洞涌水量差异较大时，左右洞的排水设施宜分别进行设计。

2 围岩裂隙水可采用盲沟引排,排水盲沟可采用半圆波纹塑料管、软式透水管、各种 Ω 形排水管新材料等制作。宜间隔 5~10m 设一道,渗水量较大时可予加密设置。应按照"有水则设,无水则防"的动态处置原则,通过盲沟将水直接排入设于二次衬砌边墙脚外侧的纵向排水花管中。二次衬砌的环向施工缝、沉降缝、变形缝处宜加设排水盲沟。

3 分离式隧道内,沿全长在二次衬砌两侧边墙脚外侧应设置纵向排水圆花管,上半断面眼孔直径宜为 6~8mm,间距 10cm,并用排水管横向连通至中心排水沟或排水边沟,管径应根据水力计算确定。

4 连拱隧道宜沿全长在中隔墙顶部两侧拱脚和边墙脚附近,各设一道纵向排水圆花管,并用排水管沿横向、竖向连通至中心排水沟或排水边沟。管径应根据水力计算确定。

5 连拱隧道应尽可能采用夹心式中隔墙形式,以利于设置中隔墙的防排水构造。

6 隧道内宜根据公路等级在行车道边缘设置双侧或单侧排水边沟,并排放清洗消防用水,宜设置中心排水沟排放地下水。边沟宜采用钢筋混凝土结构,中心排水沟可采用上半断面打孔的双壁波纹塑料管或钢筋混凝土管,水沟的侧面应留有足够的泄水孔。

7 隧道内路面基层可采用 15~20cm 厚水泥处治碎石,以利于减少路面冒水和排泄地下水,其配合比可按现行《公路水泥混凝土路面设计规范》(JTG D40)办理;也可采用 12~20cm 厚素混凝土,并在基层顶部或底部设置横向排水盲管。

8 为便于对排水管定期采用管道疏通机疏通,宜在二次衬砌墙脚纵向间隔 50~100m 对称布设检查维修孔。隧道内行车道边缘排水沟宜每 50m 设一处铁箅子泄水检查孔。中心排水沟可按每 200~250m 设一处沉沙检查井,并应铺设钢筋混凝土盖板。

18.3.5 洞内外排水衔接应符合以下规定:

1 洞外路基排水边沟至汇水坑以外不小于 2m 范围内,除石质坚硬、不易风化的路基地基段外,均应采用浆砌片石铺砌。

2 在寒冷或严寒地区应设置保温水沟,出水口应采用保温出水口。洞口检查井与洞外暗沟连接时,其连接暗沟应采用内径不小于 40cm 的预制钢筋混凝土圆管。为加大流速度并防止水流冻结,暗沟坡度不应小于 1%,沟身应设置在当地冻结线以下。

3 当隧道洞口为反坡排水时,应结合实际地形情况,采用可靠的截水措施,以免路面水进入隧道,影响行车安全。

18.3.6 排水管和排水沟的水力计算。

1 沟和管的水力计算,应依据设计流量确定沟和管所需的断面尺寸,并检查其流速是否在允许范围内。

2 沟或管的泄水能力可按下式计算:

$$Q_c = vA \tag{18.3.6-1}$$

式中:Q_c——沟或管的泄水能力(m^3/s);

v——沟或管的平均流速(m/s);

A——过水断面面积(m^2),各种管沟过水断面面积计算公式可采用表 18.3.6-1

3 沟或管内的平均流速可按下式计算：

$$v = \frac{1}{n} R^{\frac{2}{3}} I^{\frac{1}{2}} \qquad (18.3.6\text{-}2)$$

$$R = \frac{A}{\rho} \qquad (18.3.6\text{-}3)$$

式中：n——沟壁或管壁的粗糙系数，可按表18.3.6-2所列值采用；

R——水力半径(m)，各种沟管的水力半径计算公式可采用表18.3.6-1的规定；

ρ——过水断面湿周(m)；

A——过水断面面积(m^2)；

I——水力坡度，可取用沟或管的底坡。

表18.3.6-1 沟管水力半径和过水断面面积计算公式

断面形状	断面图	断面面积 A	水力半径 R
矩形		$A = bh$	$R = \dfrac{bh}{b+2h}$
梯形		$A = 0.5(b_1 + b_2)h$	$R = \dfrac{0.5(b_1+b_2)h}{b_2 + h(\sqrt{1+m_1^2} + \sqrt{1+m_2^2})}$
圆形		$A = \dfrac{\pi d^2}{4}$	$R = \dfrac{d}{4}$
半圆形		$A = \dfrac{\pi d^2}{8}$	$R = \dfrac{d}{4}$

表18.3.6-2 沟壁或管壁的粗糙系数 n

沟或管类别	n	沟或管类别	n
塑料管（聚氯乙烯）	0.010	土质明沟	0.022
石棉水泥管	0.012	带杂草土质明沟	0.027
水泥混凝土管	0.013	砂砾质明沟	0.025
陶土管	0.013	岩石质明沟	0.035
铸铁管	0.015	植草皮明沟（流速0.6m/s）	0.035～0.050
波纹管	0.027	植草皮明沟（流速1.8m/s）	0.050～0.090
沥青路面（光滑）	0.013	浆砌片石明沟	0.025
沥青路面（粗糙）	0.016	干砌片石明沟	0.032
水泥混凝土路面（镘抹面）	0.014	水泥混凝土明沟（镘抹面）	0.015
水泥混凝土路面（拉毛）	0.016	水泥混凝土明沟（预制）	0.012

4 沟和管的允许流速应符合下列规定：

1）明沟的最小允许流速为 0.4m/s，暗沟和管的最小允许流速为 0.75m/s。

2）管的最大允许流速为：金属管 10 m/s；非金属管 5m/s。

3）明沟的最大允许流速，在水深为 0.4~1.0m 时，可按表 18.3.6-3 的规定采用；在此水深范围外的允许值，可按表列值乘表 18.3.6-4 中所列相应的修正系数。

表 18.3.6-3 明沟的最大允许流速（m/s）

明沟类型	最大允许流速	明沟类型	最大允许流速	明沟类型	最大允许流速
亚砂土	0.8	浆砌片石	3.0	水泥混凝土	4.0
亚黏土	1.0	黏土	1.2		
干砌片石	2.0	草坡护坡	1.6		

表 18.3.6-4 最大允许流速的水深修正系数

水深 h（m）	<0.4	0.4<h≤1.0	1.0<h<2.0	h≥2.0
修正系数	0.85	1.00	1.25	1.40

18.4 寒冷和严寒地区排水设计

18.4.1 保温水沟设计应符合以下规定：

1 保温水沟应采用浅埋形式，埋置于隧道内的最大冻结深度以上。水沟所采取的保温措施，应能达到冬季水流不冻结的目的。

2 保温水沟宜用于寒冷地区，最冷月平均气温在 -5~-15℃ 之间，冻结深度在 1~1.5m 范围内，且冬季有水或可能有水的隧道。

3 保温水沟的设置长度应根据隧道长度、地下水量大小、水温、隧道所处地区寒冷季节的主导风向、水沟坡度等因素综合确定。隧道长度小于 1 000m 时，宜全洞设置；隧道长度大于 1 000m 时，可在进出口 300~400m 范围内设置。

4 保温水沟宜采用侧沟式，其结构形式应与隧道衬砌断面设计相配合。水沟上部宜设双层盖板，在上下两层盖板之间充填保温材料，其厚度不宜小于 35cm，下部为排水沟构造。水沟断面不应小于 30cm×30cm，沟底纵坡应与隧道纵坡一致。

5 保温材料宜采用 PU 泡沫塑料、沥青玻璃棉、矿渣棉等，并应有防水、防潮措施。可采用将保温材料四周用塑料薄膜或沥青玻璃布包裹封闭，其长度以方便经常性的维修为宜。

6 保温水沟宜间隔 50m 设置检查井，检查井内应设置沉淀池，以方便检查和清淤。

18.4.2 中心深埋水沟设计应符合以下规定：

1 中心深埋水沟是将水沟埋置于洞内相应的冻结深度以下，充分利用地温达到水沟内水流不冻结的排水目的。

2 中心深埋水沟宜用于严寒地区，最冷月平均气温在 -15~-25℃ 之间，冻结深度在1.5~2.5m范围内,且冬季有水的隧道。

3 中心深埋水沟断面形式的选择,应根据隧道地质条件确定。其断面尺寸应根据水利计算确定。一般地质条件下,可采用内径不小于40cm的预制钢筋混凝土圆管。

4 中心深埋水沟的回填直接影响到水沟的使用功能,水沟宜采用素混凝土基座固定,回填材料除满足保温条件、方便施工外,宜先回填厚50cm粒径3~5cm的碎石层,碎石层至路面面层底面以下均采用水泥处置碎石排水基层材料或素混凝土回填。

5 中心深埋水沟应设置沉淀检查井,其间距以200~250m为宜,断面形状宜为圆形,也可采用矩形。为防止水流冻结,检查井下应设双层盖板,在两层盖板之间填塞泡沫塑料或其他保温材料,厚度不应小于100cm。

18.4.3 防寒泄水洞设计应符合以下规定:

1 防寒泄水洞宜用于严寒地区,最冷月平均气温低于-25℃,当地黏性土的冻结深度大于2.5m,或因深埋水沟埋深较大,明挖施工可能影响边墙的稳定性时,且冬季有水的隧道。

2 防寒泄水洞宜设置于隧道中心线底部,其衬砌结构尺寸应根据工程地质条件、水文地质条件、埋置深度、公路等级等因素,进行结构计算后确定,工程类比法可作为参考。设计计算时,可参照隧道的计算方法执行,但应计入洞内动荷载和冻胀力的作用效应。

3 防寒泄水洞的埋置深度,应保证沟内水流不冻结,且不小于隧址区围岩最大冻结深度;应满足暗挖时不致于引起隧底坍塌的要求;埋置深度不宜过深,避免不必要地延长防寒泄水洞的长度和增加工程造价。

4 防寒泄水洞的断面尺寸应根据实际泄水量及施工条件等因素综合确定,且不宜小于1.8m×1.8m。防寒泄水洞应做模筑混凝土衬砌或混凝土预制块衬砌,Ⅱ~Ⅲ级围岩可采用锚喷混凝土作为永久衬砌。防寒泄水洞的纵坡宜与隧道纵坡一致。

5 防寒泄水洞衬砌上应设置足够的泄水孔或较深的泄水钻孔,充分排出地下水。如果围岩中有细小颗粒可能流失时,衬砌背面应设置反滤层。泄水孔直径可采用$\phi 100mm$,环向间距宜为50~80cm,呈梅花形布置。应沿隧道纵向中心线设钻孔将隧道仰拱底部排水盲沟与泄水洞连通,泄水钻孔的深度、角度、位置应根据地下水量的大小及围岩情况确定,间距宜为8~10m、钻孔直径$\phi 100mm$。

6 隧道进出口各300m范围内的防寒泄水洞宜设置横导洞。横导洞纵向间距宜为30~50m。衬砌背面盲沟与横导洞应以直径$\phi 100mm$的钻孔连通。

7 防寒泄水洞应设置检查井,间距宜为300m,断面形状为圆形,或采用矩形。为防止水流冻结,检查井下应设双层盖板,两层盖板之间应填塞泡沫塑料或其他保温材料,厚度不应小于150cm。

8 寒冷和严寒地区的隧道、深埋水沟、防寒泄水洞、洞外暗沟均应设置保温出水口。出水口处地形较陡且地质条件较好时,可采用端墙式;地形平坦时,应采用圆端掩埋保温包头式。

19 隧道内路基与路面设计

19.1 一般规定

19.1.1 隧道路面设计应依据道路等级、交通繁重程度、路基承载能力、当地环境条件、材料供应情况、气候条件、施工条件、全寿命周期费用分析和资金筹措等因素,综合选择路面类型、路面结构层次和厚度。

19.1.2 隧道路面除应有足够的强度、耐久性,符合路面的抗滑、耐磨、排水及平整度等技术条件外,还应具有较好耐火性能,满足低噪声和防眩光等方面的要求。

19.2 路基

19.2.1 当隧道衬砌设置仰拱时,仰拱的填充材料应采用混凝土或片石混凝土,其强度等级不得低于C10;不设仰拱的隧道,其路基应置于稳定的石质地基上。

19.2.2 隧道内的路基宜设置完整的排水系统。排水系统宜包括横向排水管和中央排水沟(条件限制或泄水量不大时可设侧式排水沟)。横向排水管应位于衬砌基础和隧道路面的下部,作为连接隧道纵向排水盲管与中央排水沟(侧式排水沟)的水力通道。中央排水沟(侧式排水沟)是隧道排水系统中序列最后的排水设施,应将隧道衬砌背后的渗水汇集后排出隧道,进入洞外路基排水边沟中。

19.2.2 对未设仰拱的隧道区段,当路面上面层采用沥青面层铺装时,其排水系统应保证地下水位不高于路基顶面以下30cm。季节性冰冻地区,地下水系统应符合现行《公路路基设计规范》(JTG D30)中有关路基防冻深度的规定。

19.3 路面组成及类型

19.3.1 不设仰拱的隧道路面结构宜设整平层、基层和面层;设仰拱的隧道路面可只设基层和面层。

19.3.2 常用的路面面层类型及适用条件可采用表19.3.2的规定。

表19.3.2 常用路面面层类型及适用条件

水泥混凝土路面	复合式路面	适 用 条 件
横缝设传力杆的普通混凝土 连续配筋混凝土 钢纤维混凝土	沥青混合料上面层+连续配筋混凝土 沥青混合料上面层+横缝设传力杆的普通混凝土	高速公路、一级公路
钢纤维混凝土 连续配筋混凝土	沥青混合料上面层+连续配筋混凝土 沥青混合料上面层+横缝设传力杆的普通混凝土	特重交通的高速公路
普通混凝土 碾压混凝土	沥青混合料上面层+普通混凝土 沥青混合料上面层+碾压混凝土	二级及二级以下公路

隧道路面设计宜符合以下规定：

1 各级公路隧道可采用水泥混凝土路面，但应采取措施，提高其抗滑和降噪性能。

2 当设计速度大于80km/h时，宜采用沥青混合料上面层与水泥混凝土下面层组成的复合式路面。宜消减沥青路面在隧道着火情况下参与燃烧并释放浓烟，对营运安全和救援工作的不利影响，其面层应采用加入阻燃剂的复合改性沥青。沥青阻燃剂应具有良好的热稳定性及耐久性，且不应影响沥青及其混合料的使用性能。应重视采用沥青路面面层降低隧道内整体亮度，且进出口段（尤其是进口段）亮度变化较大的特点。在隧道路面设计中，应提高路面的反射率，选择隧道路面类型时，宜选用光反射率较大的材料及结构。

3 各级水泥混凝土路面或沥青混合料上面层与水泥混凝土下面层组成的复合式路面，其可靠度设计标准、材料性能、结构参数及变异水平、设计方法、标准轴载、材料组成和性质参数应按照现行《公路水泥混凝土路面设计规范》（JTG D40）和《公路沥青路面设计规范》（JTG D50）的有关规定执行。

19.4 结构组合设计

19.4.1 隧道整平层应符合以下规定：

1 岩石路基开挖过程中，超挖或欠挖部分应采用素混凝土进行整平。

2 整平层应具有符合设计要求的刚度和抗冲刷能力。

3 整平层的厚度宜为100~150mm，其抗压强度不低于20MPa，弯拉强度不低于1.8 MPa。整平层与基层材料相同时，可与基层一起浇注。

19.4.2 隧道基层应符合以下规定：

1 基层应具有符合设计要求的刚度、抗冲刷能力和耐久性。

2 基层的类型、交通等级、厚度范围可见表19.4.2的规定。

表19.4.2 基层类型、交通等级、厚度范围

交 通 等 级	基 层 类 型	厚度范围(mm)
特重交通	素混凝土、碾压混凝土	120~200
重交通	水泥稳定碎石	150~200
中等或轻交通	半刚性稳定材料或级配碎石	150~200

3 当隧道基岩的强度较高时,宜采用能减小路面厚度、增加隧道内净空的高强度薄层厚的基层材料,如半刚性基层或素混凝土基层等。基层的材料选择,除应考虑基岩的强度条件外,还应按交通等级的荷载需要进行确定。

4 碾压混凝土基层应设置与混凝土面层相对应的接缝。当素混凝土基层弯拉强度值超过1.8MPa时,应设置与混凝土面层相对应的横向缩缝;一次摊铺宽度大于7.5m时,应设纵向缩缝。

19.4.3 隧道水泥混凝土路面面层应符合以下规定:

1 二、三、四级公路的隧道路面宜采用设接缝的普通水泥混凝土面层;一级公路、高速公路的隧道路面宜采用连续配筋混凝土面层或钢纤维混凝土面层。

连续配筋混凝土路面沿纵向连续地配置足够数量的钢筋,能消除或减少面板纵向收缩产生的裂缝,除构造所需的极少胀缝外,可不需设置任何接缝,可提高路面的平整度和行车的舒适性,减少维修成本;钢纤维混凝土可大幅度提高了抗拉、抗弯、抗冲击、耐疲劳及韧性指标,具有较好的阻裂抗缩能力和抗冻耐磨性能,能实现减小路面厚度、加大缩缝间距、延长使用寿命等良好的功能效果。一级公路、高速公路的隧道水泥混凝土路面(含复合式路面的下面层),宜采用这两种形式的面层。

2 普通混凝土、钢筋混凝土、碾压混凝土或连续配筋混凝土面层所需的厚度,可参照表19.4.3-1的规定采用。

表19.4.3-1 水泥混凝土面层厚度的参考值

交通等级	公路等级	变异水平等级	面层厚度(mm)
特重	高速	低	≥260
		中	≥250
	一级	低	≥240
	二级	中	
重	高速	低	270~240
	一级	中	260~230
		低	250~220
	二级	中	
中等	二级	高	240~210
		中	230~200
	三、四级	高	
	三、四级	中	220~200
轻	三、四级	高	≤230
		中	≤220

注:变异水平等级划分见《公路水泥混凝土路面设计规范》(JTG D40—2002)的相关规定。

3 各种混凝土面层的计算厚度应满足现行《公路水泥混凝土路面设计规范》(JTG

D40)的规定。面层设计厚度可依据计算厚度以 10mm 的单位向上取整。

4 隧道内水泥混凝土路面面层的强度采用 28d 龄期的弯拉强度控制、设计弯拉强度和混凝土强度等级可参照表 19.4.3-2 确定。

表 19.4.3-2 各级公路水泥混凝土路面面层的设计弯拉强度标准值与混凝土强度等级参考值

公路等级	高速公路、一级公路	二级公路	三、四级公路
混凝土强度等级	C40～C50	C40	C35～40
弯拉强度标准值(MPa)	4.5～5.0	4.0～4.5	4.0～4.5

5 钢纤维混凝土面层的厚度应按钢纤维掺量确定。钢纤维体积率为 0.6%～1.0% 时，其厚度为普通混凝土面层厚度的 0.65～0.75 倍；特重或重交通时，其最小厚度为 160mm；中等或轻交通时，其最小厚度为 140mm。

6 路面表面构造应采用刻槽、压槽、拉槽或拉毛等方法制作。表面构造深度在使用初期应满足表 19.4.3-3 的要求。表面构造采用刻槽时，宜采用纵向刻槽，或同时采用纵向和横向刻槽。

表 19.4.3-3 各级公路水泥混凝土面层的表面构造深度要求

公路等级	高速公路、一级公路	二、三、四级公路，汽车横向通道
构造深度(mm)	0.80～1.20	0.60～1.00

19.4.4 隧道复合式路面面层应符合以下规定：

1 沥青混合料上面层：

1)沥青上面层应由沥青面层和黏结层组成，沥青面层厚度宜为 8～10cm。

2)黏结层是使沥青面层、防水层与混凝土面板联结成整体的结构层，应保证沥青上面层与水泥混凝土下面层之间有足够的抗剪切强度。黏结层的施工顺序宜为：先施工水泥混凝土下面层，完成后对其表面进行拉毛处理并喷洒高黏度热沥青，增加两层之间的黏结强度；对隧道路基存有的地下水，除应处理好路基排水外，还应在黏结层上设置防水层，防止地下水对沥青面层造成不良影响。

3)沥青混合料上面层宜采用双层式沥青面层。表面层应具有平整密实、抗滑耐磨、稳定耐久、阻燃性和反光特性等良好的性能；沥青下面层应具有与混凝土面板黏结牢固、防水渗入、抗滑耐磨、低温抗开裂、高温抗车辙和抗剥离等性能。

沥青混合料上面层材料应具有较高的抗滑耐久性以抵抗行车荷载的磨耗；应具有较高的抗拉疲劳强度以抵抗在垂直荷载与水平荷载综合作用下对表层的拉应力，并且能够抵抗接缝处表面的拉应力作用。表面层材料宜优先选用具有较高沥青含量的 SMA 沥青混合料，也可采用表面抗滑性能较好的 OGFC 沥青混合料。表面层厚度宜为 4cm，沥青表面层的厚度、混合料类型宜与洞外路段相同，以方便铺装施工。沥青下面层可采用厚度 4～6cm 的中粒式沥青混凝土。沥青复合式路面结构的示例可见图 19.4.4。

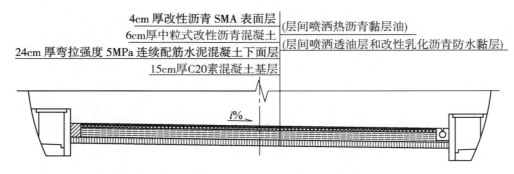

图 19.4.4 沥青复合式路面示例

4) 沥青混合料的配合比设计、高低温性能、水稳性等的要求以及对黏结层、防水层的要求,可参照现行《公路沥青路面设计规范》(JTG D50)的有关规定执行。

2 水泥混凝土下面层:可参见第 19.4.3 条水泥混凝土路面面层的规定。

19.4.5 洞口过渡段路面设计应符合以下规定:

1 当洞内采用水泥混凝土路面而洞外采用沥青路面时,高速公路和一级公路的长隧道、特长隧道,洞内一段路面应与洞外路段保持一致,其长度不小于现行《公路隧道通风照明设计规范》(JTJ 026.1)对隧道照明引入段、适应段和过渡段的长度规定,且不小于 300m。

2 各级公路的中、短隧道的洞内路面,宜与洞外路段保持一致,其长度不小于 3s 的设计速度行程距离,且不小于 50m。

3 在水泥混凝土路面与沥青混凝土路面交界处,沥青混凝土路面基层应与水泥混凝土路面基层一致,并设置长度约 5.0m 的刚性基层过渡板,减少因错台等原因而给车辆平顺行驶造成的不利影响。

19.4.6 车行横通道、人行横通道路面应符合以下规定:

1 车行横通道路面可采用弯拉强度不小于 4.0MPa 的水泥混凝土面层,厚度可取 180~240mm;基层宜与主行车道基层材料保持一致,以方便施工。

2 人行横通道路面可不设基层,宜采用 C25 水泥混凝土面层,厚度可取 100~150mm。

19.5 接缝和面层配筋设计

19.5.1 接缝设计应符合以下规定:

1 普通混凝土、钢筋混凝土、碾压混凝土和钢纤维混凝土应设置垂直相交的纵向和横向接缝,纵缝两侧的横缝不得相互错位。

2 各类接缝的位置布设及接缝构造应达到提高接缝传荷能力的目标。

3 根据接缝设置的位置和作用,可将接缝分为纵向缩缝、纵向施工缝、横向胀缝、横向缩缝和横向施工缝五种类型,可见表 19.5.1 的规定。

表 19.5.1 接缝类型

按位置分	按作用分	按构造分
纵缝	缩缝	设拉杆的假缝
	施工缝	设拉杆的假缝
		设拉杆的平缝(强构造)
横缝	胀缝	胀缝
	缩缝	设滑动传力杆的假缝
		设滑动传力杆的平缝(强构造)
		设拉杆的企口缝
	施工缝	设拉杆的平缝
		钢筋网通过的假缝(强构造)

4 接缝应设置在同一直线上，隧道内的路面接缝应采用加强的结构设计。

5 隧道内的施工缝或缩缝，均应在缝内设置拉杆，并做成设拉杆平缝型的接缝。拉杆可采用直径 $\phi16mm$、长度 $800mm$ 的 HRB335 钢筋制作。

6 路面宽度变化的路段内，纵缝的横向位置不宜随路面宽度一起变化。应将变宽路段作为向外接出的路面进行纵缝布置，变宽段加宽板在起终点处的宽度不应小于 $1.0m$。

7 连续配筋混凝土面层的纵缝拉杆，可由板内横向钢筋延伸穿过接缝起拉杆功能。

8 隧道内的普通混凝土面层板的横向缩缝应垂直于路中线等间距布置。

9 隧道内部可不设置横向胀缝。隧道洞口端的横缝应设置为一端带活动传力杆的胀缝，并应在基层上设置钢筋支架予以固定。

10 隧道内车行道与人行横通道、车行横通道相交叉时，应保持车行道的接缝位置和形式全线连贯。车行横洞、人行横洞内的横缝位置，可按次要道路的纵缝间距作相应的调整。车行横洞与主行车道相交的弯道段，每板块的短边长度应不小于 $1.0m$，板角应小于 $90°$，并布设单层或双层钢筋网补强。

19.5.2 接缝填封材料应符合以下规定：

1 胀缝接缝板应选用能适应混凝土板膨胀收缩、施工时不变形、复原率高和耐久性好的材料。高速公路和一级公路宜选用泡沫橡胶板或沥青纤维板；其他等级公路可选用木材类板或纤维类板。

2 接缝填料应选用与混凝土接缝槽壁黏结力强、回弹性好、适应混凝土板收缩、不溶于水、不渗水、高温时不流淌、低温时不脆裂和耐老化的材料。聚氨酯焦油类、氯丁橡胶类、乳化沥青类、聚氯乙烯胶泥、沥青橡胶类、沥青玛蹄脂和橡胶嵌缝条等材料，可作为填缝材料。

19.5.3 隧道洞口端横向胀缝、承受特重交通施工缝的面层角隅、紧急停车带以及车行横洞等路面面层的锐角角隅处，宜配置角隅钢筋。可选用 2 根直径为 $12\sim16mm$ 的 HRB335 钢筋，置于面层上部，距顶面不宜小于 $50mm$，距边缘宜为 $100mm$。

19.5.4 端部处理应符合以下规定:

1 隧道内混凝土路面与桥梁相接且桥头设有搭板时,应在搭板与隧道混凝土面层板之间设置钢筋混凝土面层过渡板。过渡板与搭板间的横缝采用设拉杆平缝形式,与混凝土面层间的横缝采用设传力杆胀缝形式。

2 隧道内混凝土路面与桥梁相接,桥头未设搭板时,宜在混凝土面层与桥台之间设置钢筋混凝土面层板,或设置由混凝土预制块面层或沥青面层铺筑的过渡段。

3 混凝土路面与沥青路面相接时,其间应设置至少3m长的过渡段。过渡段的路面可采用两种路面层呈阶梯状叠合布置,其下面铺设的变厚度混凝土过渡板的厚度不得小于200mm,如图19.5.4所示。过渡板与混凝土面层相接处的接缝内,应设置直径25mm、长700mm、间距400mm的拉杆。混凝土面层毗邻该接缝的1~2条横向接缝应设置为胀缝。

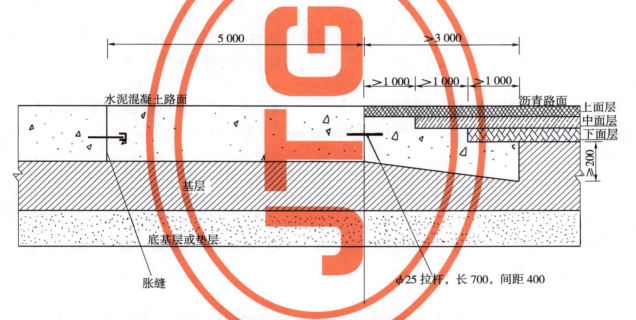

图 19.5.4 水泥混凝土路面与沥青路面相接段的构造布置(尺寸单位:mm)

20 隧道通风构造物及施工辅助通道设计

20.1 一般规定

20.1.1 当隧道需采用分段送排风等特殊通风方式时,应设置竖井、斜井、横洞、联络风道、风机房等通风构造物。通风构造物也可兼作逃生通道或作为施工期间增加开挖面的辅助通道。

20.1.2 为加快隧道施工进度或因工程特殊要求时,特长隧道或洞口施工条件受限制的隧道,可设置仅供施工用的斜井、竖井、平行导洞、施工横洞等辅助通道。

20.1.3 通风构造物及施工辅助通道的设置方式及布设位置,应根据隧道长度、地形条件、地质条件、工期,结合通风、救灾、排水及弃渣等方面的需要,通过技术经济比较后,合理选择。

20.1.4 通风构造物及施工辅助通道的洞口位置选择和设计,应保证不受洪水或不良地质的威胁,有利于施工场地的布置,注意环境保护,重视弃渣场和施工便道的设计,严禁弃渣堵塞河道、沟渠或道路交通,并应减少由于便道及构造物的修建对农田、水利设施和生产生活用水的影响。

20.1.5 通风构造物应按永久构造物设计,达到规定的设计强度、稳定性及耐久性,不宜仅采用喷锚支护。风道内壁应保证表面平滑,交叉口等风道变形处应平顺过渡,减小沿程摩阻损失和风道变形引起的局部损失。

20.1.6 施工辅助通道在地质条件容许的情况下可采用锚喷衬砌,应根据其使用期限、确保施工期间的安全等因素,选择衬砌的支护参数。辅助通道的洞(井)口、软弱围岩段及与正洞连接段的衬砌应适当加强,施工完成后应对其进行封堵处理。

20.2 竖井

20.2.1 竖井布置应符合以下规定:
1 竖井应设置在隧道埋深较浅处,以降低施工难度,节约工程造价,减少后期的通风运营费用。

2 竖井应设置在地质较好地段，避免穿过滑坡及大的断层破碎带等不良地质地段。

3 竖井井口应尽量选择开阔平坦的地形区域，以利于施工场地和竖井建筑物的布置，以利于受污染空气的排放。

4 竖井井口严禁设在可能被洪水淹没处，井口应高出洪水频率1/100的水位以上至少0.5m，如设在低洼处，必须设有确保安全的防洪措施。

5 竖井平面位置宜设置在隧道中线的一侧，宜尽量靠近主隧道。当采用地面风机房方案时，井底与隧道净距宜控制在20m左右，特殊情况下，竖井可直接设于隧道顶；当采用地下风机房时，井底与地下风机房的净距宜为15～20m。

6 竖井施工需采用复杂的垂直提升设备，施工进度较慢，宜用于竖井施工深度不超过200m的范围内。用于通风的竖井深度不宜超过400m，竖井深度大于400m时，应作充分的技术经济比较和论证。

20.2.2 竖井结构包括锁口圈、马头门及井身三部分，其设计应符合以下规定：

1 锁口圈设置于竖井口部，宜采用钢筋混凝土结构，主要承受地表土层的侧向土压力、井口建筑物及设备的重力。锁口圈宜采用敞口开挖，其基础应尽量置于基岩中。

2 马头门为井身与联络通道交叉处的结构，形状特殊，受力复杂，并承受井身二次衬砌传来荷载，应作加强处理。马头门的断面尺寸应能满足施工所用材料、设备的运输及运营期间导流叶片的安装需要。

3 井身是竖井的主要组成部分，上接锁口圈，下接马头门。当竖井较深或井身需要承受上方较大荷载时，应设置壁座。壁座可设置于井口段、地质条件较差的井身段及马头门的上方。

4 有通风需要的竖井宜采用圆形断面；仅用于施工的竖井，其断面形状可根据施工需要确定。

5 井身支护应采用复合衬砌，初期支护应作为主要的承载结构，二次衬砌可作为安全储备并起到减少运营期间通风阻力的作用。

20.2.3 通风竖井面积大小应根据隧道送排风的需要确定，且宜按风道内设计风速控制在13～18m/s的范围内选定。井内风速高低的取值与通风井的长度有关（即考虑井内摩阻力变化对送排风机功率的影响）。当通风井偏长时，应取较低的风速；当通风井偏短时，可取较高的风速。当竖井采用送排式通风方案时，竖井中应设置15～20cm厚的钢筋混凝土中隔墙。

20.2.4 竖井锁口圈结构设计应符合以下规定（图20.2.4）：

1 锁口圈高度H应根据地质、地形情况而定，其基础宜置于较好的基岩上。

2 为避免施工期间地表水的流入及异物坠入，锁口圈应高出地面（$H_1 \geq 1.0m$）。

3 锁口圈底部宜采用扩大的钢筋混凝土基础。锁口圈厚度宜为0.4～0.7m；钢筋混凝土扩大基础宜加宽至1.5~2.0m;四周采用浆砌片石等回填压实,防止施工期间锁口圈横向移位。

4 内部二次衬砌顶部宜搁置于锁口圈顶部,使锁口圈能承受上部结构的自重荷载。

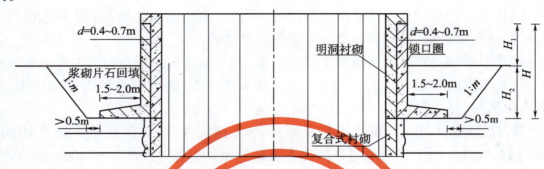

图20.2.4 竖井锁口圈构造图

5 当锁口圈上有建筑物作用时(如井架、通风塔),应按式(20.2.4-1)核算其截面强度。

$$KN \leqslant R_a A \tag{20.2.4-1}$$

式中：K——安全系数,可取2.4;
N——垂直方向合力(kN);
R_a——混凝土的抗压极限强度(kN);
A——锁口圈井壁最薄处横截面积(m^2)。

6 锁口圈井壁内的轴力及弯矩可按式(20.2.4-1)~式(20.2.4-6)计算。

$$N = \frac{\sigma_{max}^{\theta} + \sigma_{min}^{\theta}}{2} \times (r_2 - r_1) \tag{20.2.4-2}$$

$$M = \frac{\sigma_{max}^{\theta} - \sigma_{min}^{\theta}}{12} \times (r_2 - r_1)^2 \tag{20.2.4-3}$$

$$\sigma_{max}^{\theta} = \frac{2Pr_2^2}{r_2^2 - r_1^2} \tag{20.2.4-4}$$

$$\sigma_{min}^{\theta} = \frac{2Pr_2^2(r_2^2 + r_1^2)}{r_2^2 - r_1^2} \tag{20.2.4-5}$$

$$P = \frac{\mu}{1-\mu} \sum (rh + p_0) \tag{20.2.4-6}$$

式中：N——井壁环向每延米的轴力(kN);
M——井壁环向每延米的弯矩(kN·m);
r_1——井壁内半径(m);
r_2——井壁外半径(m);
P——井壁水平力(kN);
μ——泊松比;

r ——土体重度(kN/m^3);
h ——锁口圈高度(m);
p_0 ——地面超载(kN)。

20.2.5 井底马头门与联络风道连接处宜采用似矩形断面,以利于竖井与联络风道在直墙上连接,并方便设计与施工。为竖井井身与井底风道的连接圆顺以及方便导流页片的布置,竖井底部可设置长度不小于5m的圆截面变为方截面的过渡段。过渡段结构如图20.2.5所示。

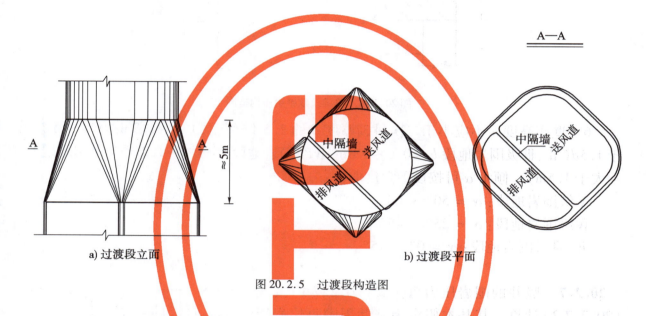

图 20.2.5 过渡段构造图

20.2.6 井身结构设计应符合以下规定:

1 竖井应采用复合式衬砌结构。为施工安全,二次衬砌宜在竖井施工完成后再施作,初期支护应适当加强。

2 竖井底部马头门处周边围岩受力状态复杂,应对初期支护与二次衬砌进行加强处理。

3 竖井井口段地质一般较差,可采用敞口开挖,修筑明洞结构形式。对于土质地层地区,应优先采用地表处理措施,如钻孔咬合桩、地下连续墙、钢板桩、高压旋喷桩、水泥搅拌桩等基坑加固措施。

4 二次衬砌宜由井底部向上进行浇筑。当竖井埋深较大时(>200m),应计入二次衬砌所承受的自重。其允许支撑高度H可按式(20.2.6)计算(不计与防水板之间的摩阻力)。

$$H = \frac{R_a}{Kr} \tag{20.2.6}$$

式中:H ——二次衬砌允许支撑高度(m);
K ——安全系数,取2.4;
r ——混凝土重度,取23kN/m^3;

R_a——混凝土的抗压极限强度(kN)。

5 壁座可采用单锥或双锥形状,如图20.2.6所示。单锥型壁座适用于坚硬、半坚硬土及岩层地质;双锥型壁座适用于黏土及砂土层中。

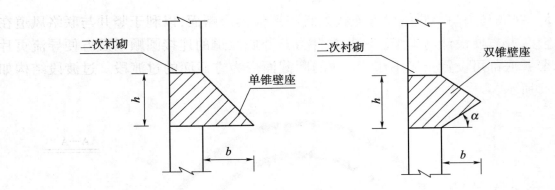

图20.2.6 单锥及双锥壁座构造图

6 壁座高度 h 不应小于二次衬砌厚度 d 的2.5倍,宜取1.0~1.3m;宽度 b 不应小于1.5d(Ⅱ、Ⅲ级围岩地段 b = 0.6~0.8m,Ⅳ级围岩地段 b = 1.0~1.2m,Ⅴ级围岩地段 b 不大于1.5m)。倾角 α 可按以下角度取值:

Ⅴ级围岩地段:α = 50°~60°;

Ⅳ级围岩地段:α = 25°~45°;

Ⅱ、Ⅲ级围岩地段:α = 0°~15°。

20.2.7 竖井的围岩压力可按式(20.2.7-1)及式(20.2.7-2)计算。其基本假定为竖井周围每层岩层受破坏时出现滑动棱柱体,将其上的覆盖层视为作用于破坏棱体上的均布荷载(图20.2.7)。

$$p_n^{上} = (\gamma_1 h_1 + \gamma_2 h_2 + \cdots + \gamma_{n-1} h_{n-1})\lambda_n \quad (20.2.7\text{-}1)$$

$$p_n^{下} = (\gamma_1 h_1 + \gamma_2 h_2 + \cdots + \gamma_{n-1} h_{n-1} + \gamma_n h_n)\lambda_n \quad (20.2.7\text{-}2)$$

式中:$p_n^{上}$、$p_n^{下}$——第 n 层顶底板作用于井壁上的侧压力;

γ_1、γ_2、$\cdots$、γ_n——各岩层重度;

h_1、h_2、$\cdots$、h_n——各岩层厚度;

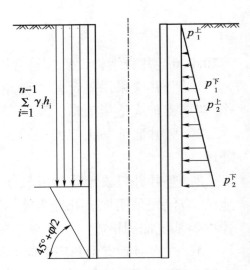

图20.2.7 秦氏竖井围岩压力计算图式

λ_n——岩层的侧压力系数,可按表20.2.7-1的规定采用;当竖井所穿过的围岩级别变化较大时,局部地段可适当增加不均匀侧压力系数 β 值,侧压力系数为($\lambda_n + \beta$),不均匀侧压力系数 β 可按表20.2.7-2、表20.2.7-3的规定取值。

表 20.2.7-1　秦氏水平侧应力系数 λ_n 值

岩石类别	物理特性			水平侧压力系数	
	抗压强度（MPa）	内摩擦角		最小~最大	平均
		最小~最大	平均		
流沙		0°~18°	9°	1.0~0.64	0.757
松散土石		0°~26°4′	22°15′	0.64~0.5	0.526
软地层		26°34′~50°	38°15′	0.5~0.3	0.387
弱岩层	2~10	50°~70°	60°	0.3~0.031	0.164
中、硬	10~40	70°~80°	75°	0.031~0.008	0.017

表 20.2.7-2　土层侧压力不均匀侧压力系数 β 经验值

竖井施工方法	冻结法	钻爆法	沉井法
不均匀侧压力系数	0.2~0.3	0.1~0.15	0.2~0.3

表 20.2.7-3　岩层侧压力不均匀侧压力系数 β 经验值

岩层倾角（°）	≤55	≤65	≤75	≤85
不均匀侧压力系数	0.2	0.3	0.4	0.5

20.2.8 竖井衬砌支护参数可按照表20.2.8的规定采用。

表 20.2.8　竖井复合式衬砌各类支护参数表

围岩级别	喷锚衬砌		支护衬砌	复合式衬砌		
	$D<5m$	$5m<D<7m$		初期支护		二次衬砌模筑混凝土层厚度
				$D<5m$	$5m<D<7m$	
Ⅰ	喷射混凝土厚10cm	喷射混凝土厚10~15cm，必要时设局部锚杆	模筑混凝土或钢筋混凝土厚30cm，砌体厚40cm	—	—	20cm
Ⅱ	喷射混凝土厚10~15cm，砂浆锚杆长1.5~2.0m，间距1~1.5m	喷射混凝土厚15~20cm，砂浆锚杆长2.0~2.5m，间距1m，必要时配格栅钢架	模筑混凝土或钢筋混凝土厚30cm，砌体厚50cm	—	—	25cm
Ⅲ	喷射混凝土厚15~20cm，砂浆锚杆长2.0~2.5m，间距1m，配钢筋网，必要时配格栅钢架	喷射混凝土厚20cm，砂浆锚杆长2.5~3.0m，间距1m，配钢筋网，加格栅钢架	模筑混凝土或钢筋混凝土厚40cm，砌体厚60cm	喷射混凝土厚5~10cm，砂浆锚杆长1.5~2.0m，间距1m，必要时配钢筋网	喷射混凝土厚10~15cm，砂浆锚杆长2.0~2.5m，间距1m，必要时局部配钢筋网	30cm

续上表

围岩级别	喷锚衬砌		支护衬砌	复合衬砌		
	$D<5m$	$5m<D<7m$		初期支护		二次衬砌模筑混凝土层厚度
				$D<5m$	$5m<D<7m$	
Ⅳ	—	—	模筑混凝土或钢筋混凝土厚50cm,砌体厚70cm	喷射混凝土厚10~15cm,砂浆锚杆长2.0~2.5m,间距1m,必要时配钢筋网	喷射混凝土厚15~20cm,砂浆锚杆长2.5~3.0m,间距0.75~1m,配钢筋网	35~40cm
Ⅴ	—	—	模筑混凝土或钢筋混凝土厚60cm,砌体厚80cm	喷射混凝土厚1~20cm,砂浆锚杆长2.5~3.0m,间距0.75~1m,配钢筋网,必要时配格栅钢架	喷射混凝土厚20~25cm,注浆锚杆长3.0~3.5m,间距0.5~0.7m,配钢筋网,必要时配格栅钢架	40~50cm

注：(1) D 为竖井直径，直径大于 7m 的竖井应作专项设计。
(2) Ⅵ级围岩应作特殊设计。

20.3 斜井

20.3.1 斜井布置应符合以下规定：

1 斜井口宜设置在井轴线与地形等高线正交处。井口严禁设在可能被洪水淹没处。井口应高出洪水频率 1/100 的水位以上至少 0.5m；如设在低洼地形处，必须有确保安全的防洪措施。

2 斜井应设置在地质较好地段，避免设于滑坡附近或穿越大的断层破碎带等不良地质地段。

3 斜井井底与主隧道之间的横向净距离，应考虑风机房的设置及通风方案的影响。当采用送排式通风方案时，对于地面风机房，井底与主隧道之净距宜控制在 20m 左右；对于地下风机房，井底与主隧道之净距不宜小于 40m。当采用单排式通风方案时，井底应尽量靠近主隧道布置。

20.3.2 斜井设计应符合以下规定：

1 斜井设计与施工方法密切相关，应考虑施工的能力和水平。

2 斜井内应设置宽度不小于 0.75m 的人行道。斜井倾角大于 15°时，应设置台阶及栏杆。

3 当采用箕斗或串车提升方案时,井身应每隔30～50m设置一个宽1m、高1.6～1.8m、深1.0～1.2m的避车洞。避车洞宜设在人行道的一侧,并应避开管路、电缆等,方便人员出入。

4 斜井设计应根据涌水量和施工组织计划,选定地下水的排出方式,并设置相应的排水措施。

5 斜井宜采用割圆断面形式,其断面面积应根据使用需要确定。当为通风斜井时,其断面确定方法可参照竖井的相关规定执行。

6 斜井与隧道中线连接处的平面交角,在满足施工运营要求的前提下,宜采用大角度,以保证通风顺畅和结构受力合理。

7 井身纵断面不宜变坡,井口和井底变坡点应设置竖曲线。竖曲线半径宜采用12～20m。应防止洞外地表水流入井内,井口场地宜设计为向洞外呈3%的下坡。

20.3.3 斜井围岩的垂直压力q值,应根据斜井倾角α大小分类计算。

1 当$\alpha \geq 60°$时,可按竖井计算围岩压力。

2 当$\alpha \leq 30°$时,可按平置隧道计算围岩压力。

3 当$30° < \alpha < 60°$时,可按式(20.3.3-1)、式(20.3.3-2)计算围岩压力。

$$q_N = q\cos\alpha \tag{20.3.3-1}$$
$$q_r = q\sin\alpha \tag{20.3.3-2}$$

式中:q——按平置隧道计算出垂直围岩压力值;

q_N——垂直于斜井纵轴的压力;

q_r——平行于斜井纵轴的压力。

4 斜井侧压力可按平置隧道侧压力公式计算。

20.3.4 斜井断面净空尺寸的确定,除满足营运通风需要外,还应根据施工提升容器的外形尺寸、载人车尺寸、管路布置、人行道宽度、施工机具的运行、设备之间的安全间距以及施工通风等因素综合确定。

斜井断面尺寸可采用式(20.3.4)进行计算(图20.3.4)。

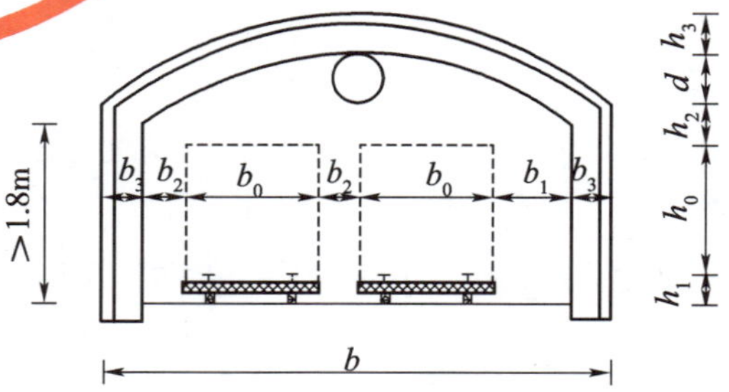

1 高度计算公式:

$$h = h_0 + h_1 + h_2 + d + h_3 \tag{20.3.4-1}$$

式中:h_0——装渣、运输机具控制高度,宜以装渣机扬铲高度控制;为利于行人通行,其边墙高要求不低于1.8m;

h_1——道床底至轨顶高度,取0.3m;

h_2——装渣、运输机具控制高度与支护或挂顶风管下缘间的安全间距,宜不小于0.2m;

d——挂顶风管直径(m);

图20.3.4 斜井断面布置图

h_3——斜井支护厚度(m)。

2 宽度计算公式：

$$b = 2b_0 + b_1 + 2b_2 + 2b_3 \tag{20.3.4-2}$$

式中：b_0——装渣、运输机具控制宽度(m)；

b_1——人行道宽度，不宜小于0.7m(无轨运输的斜井宽度不宜小于1.0m)；

b_2——运输设备之间或运输设备与支护之间的间隙，不宜小于0.3m；胶带运输机距其他设备突出部分不宜小于0.4m，无轨运输与支护之间的间隙不宜小于0.6m；

b_3——斜井支护厚度(m)。

20.3.5 对于倾角大于12°的斜井，钢架宜按竖直方向设置(图20.3.5)，并应加强每榀钢架之间的连接钢筋。对于倾角大于30°的斜井，当二次衬砌的浇筑需从井口到井底进行时，应防止二次衬砌沿轴线下滑。衬砌基础在地质不良地段宜做成台阶状或设置基座，基座设置形式可见竖井壁座(图20.2.6)。

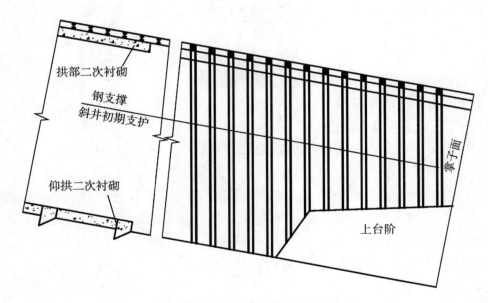

图20.3.5 陡坡斜井钢架及基座示意图

20.3.6 当斜井开挖宽度在5~8m时，其支护参数可按表20.3.6的规定采用。

表20.3.6 斜井衬砌各类支护参数表

围岩级别	喷锚衬砌层厚度(cm)	模筑混凝土衬砌层厚度(cm)	复合式衬砌	
			初期支护	二次衬砌模筑混凝土层厚度(cm)
Ⅰ	5	20	—	20
Ⅱ	5	20	局部喷射混凝土	20

续上表

围岩级别	喷锚衬砌层厚度（cm）	模筑混凝土衬砌层厚度（cm）	复合式衬砌	
			初期支护	二次衬砌模筑混凝土层厚度（cm）
Ⅲ	10，局部锚杆长2.0~2.5m	25~30	喷射混凝土厚5~8cm，局部锚杆	20
Ⅳ	—	35~40	喷射混凝土厚8~10cm，锚杆长2.0~2.5m，间距1~1.2m，局部配钢筋网	25~30
Ⅴ	—	45~50，必要时设仰拱	喷射混凝土厚10~15cm，锚杆长2.5~3.0m，间距1m，配钢筋网，必要时设置格栅钢架	35~40

注：（1）当斜井位于Ⅵ级围岩地段时，应作特殊设计。
（2）喷锚衬砌仅适用于地下水不发育、无侵蚀性并能保证光面爆破效果的Ⅰ~Ⅲ级围岩区。

20.4 联络风道与送排风口

20.4.1 通风联络风道分为送风联络风道和排风联络风道，适用于埋层较深、地质条件相对较好处，可便于与竖井（斜井）及行车隧道的连接及节约工程量，其断面宜采用直墙割圆断面形式。联络风道断面面积的大小应根据通风需要而确定。风道内设计风速宜在13~18m/s范围内取值。但若其需作为斜井或竖井的施工通道时，其断面选择还应考虑大型施工设备进出所需空间。

20.4.2 联络风道连接竖井（斜井）、行车隧道、风机房及送排风口，其平纵面及横断面复杂多变，在其分岔、合流及断面变化处应平顺过渡，以减小风流的沿程摩阻损失和风道变形引起的局部损失。各变形部的设计注意事项，可见表20.4.2的规定。

表20.4.2　风道的各变形部及注意事项

变形	图示	注意事项
弯曲		$R > 1.6d$ 时，可不设导流叶片，但弯头后会出现偏流
		（1）$R < 1.6d$ 时，安装隅角叶片以减小损失，也可减小偏流； （2）弯曲内侧必须做成圆滑状； （3）弯曲外侧可不做成圆滑状
折曲		（1）尽量避免 $\theta > 30°$ 的折曲； （2）连续折曲时，宜选择合适的 l/d 和 θ 角，以减小损失

续上表

变形	图 示	注 意 事 项
扩径		(1) $\theta=6°\sim10°$时，损失最小； (2) $\theta=60°\sim70°$时，损失最大，宜做成$\theta=180°$的突变扩大
缩径		(1) 应避免突然缩小； (2) $\theta<60°$较好，当$\theta>60°$时，宜做成喇叭口状，以减小损失； (3) 喇叭口半径应大于$0.1d$，宜为$0.3d$左右
分岔、合流		分岔、合流的损失可能受风量比(Q_1/Q_2)与风道面积比的影响，θ角应尽可能小

20.4.3 多个联络风道与斜井在同地段相交时，可通过适当调整各洞室的轴线位置，采用分岔布置式或错位布置进行连接(图20.4.3)。采用分岔布置时，土建工程量小，需采用连拱结构、小净距结构等结构形式，设计施工较复杂；采用错位布置时，土建工程量较大，结构较简单。

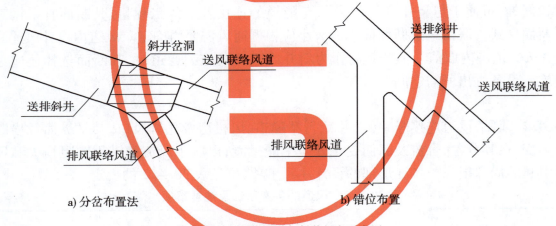

a) 分岔布置法　　　　　　　　　　　　　b) 错位布置

图20.4.3　联络风道与斜井相交示意图

20.4.4 当联络风道与行车隧道在拱顶正交时，受主隧道拱顶断面的限制，相交结构宜采用两种方式(图20.4.4)。

1　送风联络风道采用渐变方式，降低其高度，加大宽度以实现在主隧道顶部平顺相交。

2　送风联络风道断面不变，而将主隧道断面加高，以满足相交处断面尺寸的要求。

20.4.5 当联络风道在行车隧道拱部通过时，应采用吊顶横隔板进行分隔。吊顶横隔板设计应符合以下规定：

1　宜与路面平行设置，与隧道顶部建筑限界的距离应不少于20cm。

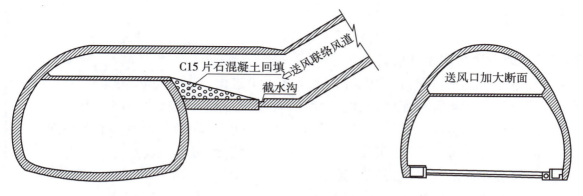

a) 送风联络风道渐变断面　　　　　b) 主隧道加大断面

图 20.4.4　送风联络风道与主洞相交示意图

2　可采用轻质气泡混凝土（ALC板）、PC板、RC板结构和组合钢结构等，应保证结构的气密性。

3　设计荷载为：板及其附属构件的自重等恒载加风荷载、检修荷载等可变荷载。风荷载可按通风设计的最大风压取值，检修荷载应按检修需要取值。

4　在恒载与风荷载或人群荷载中较大者之和作用下，最大挠度值应小于板跨度的1/600。

5　当吊顶横隔板采用金属构件时，应进行防腐蚀处理，确保其耐久性。

20.4.6　排风口可设置于隧道侧边（下部）也可设置于隧道拱部（上部）。当排风口设置于隧道侧边时，其底面宜与隧道检修道平齐，排风方向宜与隧道轴向垂直，断面大小可按风速 5~6m/s 计算确定，排风口断面面积不得大于隧道正洞面积，否则应局部加大主洞断面；当排风口设置于隧道拱部时，其断面控制风速可加大到 10~15m/s。

送风口宜设置于隧道拱部，送风方向宜与隧道轴向一致，断面大小按该处风速 25~30m/s 计算确定，其断面面积宜为 11~15m^2。应防止送排风口短道之间风的串流，短道长度应不小于 50m。

20.5　风机房与通风塔

20.5.1　风机房可采用地面风机房或地下风机房，其类型选择应按功能要求、地形地质条件、外观协调、环境保护、养护维修及运营管理等因素综合考虑。风机房的布置不仅要考虑大型轴流风机和相应电器的操作、维护人员在洞内的空间位置，而且还应考虑设备运输、安装、运营、维护等各方面对风机房的特殊要求。

20.5.2　地下围岩相对较差，地面场地开阔，交通便利，宜设置为地面风机房。对于斜井，可采用轴流风机为卧式的地面风机房；对于竖井，可采用轴流风机为立式的地面风机房。当地面风机房处于城镇附近时，应结合当地自然及人文景观进行美化设计。

当受地面地形条件、竖（斜）井建设、供配电条件、通风设备管理维护条件限制时，宜采用地下风机房。

20.5.3 地下风机房设计应符合以下规定：
1 宜靠近行车隧道布置，方便设备及工作人员进出，减少风道长度。
2 其空间应能布置轴流风机、电气设备、控制设备和其他辅助机电设备。
3 应设有风机房内部的通风、防火排烟、防潮、防尘、降噪及温度调节等措施。
4 应设有设备进出通道、工作人员进出通道、紧急疏散通道。
5 与隧道相通的洞口应设置甲级防火门。
6 应采取严格的防排水措施，严禁渗漏水。

20.5.4 地面风机房设计应符合以下规定：
1 当采用洞口集中送入（或排出）式通风方式时，应结合洞口周围地形条件、两洞口轴向间距等因素，宜将风机房设于洞口附近，并注意与环境的协调。
2 当采用竖井（斜井）分段送排式通风方式时，应结合竖（斜）井口周围地形条件，宜将风机房设于井口附近。
3 城镇附近的隧道应考虑风机房设置对附近居民及城市设施的影响。

20.5.5 通风塔的设计应符合以下规定：
1 通风塔应设置在空气扩散效果良好的地带。
2 通风塔的排风口应高于进风口5m。
3 位于侧面的进风口和排风口应避免设置在相同方向，排风口应与常年风向相一致。
4 应考虑排风对周围大气环境的影响，地处城镇附近的隧道，必要时应作专门调查并采取防范措施。

20.6 施工辅助通道

20.6.1 选择横洞、斜井、竖井或平行导坑作为施工辅助通道时，应根据隧道长度、工期、地形、地质、水文等条件，结合施工和运营期间的通风、排水、防灾及弃渣的需要，通过技术、经济比较后确定。

20.6.2 施工辅助通道的断面尺寸应根据施工运输要求、地质条件、支护类型、设备外形尺寸及技术条件、施工安全、管路布置等因素综合确定。当需作通风之用时，应根据通风需要核算其断面面积。

20.6.3 运营期间不再使用的施工辅助通道，当隧道主体竣工后，在保证主体工程永久安全的条件下应作如下处理：

1 应整理排水系统,使水流畅通无阻。
2 宜加强辅助通道与正洞连接段的衬砌。
3 在洞(井)口设置的安全防护设施、不再利用的洞(井)口,应予以封闭。

20.6.4 傍山、沿河隧道需设辅助通道时,宜采用横洞。其位置应考虑施工场地布置、施工运输和施工主方向的需要。横洞与隧道中线连接处的平面交角宜为40°~50°,并应有向洞外不小于0.3%的下坡。

20.6.5 长度在3 000m以上或确有特殊需要的隧道,当不宜采用其他类型辅助通道时,可采用平行导坑。瓦斯隧道宜优先采用平行导坑。平行导坑的位置选定应符合以下规定:

1 宜设置在地下水来源的一侧。
2 与隧道的净距应按地质条件、施工方法等因素确定,宜采用15~20m;当将来有可能扩建为第二线隧道时,应考虑后期扩建的影响。
3 坑底高程宜低于隧道底面高程0.2~0.6m。
4 平行导坑应设置水沟,其过水断面、沟底坡度等,应根据导坑排水需要和主洞排水等,统一考虑。

20.6.6 平行导坑宜采用单车道断面,间隔200m左右应设置一处错车道。错车道的有效长度宜为1.5倍施工车辆的长度。

20.6.7 联系平行导坑与行车隧道的横通道的设置,应符合以下规定:

1 横通道的设置间距应根据施工需要和工程进度确定,不宜小于120m。其位置可结合隧道避车洞位置确定,应避免设置在断层破碎带等不良地质地段。
2 与隧道中线的交角宜为40°。
3 将平行导坑用于运营期间的防灾救援时,横通道的设置应满足人行横洞的布置要求。

20.6.8 当特长隧道需增加开挖面时,可在洞身埋置不深且地质条件较好地段设置施工斜井或竖井。其设计可按照通风竖井及斜井的相关规定执行。

21 隧道内附属构造物设计

21.1 车行横通道

21.1.1 车行横通道的设置应符合下列规定：

1 车行横通道的设置间距宜采用750m，不应大于1 000m。长度1 000~1 500m的隧道宜设1处车行横通道，中、短隧道可不设。

2 车行横通道应与紧急停车带紧邻布置，即车行横通道两端与主洞连接处设置紧急停车带，以利于紧急情况下的交通疏散。

3 车行横通道宜设置于地质条件较好的地段。

4 车行横通道应设置一定的纵坡，以利于排水，但纵坡不宜大于8%。

5 车行横通道的衬砌应具有完善的防排水措施。

6 车行横通道的两端洞口应设置防火防护门，且便于开启和关闭。

21.1.2 车行横通道的支护结构可采用直边墙式，但在Ⅴ~Ⅵ级软弱围岩地段宜按曲墙式进行设计。车行横通道的支护参数可按表21.1.2的规定采用。

表21.1.2 车行横通道复合式衬砌支护参数表

围岩级别	初期支护			二次衬砌模筑混凝土厚度(cm)
	锚杆	钢筋网	喷射混凝土厚度(cm)	
Ⅱ	—	—	3~5	25
Ⅲ	局部锚杆	局部φ6mm钢筋网	5~8	30
Ⅳ	锚杆长L=2.0~2.5m 间距1.2m×1.2m	拱部φ6mm钢筋网	8~10	30
Ⅴ	锚杆长L=2.0~2.5m 间距1.0m×1.0m	φ6mm钢筋网	10~15	35

21.1.3 车行横通道与主洞宜采用垂直连接，以利于救援车辆的双向出入。车行横通道与主洞连接处的结构应进行加强设计。

21.2 人行横通道

21.2.1 人行横通道的设置应符合下列规定：

1 人行横通道的设置间距宜采用250m，不应大于500m。短隧道可不设，长度500～750m的隧道宜设置1处，长度750～1 000m的隧道宜设置两处。
2 人行横通道设置时可考虑所设车行横通道的人行功能。
3 人行横通道应具有完善的防排水措施，路面应干燥并具有较好的防滑性能。
4 人行横通道应设置一定的纵坡，以利于排水，但纵坡不宜过大。当纵坡大于15%时，宜设置踏步台阶，边墙两侧宜设置扶手。设置扶手后人行横通道净宽应符合规范的规定。
5 人行横通道两端应设置甲级防火门，防火门应具有双向推开和自动关闭功能。
6 人行横通道内应设置疏散指示标志，间距不应大于20m。

21.2.2 人行横通道的支护结构宜采用直边墙形式。

人行横通道的支护参数可按表21.2.2的规定采用。

表21.2.2 人行横通道支护参数表

围岩级别	初期支护			二次衬砌模筑混凝土厚度(cm)
	锚杆	钢筋网	喷射混凝土厚度(cm)	
Ⅱ、Ⅲ	—	—	3～5	25
Ⅳ	锚杆 $L=1.5$m	局部 ϕ6mm 钢筋网	5～8	25
Ⅴ	锚杆 $L=2.0$m	ϕ6mm 钢筋网	8～10	30

21.2.3 人行横通道与主洞的连接宜采用垂直连接，连接处的结构宜进行加强设计。

21.3 主要设备洞室

21.3.1 隧道内主要设备洞室包括配电洞室、变压器洞室、灭火洞室及紧急电话洞室等，其设置位置、洞室尺寸应根据隧道运营管理设备的需要确定。

21.3.2 配电洞室设计时，应考虑预留足够的放置空间和维护操作空间，其尺寸宜为80cm×95cm×40cm(宽×高×深)；底面高于检修道100～120cm，以方便检修。其尺寸还应根据配电柜的尺寸以及防护要求而调整，防护等级不宜低于IP55。

21.3.3 变压器洞室设计时，应结合变压器的实际需要确定洞室尺寸，并预留足够的放置空间和维护操作空间。其尺寸宜为250cm×300cm×180cm(宽×高×深)，底面宜与检修道齐平，应考虑防护要求，并作相应尺寸调整。

21.3.4 灭火器洞室,可根据所放置消防设备的类型采用不同尺寸,常见的消防设备有洞内消火栓、水成膜泡沫装置(AFFF 灭火装置)、灭火器等。灭火器洞室设计时,应考虑预留足够的放置空间和维护操作空间。

灭火器洞室尺寸宜为 240cm×110cm×40cm(宽×高×深),底面高于检修道 80~100cm。

消火栓洞室尺寸宜为 240cm×110cm×35cm(宽×高×深),底面高于检修道 80~100cm。

AFFF 灭火装置洞室尺寸宜为 240cm×110cm×40cm(宽×高×深),底面高于检修道 80~100cm。

21.3.5 紧急电话洞室用以放置紧急电话设施,以便紧急情况下(如交通事故或火灾等)当事者或发现者能及时联系隧道管理人员。紧急电话洞室宜按以下原则设置:

1 紧急电话洞室间距不宜大于 200m。
2 紧急电话洞室宜设置在紧急停车带或人行横洞处。
3 紧急电话洞室尺寸宜为 100cm×185cm×100cm(宽×高×深),应符合人体工程尺寸,并配隔音门。
4 紧急电话洞室的防护等级不宜低于 IP65。

21.4 电缆管沟及桥架

21.4.1 电缆管沟的一般规定如下:

1 通信电缆与电力电缆必须分槽敷设。当分槽敷设有困难时,电力电缆可沿隧道墙壁架设,但应有必要的防护措施。
2 电缆在隧道内作平面或竖向转变过渡时,电缆管沟尺寸应符合电缆弯曲半径的要求,其弯曲半径不应小于 1.2m,对应折线的转折角不应大于 30°,转折长度不应小于 0.6m。
3 电缆管沟应设盖板,盖板顶面应与人行道或检修道平齐。当电缆沟与水沟并行时,宜分设盖板。

21.4.2 电缆管沟尺寸应根据公路等级、使用功能等设计条件拟订,并与相关专业协商后确定。

中、长、特长隧道的外侧电缆沟尺寸不宜小于 50cm×50cm,内侧电缆沟尺寸不宜小于 70cm×60cm。短隧道可根据实际情况设置。

21.4.3 隧道内若未预埋电缆管沟,可在隧道衬砌墙壁上架设电缆桥架,用以布设隧道电缆。电缆桥架应符合下列规定:

1 应根据电缆桥架安装处的环境条件,以桥架的荷载曲线为依据,来确定桥架的类型、规格及立柱的间距、托臂长度、桥架的层次等设计数据。

2 隧道内桥架的固定方式宜采用臂侧式固定。

3 各种电缆在电缆桥架上的层次安排应有利于屏蔽干扰、通风、散热等要求,宜将弱电控制电缆布置在最上层,一般控制电缆、低压动力电缆、高压动力电缆依次往下排列。

4 各层电缆的层间距离宜为:控制电缆≥200mm;动力电缆≥300mm;机械化电缆≥400mm。

5 电缆桥架的防腐措施可采用塑料喷涂、镀锌钝化、电镀锌(适用于轻防腐地区)、热浸镀锌、热喷锌(适用于重防腐地区)等。采用热浸镀锌法时,电缆桥架的用料厚度需增加0.5mm以上。

6 电缆桥架的支撑间距应小于计算允许支撑跨距。电缆桥架的宽度应预留一定的公用空位,以便增添电缆时使用。

7 当电力电缆和控制电缆较少时,可在一个电缆架上安装,但应采用隔板将其从中间隔开。

8 电缆桥架应有可靠的接地措施。

21.5 隧道内防护与装饰

21.5.1 隧道内装饰宜达到如下目的:
1 提高照明效果,营造良好的隧道内视觉环境。
2 统一和美化隧道墙面。
3 吸纳隧道内的噪声。
4 满足隧道防火的要求。

21.5.2 公路隧道内壁装饰应结合隧道位置、使用要求进行设计,力求实现安全、经济、美观、实用的效果,并应符合下列规定:
1 内壁装饰不得侵入建筑限界。
2 内壁装饰材料应具有无毒、耐火、耐腐蚀、吸水膨胀率低、反光率高、便于清洗、耐磨和耐用等性能特点,并符合建筑材料相关规范的要求和规定。
3 内壁装饰材料的来源应广泛,价格应便宜。

21.5.3 隧道内壁装饰面板的一般要求如下:
1 装饰面板的设置厚度宜控制在10cm以内,并应在净空断面设计时予以考虑。
2 装饰面板的设置高度应考虑隧道断面尺寸、照明需要及美观等因素,宜控制在2~3.5m范围内。
3 装饰面板的表面应光洁,宜采用亚光白色。
4 装饰面板应具有良好的扩散反射率,反射率不得小于60%。

5 装饰面板应具有良好的耐高温性和耐火性,在高温环境下,不应产生大量烟雾或有害气体。

6 装饰面板应具备足够的强度,能抵抗施工荷载和冲洗荷载。

21.5.4 常用的隧道内壁装饰材料及其特点见表21.5.4。

表21.5.4 常用隧道内壁装饰材料及其特点

材料	特点	
	优点	缺点
块状混凝土	衬砌表面不需特殊处理	表面粗糙,易污染,不易清洗,光线反射效果较差
饰面板、镶板等致密材料	不易污染,清洗效果好,板后空间有利于吸收噪声,光线反射效果好	要求衬砌平整
瓷砖	表面光滑易清洗,光线反射效果好	没有吸声降噪作用,要求衬砌平整
油漆	比混凝土易清洗	对衬砌表面要求很高,需压光、平整,浸湿的油漆损坏很快,没有吸声降噪作用
防火涂料	具有较好的耐高温和耐火性	表面粗糙,易污染,不易清洗,光线反射效果差

本细则用词说明

对执行本细则条文严格程度的用词采取以下写法：
1　表示很严格，非这样做不可的用词：
　　正面词采用"必须"；反面词采用"严禁"。
2　表示严格，在正常情况下均应这样做的用词：
　　正面词采用"应"；反面词采用"不应"或"不得"。
3　表示容许稍有选择，在条件许可时首先应这样做的用词：
　　正面词采用"宜"或"可"；反面词采用"不宜"。
4　表示有选择，在一定条件下可以这样做的用词：
　　正面词采用"可"或"容许"；反面词采用"不可"或"不容许"。